中国轻工业“十三五”规划教材

信息检索实用教程

主　编　金泽龙

副主编　康思本　赵　苹　马江宝
　　　　莫扬海　陈利燕

中国轻工业出版社

图书在版编目（CIP）数据

信息检索实用教程/金泽龙主编. —北京：中国轻工业出版社，2022.8

高等职业教育“十三五”规划教材

ISBN 978-7-5184-1730-8

Ⅰ. ①信… Ⅱ. ①金… Ⅲ. ①信息检索–高等职业教育–教材 Ⅳ. ①G254.9

中国版本图书馆CIP数据核字（2018）第098166号

责任编辑：张文佳　　责任终审：劳国强　　封面设计：锋尚设计
版式设计：王超男　　责任校对：晋　洁　　责任监印：张　可

出版发行：中国轻工业出版社（北京东长安街6号，邮编：100740）
印　　刷：河北鑫兆源印刷有限公司
经　　销：各地新华书店
版　　次：2022年8月第1版第5次印刷
开　　本：787×1092　1/16　印张：14.75
字　　数：350千字
书　　号：ISBN 978-7-5184-1730-8　定价：39.80元
邮购电话：010-65241695
发行电话：010-85119835　传真：85113293
网　　址：http://www.chlip.com.cn
Email：club@chlip.com.cn
如发现图书残缺请与我社邮购联系调换
221153J2C105ZBW

PREFACE
前言

21世纪的到来，信息技术的广泛应用，使我们的工作和生活方式发生了巨大的改变。“互联网+”“慕课”“网络时代”“社会信息化”“电子商务”“微信”“微博”“病毒营销”等新概念层出不穷。知识和信息在社会中起着越来越重要的作用。一方面，随着信息总量的急剧增加，信息交流的速度日益加快，信息内容的载体形式也在不断地发生改变；另一方面，随着网络技术的产生和发展，人们的信息意识逐渐增强，信息需求与寻找体现了知识的无限性与个人能力的有限性。

但传统的信息检索课程结构、教材和教学手段显然已难以反映飞速变化的信息检索技术、日新月异的信息载体和蓬勃发展的信息服务业。信息社会对复合型人才的需求，意味着有关检索课程要将过去分离的中文和外文、社科和科技、手检和机检、宏观（社会信息源）和微观（图书馆）结合起来，满足各校“宽口径、厚基础、重素质教育”的改革目标。

《信息检索实用教程》一书就是为适应新形势下高等职业院校信息检索课程改革所做的一种尝试。该书以信息检索工具的利用为主线，以电子与网络信息检索为重点，以模块知识体系阐述为整体，以任务驱动形式为依托，有针对性和指向性地介绍信息检索的基本概念和知识、现代社会各类信息的检索方法、网络环境下各种数据库和图书馆的信息服务等。目的是要培养大学生的信息意识、提高他们的信息素质、增强他们在网络环境下的信息化生存技能。

本教材的主要特点体现在以下几个方面：

（1）针对高职院校大学生的特点及信息需求而编写。在对数百名大学生信息检索知识需求调查分析的基础上，结合文献检索课现实存在的问题及全面信息素质教育的目标列出大纲，写作完全围绕技能型与新知识型模块进行，除了注意立意、构思、修辞等外，还特别强调在内容上有创意，并注意其知识性、科学性、任务性和可读性。

（2）考虑内容的整体性，在体例上作了相应的改变。改变了过去某些教材前面简单介绍传统文献检索方法、后面介绍机检的写法，而是二者融为一体，并重点放在机检、网络、数据库上，以适应现代信息社会发展的需要。着重介绍各种检索工具、方法，强调信息检索顺序为：手工—机检—网络。

（3）为了增强教材的实用性，写作过程中，凡涉及技术手段的，都进行了反复实践和体会，所配实例确保操作过程的准确性。还专门附上了文、工、理、商等学科“检索案例”的模块，方便学习者借鉴参考。书后同时附录了与当今信息检索相关的必要知识。

（4）为符合教学的需要，每个模块开篇都描述能力目标、知识目标和重点难点，并配备该模块内容的【知识架构】，使学习者一目了然该模块知识的掌握要求。结尾都附有【关键术语】【核心提示】和课后练习题。

（5）结合当前信息时代的特点，不仅在内容上作了较大的更新和补充，而且在结构上也作了适当的调整，新增了较多的电子出版物和网络信息检索的内容。其目的是为了帮助读者巩固所学知识，熟练掌握信息检索的基本技能，提供网络检索的途径。

本书由广东轻工职业技术学院、广东交通职业技术学院、广东理工职业学院、广东开放大学等一线专业教师参与编写，总结了长期从事信息检索课程教学与研究的经验，运用了多年积累的丰富资料，同时也参考了大量相关著作和教材，限于篇幅不能全部列出，在此一并致以谢意。作为教材，便于各高职院校运用案例教学法实施教学；作为自学读物，有利于学习者理论联系实际，掌握信息检索知识。

由于信息社会的迅速发展和信息资源的多样化，完成书稿与信息检索技术发展的相对滞后性，加之时间仓促，编著者水平有限，书中难免存在纰漏和不妥之处，望同仁不吝赐教。

主编

2018.5

CONTENTS
目录

模块一

信息检索基础

学习目标

能力目标

1. 掌握信息检索基本原理
2. 掌握信息检索类型
3. 熟悉信息检索相关性问题

知识目标

1. 掌握信息检索方法
2. 了解评估检索效果主要指标

知识架构

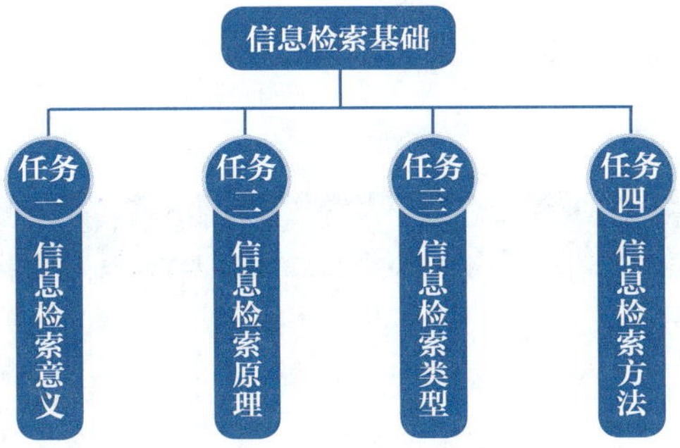

重点难点

- 信息检索类型
- 信息检索方法

导入案例

“人肉搜索”的法律性质——“人肉搜索”是双刃剑

“人肉搜索”的本质也是搜索信息的一种方式，能够弥补传统搜索引擎的不足。一方面，从技术角度来说，其是有优越性的，其本身并不是邪恶之源，合理的使用是信息检索技术革新的表现。“5·12”汶川大地震发生后，由于通信、交通的大面积中断，失散的人们难以知道自己亲人的生死及下落，灾区犹如一片信息“孤岛”。尽管有关政府部门、医院、报纸、网站都在以不同的形式，发布着遇难者或幸存者的信息，但这些杂乱的信息即使是使用常规的搜索引擎也难以有效查询。此时，谷歌的技术人员则率先制作出了专门用于寻找亲人的“人肉搜索”引擎。该寻亲搜索平台在短期内收集了大量的急救医院和震区安置点的消息，让急切寻找亲人的网友搜索。因为大部分消息都是以纸质形式发布的，都是凭热心网友通过手机、相机等工具拍下图片传到网站，再由网站技术人员手工录入，这也凸显了该引擎的“人肉搜索”的正义性。再如持续数月的“华南虎事件”最终能够水落石出，“人肉搜索”的力量同样显而易见。

另一方面，如果“人肉搜索”被不当利用的话，对于人们来说就是一种灾难。中央电视台曾在一则关于网络视听的新闻里，报道了一名北京某初中在校女生张某接受采访的镜头。该女生在接受采访时说：“上次我上网查资料，突然弹出来一个网页，很黄很暴力，我赶紧把它给关了。”张某的外貌和真实姓名均在新闻中公开。随后，关于张某的视频、图片、恶搞漫画、帖子开始在互联网上泛滥。尤其是有人根据央视的本期报道也作了一篇名为《很黄很暴力》的帖子，跟帖达1200条。其中一个回帖中，有匿名人士把张某的出生年月、所在学校、平时成绩以及所获奖励详细公开，内容精确到张某的出生医院名字。还有好事者，公布了一份某年的中小学生书法比赛名单，其中就有张某的名字。此次事件给张某造成了很大的影响，由于受害者是未成年人，因而这一案例更加引起人们对于人肉搜索侵犯个人隐私问题的思考。

任务一 信息检索意义

在人类社会漫长的发展进程中，信息的交流起着无可比拟的作用。先秦时代，中国古人读书曾自奉“一腹为笥”，意即可以一己之肚腹装下世间诗文，可见当时的信息数量是很有限的。现今，特别是进入21世纪以来，信息随着知识的增长而急剧增长，这就是人们常说的“知识爆炸”。信息广泛和信息需要的特定和专指，越来越需要依靠一种对巨量知识便捷提取的手段和方法，来完成某一范围知识的收集和利用。这种手段和方法的现代含义就是信息检索。

据美国《统计资料》报道及美国国家基金会的调查统计，一个科研人员从事科学研究活动，其中思考时间占7.7%，调查、实验、研究时间占32.1%，写报告时间占9.3%，三者相加共占49.1%，而为检索信息却耗去科研工作者一半以上的有效工作时间。从科研时间分配上看，在整个科学劳动中始终有两种时间比例，即创造性时间和非创造性时间。据统计，目前在国外各科学部门工作的这两种时间比例是1∶6到1∶9。因此，熟练地掌握信息检索方法，无疑是缩短科研时间，提高工作和学习效率的重要途径。

从事任何一件工作和事业，事半功倍还是事倍功半取决于正确方法的选择。17世纪法国杰出的数学家、哲学家和科学方法论者笛卡尔（Rene Descartes）在《方法谈》中曾说过："最有价值的知识是关于方法的知识。"

在20世纪70年代，联合国教科文组织就对"文盲"下了新的定义：在当今科学技术飞速发展的时代，文盲已不是不识字的人，而是不知道如何获取知识的人。由此看来，有无获取知识的本领是区别文盲与非文盲的界限。尽管人的大脑具有一定的储存和检索知识的本能，但是往往由于可靠性差，加之因人而异，真正准确地获取知识仍然要靠信息系统。因此提高信息检索能力，是获取社会科学知识的最可靠途径。

小资料

德国柏林图书馆大门上醒目地写着这样一句话："这里是人类知识的宝库，如果掌握了它的钥匙的话，那么全部知识都是你的。"这里所说的钥匙，就是信息检索的方法。

1．掌握信息检索的方法与技能的重要意义

（1）学会获取各类信息和新知识的方法，可以让大脑从繁重的记忆活动中解放出来，充分地利用电子计算机信息系统，在知识更新的前提下进行创造性的工作。

（2）在信息检索的过程中把自己引导到更广阔的知识范围中去，不断拓宽知识面，不断调整其知识结构，很快地找到一条吸取和利用大量新鲜知识的捷径，进入旺盛的创造期。

（3）可以在一定程度上消除语言的障碍。例如：文摘杂志选登的文摘覆盖的语种多，即使是一个只掌握一两种外语的读者，通过阅读文摘，也能够广泛了解国外有关领域的发展趋势；另外，通过综述、述评、百科全书、年鉴、手册的使用也能在一定程度上消除学科语言障碍，获得新的、跨学科的信息和研究成果。

（4）将大大提高用于思考创造性劳动的比例，节省非创造性劳动时间，创造更多的成果。

2．信息检索教育的意义

信息检索教育一直是信息素质相关教育中最受重视的部分，是构成学习者信息能力的重要方面，也是我国目前实施信息素质相关教育采用最普遍、最主要的教学形式——高校"文检课"的主要内容，包括文献信息的组织方法，检索语言；各类检索工具、检索系统的检索利用方法；各类文献的检索途径、获取方式等。目前应加强研究和补充在当代以数字化、网络化为特征的信息环境下，面向各类信息需求的信息检索方法，特别是利用互联网这种最广泛、最便捷的信息工具来检索和获取所需信息检索方法。

互联网是21世纪最主要的信息媒体，也是世界上最大的信息资源宝库，掌握网络环境下的信息检索方法是"网络公民"的迫切需要。网络环境下的信息检索与传统信息环境下

的检索有很大不同：网络信息资源范围广，数量大，网络检索工具及检索方法也是纷繁众多，要迅速、准确并相对全面完整地找到所需信息并不是很容易。网络信息检索所具有的多样性、灵活性远远超出了传统的信息检索，许多在过去的检索过程中已形成习惯的某些检索思维，以及一些已成定式的检索方法在网络信息空间往往行不通，或不能使检索结果达到最优。

在信息检索教育中加入网络信息检索部分的内容，正是对应着培养信息素质内涵中的网络素质（Network Literacy），是信息素质教育中不可或缺的方面。具体包括网络信息资源与服务的范围、分布、类型、特点和评价；各类型网络信息检索工具的检索性能、检索方法、发展趋势等；通过教授网络信息检索知识，使学习者能够理解网络信息的产生、管理和提供机制；能够利用一系列信息检索工具从网络中查找、获取特定类型的所需信息；能够有效地利用各种网络信息服务分析和解决与工作或个人生活有关的实际问题，获取可提高生活质量的各种较高价值的信息。

小资料

什么是网络素养？

网络素养，指的是人的基本素养中应具备的网络素质及道德规范，未成年人也应具备的网络信息辨别能力和网络规范及道德修养等网络素养教育的整体规划和知识。2010年全国两会上15名全国政协委员联名提案，大力加强未成年人网络素养教育，积极推动网络素养教育进学校、进课堂，把网络素养教育作为义务教育阶段的课程教学内容，全面提高中小学生的网络应用能力和网络道德规范。

任务二　信息检索原理

广义的信息检索是指信息用户通过对已完成概念分析、标引（分类、主题、题名、作者、代码、字段等）并存储在信息系统中的各种信息进行检索的过程，通常又被称为“信息存储与检索”。狭义的信息检索指广义的信息检索的后半个过程。

这里所说的信息系统指的是有组织的信息整体。就是将大量的信息，用具体的数据项标识、标引、排列和储存起来。它可以是图书馆、信息中心的全部馆藏、数据库的全部记录。

由此可知，信息检索的本质就是读者（用户）的信息需求与存储在信息集合体中的信息进行比较和选择，即匹配（match）的过程。也就是对一定的信息集合体（系统）采用一定的技术手段，根据一定的线索与准则找出（命中）相关的信息。存储是为了检索，没有存储就无所谓检索。信息的存储与检索存在着相辅相成的关系。

信息检索是通过信息系统来实施的。信息系统包含信息集合的载体和技术设备。按信息的存储媒体和技术手段来分有手工检索信息系统和计算机检索信息系统。

手工检索（manual retrieval）

简称手检，使用的主要是书本型、卡片式的信息系统，即书目、索引、文摘和各类工具书。检索过程是由人脑和手工操作的配合来完成的，用户的需求概念和目录体系中概念的匹配是通过人脑的思考、比较和选择来实现的。

计算机检索（computer-based retrieval）

简称机检，使用的是计算机信息系统，包含计算机设备、终端、通信设施、数据库和检索应用软件等。信息检索的对象是数据库。信息检索过程是在人机的协同作用下完成的，从计算机存储的大量数据中自动分拣出读者所需要的，即与读者提问（query）相关的信息。匹配是由机器执行的，而人则是整个检索方案的设计者和操纵者。这里，检索的本质没有变，发生变化的只是信息的媒体形式、检索手段、存储方式和匹配方法。

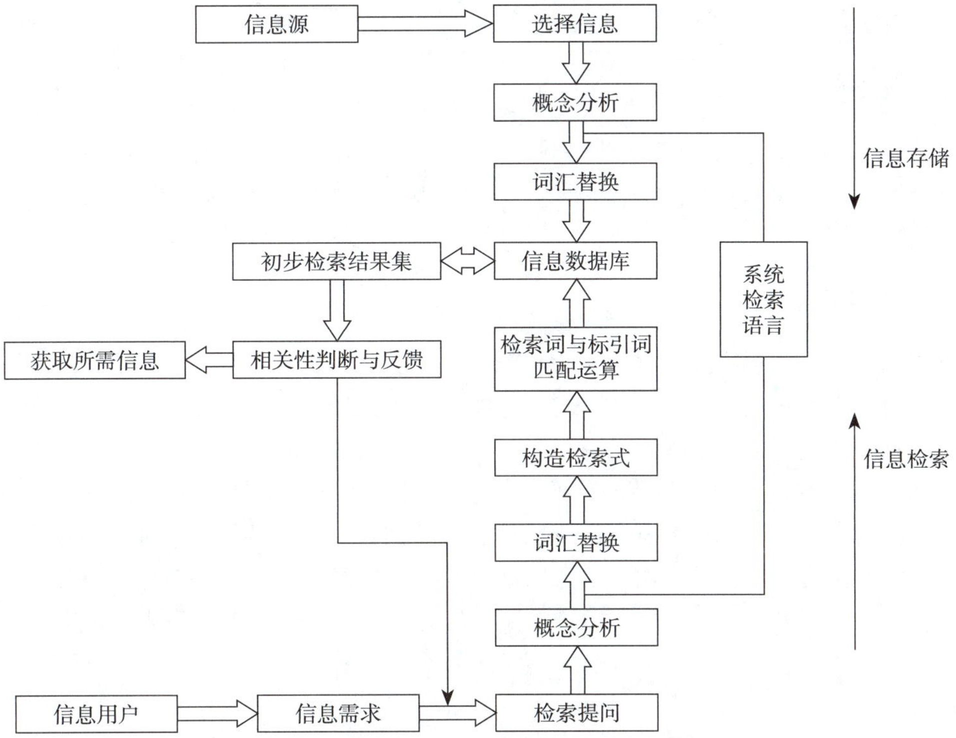

图 1–1　信息检索流程图

任务三　信息检索类型

信息的存在是文明社会的重要标志。在人类社会的生活和生产中，信息是不可缺少的，人们面临的重要问题就是如何利用信息。而检索信息正是利用信息的第一步。信息检索能够帮助解决在实践中（教学、科研、生产学习）所碰到的疑难问题。例如：①什么叫厚黑学？②古今有哪些地方称为宁乡？③近三十年来发表了哪些有关设计美学的著作和论文？④古籍中有关宋代民俗风情的资料有哪些？这些就是信息检索的具体内容。依据检索内容可将其划分为信息检索、数据检索和事实检索。

1．信息检索

信息检索按照信息系统、内容及结果可以分为信息线索检索和信息全文检索两种类型：

①信息的线索检索。利用书目、文摘和书目型数据库等检索工具，检索的结果是提供了信息线索。例如有关太平天国的资料有哪些？使用《全国报刊索引》《中文社科报刊篇名数据库》等能获取相关信息。

②信息的全文检索。这种检索以查到信息全文为目的，例如使用专题的《人大复印资料》《中国学术期刊（光盘版）数据库》等。

2．数据检索

以查找某一些数据为目的，利用参考工具书、数据库等查出包含在信息中的某一数据、参数、公式、图表或化学分子式等的检索，其检索结果为数据信息。例如："长江有多长，洪水期最高水位有多高?"等，使用年鉴、手册或水利专题数据库能获取这类信息。

3．事实检索

事实检索是以事实为检索对象，从存储事实信息系统中查找出指定的事实的行为。从广义上讲，事实也是一种全文，只是内容特殊、比较简短的全文。例如："什么是管理会计学？它的产生背景、发展沿革及其影响如何?"等，使用百科全书能获取这类信息。

信息线索检索是一种相关性的检索，检索的结果是信息线索，只能作为初步的检索，还必须进一步查找，直到找到有关的一次信息；数据与事实检索是一种确定性检索，检索的结果是可供科研人员直接利用的信息，而不是某一信息线索。在一般情况下，信息的线索检索通过二次信息来解决，而信息数据与事实检索则是通过三次信息来完成的。

任务四 信息检索方法

当前较为流行的信息检索方法主要有追溯法、工具法和交替法三种。

1．追溯法

这种方法主要是利用信息后面所附的参考信息，"滚雪球"似地进行追踪查找。一般没学过信息检索的人习惯于使用这种方法。在缺乏检索工具或检索工具不齐全的情况下，用此方法也可以查得一批相关信息。它可分为传统追溯法与引文追溯法两种。

（1）传统追溯法

使用时，最好先查找出几篇与课题有关的专著或述评，这类信息往往附有大量的参考信息，多时可达上百篇。以此作为起点进行追溯：述评→原始信息→参考信息→……，这就像滚雪球一样，步步回溯，直到满足检索需要为止。

（2）引文追溯法

这是一种利用《科学引文索引》（SCI）进行追踪查找信息的方法。首先要查出一位有关信息的著者姓名。若后来有人引用了该著者的信息，那么在SCI的“引文索引”中，在该著者的姓名下就会刊出引用者的姓名和引用信息来源。若再以该引用者姓名作为线索，以此类推，又可以查出许多相互引用的著者和信息，直到检索到满意的结果为止。

因信息后所附的参考信息总是有限的，不可能列出所有的有关信息，且信息的引用具有随机性，因而相关信息的漏检率和误检率的可能性较大，检索效果不是很好。同时，在一般情况下，科研活动需要追溯的是较新的信息，所以只采用此方法显然具有很大的局限性。

小资料

什么是SCI？

美国《科学引文索引》（Science Citation Index，简称SCI）于1957年由美国科学信息研究所（Institute for Scientific Information，简称ISI）在美国费城创办。60多年来，SCI（或称ISI）数据库不断发展，已经成为当代世界最为重要的大型数据库，被列在国际六大著名检索系统之首。它不仅是一部重要的检索工具书，而且也是科学研究成果评价的一项重要依据。它已成为目前国际上最具权威性的、用于基础研究和应用基础研究成果的重要评价体系。它是评价一个国家、一个科学研究机构、一所高等学校、一本期刊，乃至一个研究人员学术水平的重要指标之一。

2. 工具法

这是利用检索工具查找信息的一种方法，因为这种方法是目前查找信息中最常使用的，故亦称常用法。

（1）顺查法

这是指按年代由远及近的顺序进行查找的方法，如检查“电视文化”这一课题，首先要弄清起始时间，即“电视文化”产生的时间是哪一年，后从这一年开始查起，一直查到当前“电视文化”方面的相关信息为止。这样，“电视文化”课题就检索完毕。这种方法的查全率和查准率都较高，但是检索整个课题较费时费力。

（2）倒查法

这是指按年代由近及远的逆时间查找方法，这种方法把检索的重点放在近期信息，只需查到基本满足需要时为止。使用这种方法可以最快地获得新资料，而且近期资料总是既概括、引用前期的成果，又反映最新的水平和动向，这种方法比较省力。

（3）抽查法

这是一种针对学科发展特点，抓住该学科发展迅速、信息发表较多的年代（信息的高峰期），抽出一段时间（几年或十几年），再进行逐年检索的方法。这种方法费时较少，获得信息较多，检索效率较高。但是这种方法的成功率和有效必须建立在熟悉学科发展特点的基础上。也就是说，只有对该学科或课题的发展熟悉的情况下，才适合使用。

工具法主要依赖检索工具，而没有收入检索工具的信息显然就不能获取，所以利用此法的关键是选择好检索工具，否则会影响检索效果。

3．交替法

这是上述各种检索方法的相互交替的使用过程，可分为两种：

（1）直接交替法

先使用检索工具查出一批有用信息，然后利用这些信息所附有的参考或引用信息线索追溯查找，扩大线索，获得更多的有用信息（即先工具法，后追溯法，不断交替使用）；反之亦然（即先追溯法，后工具法，不断交替使用）。

（2）间隔交替法

先利用检索工具查出一批有用信息，然后利用这些信息所附的参考信息进行追溯，扩大线索。因为引用参考信息有这样一个特点，五年之内的重要信息，一般都会被引用，于是，可以跳过五年左右，再用工具法查找，查出一批有用的信息后，再进行追溯。如此循环，间隔性交替使用两种检索方法，直到满足课题检索要求为止。

交替法比前两种方法的检索效率要高一些，检索效果也比较好，是一种“立体型”的检索法。其中直接交替法比间隔交替法要完善一些，但如果遇到有检索工具缺年缺期的客观困难，间隔交替法也是一种补充的方法。

上述各种检索方法各有优点，在什么情况下采用什么检索方法，主要由检索的条件和要求，以及检索课题的学科特点三方面来决定。

1．检索条件

主要考虑当时有没有检索工具可供利用。在没有检索工具可供利用的前提下，采用追溯法较为实际。虽然检索效率不高，比较费时费力，但比逐年翻查原始信息要快得多。在本单位或本地区原始信息收藏比较丰富的前提下，使用这种方法可查得一批有用信息。可是，在有成套检索工具可供利用时，以采用工具法为佳。它的检出率要比追溯法高，所以工具法是最常用的检索方法。

2．检索要求

信息检索的一般要求是：花费的检索时间要短，检出的信息要多，参考价值要大，即“广、快、精、准”。但是，由于各种课题的检索目的差异，所选择的检索方法也必然不同。例如，若课题检索的目的在于系统收集信息，进行综合分析和研究，这样就需要评论性、战略性信息，以便供决策某一问题参考，即“普查”型检索。这种情况，对信息的系统、全面性要求较高，既要“广”，又要“精”，一般不能有重大遗漏。在检索时间比较宽裕时，可以采用顺查法，利用检索工具进行检索。如果检索的目的是解决与某一课题有关的关键性技术问题，即“攻关”型检索，这种情况要求既“快”，又“准”地提供关键性信息。由于时间比较紧迫，无疑不能采用顺查法，而宜用倒查法迅速查得最新技术信息。

3. 学科特点

选择检索方法，还需要考虑检索课题的学科发展特点。新兴学科起点年代不长，又有准确的可供查考的起始年代，一般采用顺查法，也可以采用倒查法；年代久远的学科，起始年代较早，或无法查考，则只能采用倒查。但是一般历史悠久的传统学科，其发展过程总是波浪起伏地向前发展的，而不是直线上升。有时由于理论上或技术上有了新的突破，学科发展突飞猛进，在一定年代里处于兴旺时期，信息发表较多；有时由于发展缓慢，或停滞不前，信息发表就相对减少，学科处于稳定阶段。检索信息时，可重点抽查学科发展的高峰时期，可以在较短的时间段中查找到较多的有用信息，效果较好。当然，这种考虑学科特点的检索原则同样适用于专业特点、行业特点或技术特点的情况。

关键术语 信息检索；检索类型；检索方法。

核心提示

1. 提高信息检索能力，是获取社会科学知识的最可靠途径。

2. 信息检索教育是信息素质教育中最受重视的部分，是构成学习者信息能力的重要方面。

3. 信息检索是指信息用户通过对已完成概念分析、标引（分类、主题、题名、作者、代码、字段等）并存储在信息系统中的各种信息进行检索的过程。通常又被称为“信息存储与检索”。狭义的信息检索指广义的信息检索的后半个过程。

4. 信息检索是通过信息系统来实施的。信息系统包含信息集合的载体和技术设备。按信息的存储媒体和技术手段来分有手工检索信息系统和计算机检索信息系统。

5. 信息检索内容可划分为信息检索、数据检索和事实检索。

6. 信息检索方法有追溯法、工具法和交替法三种。

思考练习

1. 什么是信息检索？其基本原理、基本方法有哪些？

2. 信息检索基本流程与检索式的构造是什么？

3. 信息存取途径及检索策略与步骤是什么？

4. 按信息存储的载体与检索使用的手段区分，信息检索系统有哪些类型？

5. 文献手工检索工具可以分为哪几种？事实与数据检索工具各自的结构有什么异同？

模块二

信息检索技术

学习目标

能力目标

1. 掌握信息检索基本原理
2. 了解其他类型的信息检索技术
3. 了解并熟悉信息检索语言的类型

知识目标

1. 掌握传统的信息检索技术，特别是布尔逻辑检索技术
2. 认识其他信息检索技术
3. 了解信息检索技术发展

知识架构

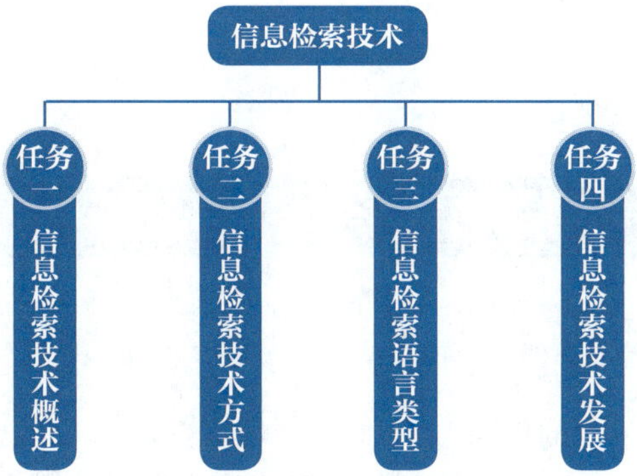

重点难点

- 传统信息检索基本技术
- 其他信息检索技术
- 信息检索语言类型

导入案例

“少就是多”！如何让你的案例检索一招制胜?

你也许看过了很多讲案例检索技巧的文章，却为什么依旧做不好一个检索？请问这是因为用户的智商是硬伤吗？当然不是！怪只怪你的检索工具不会脑筋急转弯，不够聪明！

很多人都有这样的想法：越完善的功能就需要通过越复杂的检索路径实现，这似乎推导出一个结论——有“高级检索”的检索工具才是好的检索工具。我们好不容易通过技术简化烦琐的检索步骤和流程，却非要增加“高级检索”导致历史后退？既然能够实现等同的、甚至更好的效果，人为什么不选择事半功倍、简单易行的方法？其实，我们平时常见的“高级检索”功能早已悄悄实现。

当程序员不分昼夜地埋头研发“更聪明的检索工具”时，是否意味着我们只需要设计更复杂的功能？是否意味着我们只需要搜罗更多的文章？如果如此，那案例检索工具又有什么区别？只会变成一台越来越厚重的机器，把用户捆绑其上，而让用户疲于学习那些繁杂的检索技巧，而这并不是优秀产品应提供的“附加值”。

华罗庚曾说读书是一个“越读越薄”的过程，要在多次重复阅读中不断删除冗余信息，做产品也是越做越薄的过程，一款更聪明的产品一定是主动适应用户需求的轻薄型产品，通过前端简洁有序的搜索界面到准确找到用户所需要的结果，中间横亘着的是无比复杂的算法、程序员夜以继日努力以及知识专家无数次的逻辑建模。通过对上千万份资料的解构与重组，博学反约，厚积薄发，把千万份资料“读薄”，又把检索结果积厚。所谓案例检索的一招制胜，其实就是要选准工具，所谓磨刀不误砍柴工正是此理。

说了那么多，只想跟大家强调一个概念：生产工具的技术革新才是推动生产力发展的关键动力。

任务一　信息检索技术概述

信息技术的快速发展与全面渗透，日益显著地改变着人们的工作、学习和生活方式，同时对社会各行各业的生产、经营、管理与服务也产生着越来越深刻的影响。信息时代的车轮以不可阻挡之势飞驰向前。信息无处不在，无时不有，每天呈几何级数增长，为我们的学习、工作、生活带来方便的同时却常常又使我们陷入迷茫与困惑。因此，信息检索技术（或信息获取与查询技术）在信息社会中的作用、意义与重要性就更加凸显出来。

“信息检索技术”含义可以从信息、检索与信息检索技术三个概念的递进与组合关系进行理解与把握。

1. 信息的含义

“信息”是目前广泛使用的一个概念，信息无处不在，无处不有。毋庸置疑，我们已经进入了信息社会，且正在信息高速公路上快速前进。但是，信息本身的定义并不是很明确，甚至许多相关的概念也处于一定的混淆状态，一些与信息毫不相干的事物也被贴上信息的符号。因此，明确信息的确切含义，不仅可以对信息检索技术领域有明确的定向，而且对信息检索技术原理与应用的准确把握也是十分必要的。

不同的学科领域对信息有不同的解释与阐述。哲学家认为信息是认识世界的依据，数学家认为信息是一种概率，物理学家说信息是一种“熵”，而通信专家则把信息看作是“不定度”的信号。

我国信息理论界学者用辩证唯物的观点对信息进行了种种解说，大多数学者认为信息具有物质的属性，是物质的一种存在形式，它以物质的属性或运动状态为内容，并且总是借助于一定的物质载体传输或存储。

根据以上各种定义，我们从内容和形式两方面来认识信息：自然界与人类社会存在的事实与变化以及人类对它们形式的认识和创造是信息的内容构成，载体记录和媒体传播是信息的存在形式，两者共同构成信息及其基本属性。信息不是事物本身，但它反映了事物的特征与特性。不同的事物有不同的特征，并在不同的条件下发生变化，这种特征与变化就是信息。人们正是通过获取和识别这些信息来认识不同事物的。信息与物质和能量共同构成世界的三大要素。信息是客观世界所固有的，人类自古对其就有一定的认识，但它从来没有像当今社会这样如此广泛、深入、持久，而且深刻地影响着我们工作、学习和生活的质量与效率。

总的来说，信息指的是事物的存在方式和运动状态，是对客观世界中各种事物的变化和特征的反映，是客观事物之间相互作用和联系的表征，是客观事物经过感知或认识后的再现。这里强调信息是事物属性的表征，即信息不是事物本身，而是用来表现事物特征的一种普遍形式。信息还具有如下典型的特性：

（1）客观性。由于信息是事物运动的状态和方式，所以信息与物质一样是客观存在的，是不以人的意志为转移的，但是信息可以被人所感知、处理、存储、传递和使用。因此，信息的客观性还体现在反映客观世界变化的信息包含在物质世界中。

（2）动态性。事物的本身都在不停地变化，信息也在不停地变化，科学技术的研究、生产力的发展，都蕴含了新的信息，因此获取和利用信息时必须注意时效性，要在已有的基础上不断地丰富与更新。要考虑已有的信息对于当下的情况是不是有效，如果没有效，就需要找到对现在有用的信息。

（3）相对性。客观上信息是无限的，但相对于信息用户来说，人们实际获得的信息总是有限的。并且由于不同的信息用户有着不同的感受能力、不同的目的性，因此，从同一个事物中获得的信息各有不同，因人而异。

（4）依存性。信息本身必须依赖一定的物质形式，不能脱离事物或者载体而存在，我们把那些以承载信息为主要任务的物质形式称为信息载体。例如报纸、期刊、光盘、硬盘、网页以及数据库等都是信息载体。

（5）可传递。任何信息都有一个信息源，经过载体的传递才可以被信宿接收运用。一个信息的传递由信源（信息的发出方）、信宿（信息的接收方）、信道（媒介）和信息内容四个基本要素组成。在传递过程中以语言文字、图形图像、电磁信号等为载体，并且在传递过程中可能受到各种不同形式的干扰影响。因此，在信息传递过程中，信息的添加、减少、阻碍、衰减等都是不可避免的。

（6）可加工性。信息在信宿那里可以被分析、扩充或者浓缩，也就是说人们可以对信息进行加工处理。在信息的加工过程中，都会要保留一定的信息量。在写论文时摘要可以当作是论文的分析或者是论文浓缩的结果。如果在信息的传递过程中没有信息量的增加或者损失，并且保持信息内容的不变，那么可以认为这个信息加工的过程是可逆的，反之，则不可逆。

由于目前是一个网络化的信息时代，信息检索技术的对象从传统的纸质文献扩展为数量庞大、类型多样的超文本、多媒体、跨语言等各种类型的数字化信息，所以，数字化信息备受关注。

2．信息检索技术的范畴和领域

信息检索技术作为一个学科或研究领域，是信息学的一个重要分支。信息检索技术的基本知识与原理来源于计算机科学、数学、信息科学、语言学、信息论、图书馆学、情报学、认知心理学、统计学、管理学等学科，现在已经扩充拓展到了财经、化学、物理学、航空航天等领域。随着人工智能、认知科学、多媒体、计算机技术与网络技术、大数据挖掘技术、神经科学数据挖掘技术、跨媒体数据挖掘、云计算等新兴技术领域的不断延伸与交叉融合，当今的信息检索技术将逐渐适应人脑的思维方式，实现智能、高效、快速而灵活的信息检索，最后达到随心所欲地查找、快速获取所需信息的水平。

信息检索技术的研究与数学、计算机科学、系统学、语言学、信息论等学科日益紧密起来，大大扩展了自身的研究领域和研究队伍。这些学科领域的许多学者与专家也加入到信息检索技术领域，形成一种学科深度融合的新局面。在计算机技术领域的新硬件、新软件、新技术、新方法的支持下，信息检索技术的研究水平也已从现象描述阶段进入大规模试验阶段，新的文摘方法、索引语言、索引方法、智能分析技术、检索系统应用产品及其检索质量评价方法等分支研究领域不断涌现新成果，从而为建立起信息检索技术理论和研究方法体系奠定了基础。

3．信息检索技术研究概览

目前，信息检索技术有两大应用领域：一个是传统的图书情报检索，如数字图书馆信息检索系统；另一个就是互联网信息检索。随着1946年世界上第一台电子计算机问世，计算机技术逐步走进信息检索领域，并与信息检索理论紧密结合起来。脱机批量情报检索系统、联机实时情报检索系统相继研制成功并商业化。20世纪60年代到80年代，在信息处理技术、通信技术、计算机和数据库技术的推动下，信息检索在教育、军事和商业等各领域高速发展，并得到了广泛的应用。Dialog国际联机情报检索系统是这一时期信息检索领域的代表，至今仍是世界上著名的检索系统之一。信息检索技术逐步向应用需求靠拢，从而真正发展成为一项对整个信息产业举足轻重的基础技术。

现在，信息检索技术在不同的领域得到了广泛应用，例如基于内容的图像检索技术在农业信息化中的应用；基于Web服务和信息检索技术的信息整合方案的应用；基于Web网页的教育技术资源的检索的应用；网络信息检索技术在造纸工业中的应用；Web Service和信息检索技术在企业信息化中的应用等。新的XML检索技术可广泛应用于科学数据的存储和交换、电子商务、电子政务、数字图书馆以及使用Web程序的各个领域。个性化的信息检索技术，无论是从技术的角度还是应用的角度，对信息检索的手段与质量都有明显改善。信息检索智能代理具有不断学习、自适应信息和用户兴趣动态变化的能力，从而可提供个性化的服务。从信息需求用户的角度来看，采用智能代理技术的应用服务系统在不间断地为他们工作，用户只在必要时才需要参与。和传统网络服务的“点击—反馈”方式比较，这种方式使用户大幅度提高了使用网络的效率。实际上，智能代理就是能自动执行用户委托的任务的计算实体，它有着极其广泛的应用，如邮件过滤代理、信息获取代理、桌面自动代理等。从上面的论述可以看出，信息检索发展前沿体现出两个主要趋势：一是信息检索中的语言问题认识越来越深入；二是更加强调信息检索技术应用的智能化、人性化。

（1）国外信息检索技术研究概览

近年来国外信息检索技术基本原理的研究取得了很大进展，主要内容如下。

1）信息检索中的分类研究。分类和文献的主题领域识别是两个主要的研究领域，在这两个方面的研究主要集中在对各个模型和方法以及它们的改进上。

①有关分类器的研究。分类器是文本自动分类的重要组成部分，Akinori等人利用文档的附加信息设计了文档分类的生成／判别复合模型，这种方法首先为主文本和附加成分设计了单个成分的生成模型，然后在最大熵原则的基础上将经过训练的这些模型结合到一起，在每一个成分生成模型的组合权重的基础上设计了类别后验证概率分布。对比实验表明，采用这种复合方法的分类器性能要优于采用单一方法的分类器。目前，这个模型的不足之处是其采用的成分生成模型比较单一（即朴素贝叶斯模型）。与其他分类器相比，关联分类器具有许多显著的特点，如训练时间快、分类准确性高、解释性强等。但关联分类器应用到文本分类时存在一定的问题，如因目标文本集多维度而造成训练时间过长。Yong-wook等人提出了基于单词和类别变量间多种信息的特征选择方法来减小关联分类器的空间维度。对于因训练过程中产生规则过多而降低新文献的分类效率的问题，Yong-wook等人通过引入保存和整理分类规则的方法来改善。

②有关特征选择的研究。特征选择是影响分类效果的一个重要因素。Francois、Paradis等人将传统的特征选择与情景方法结合到一起，利用二元语法（Bigram）和命名实体（Named Entities）对文本文档进行分类。这种方法最初应用于招标文件方面，但相关实验表明它也适用于其他类型数据集。而且实验还发现，尽管通过二元语法和命名实体的结合取得了最佳结果，但是后者的影响却不是特别明显。特征选择方法可以通过特征空间的降维来实现，但是在特征高度冗余的情况下，就需要利用像贝叶斯网络分析器这样的更加复杂的依赖模型（Dependence Model）。Changki Lee等人提出了一种非复杂依赖模型的特征选择方法，即基于信息获取（Information Gain）和分散（Divergence）的特征选择方法。在选择适当的文本分类特征过程中，这种方法能够在保持信息获取的同时来减小特征空间的冗余。

③有关领域相关词的研究。领域相关词（Field Association Term）是一系列确定文献领域的词。通过出现在某文献中的高频领域相关词就可以判断该文献的领域或主题。在这种方法中，领域相关词可以通过网络搜索引擎来抽取。

2）有关信息检索类型的研究。国外学者除了对传统结构化文献检索予以高度关注外，焦点检索、图像检索、视频检索、合作过滤、机器音译以及无线网中网检索技术也是其研究的重点领域。

①焦点检索（Focused Retrieval）。焦点检索是为用户提供对相关信息的直接访问。焦点检索以不同的形式存在于信息检索的各个领域，如问答系统、段落检索和元素检索等。

②图像检索。近年来，国外关于图像检索的研究在不断深入，分别对彩色图像检索、文献扫描图像检索和跨语言图像检索进行了研究。构建了一个基于颜色分布和图像位图的彩色图像检索框架，利用颜色分布、平均值和标准差表示图像的整体特征，利用图像位图表示图像的局部特征以增强检索系统的准确性，这种检索框架可以检索单一物体图像和复合结构图像。

③视频检索。目前视频检索多是基于内容的，对语义概念及其关系的自动识别和语义概念的本体构建也引起了人们对视频检索研究领域的关注，但是对基于视频对象的检索研究不够深入。将基于文本的、图像的和对象的检索方式融入了一个迭代的视频镜头检索系统中，并在受控的实验条件下对用户的迭代利用情况进行了研究。实验结果表明，在第一次迭代时，尽管基于对象的检索利用率远不及基于文本的检索，但是当相关镜头集找到后，这种方法便成为用户主要的检索方式了。

④合作过滤。目前，尽管利用用户间的相似度进行合作过滤的方式是推荐服务的主流技术，研究人员还是认识到项目的内容信息对于推荐服务的重要性。

⑤机器音译（Machine Transliteration）。机器音译是跨语言检索的一个重要研究内容。机器音译就是在一个字母系统中自动生成另一个字母系统的相应字符或单词，可用于跨语言检索中的查询翻译结果。目前有许多种机器音译模型，但是单独一种音译模型在反映所有可能的音译行为上或许有局限性，为提高机器音译的效果，需要将不同的音译模型结合到一起，相互补充。

⑥无线网中网（Wireless Mesh Community Network）。无线网中网吸引了越来越多的人关注，在这种网络中，用户可以根据自身意愿与他人分享各种通信资源。由于这种网络的社区精神，用户很有可能也愿意共享其他的资源，如数据、图像、音乐、电影等。为支持这种资源交流，需要高效的信息检索算法。

3）信息检索技术基本原理研究。信息检索技术基本原理研究主要集中于决策理论、隐含语义索引理论以及信息检索评价理论等方面。

①决策理论。决策理论在信息检索技术中的应用主要集中在辅助检索策略的构建和基于决策理论的检索系统评价。

②隐含语义索引理论。该理论研究语义信息在信息检索中的应用，这一直是学界关注的重点领域，对基于隐含语义分析（Latent Semantic Analysis）检索技术的研究越来越多。

（2）信息检索技术的国内研究状况

国内对信息检索技术的研究主要集中于：基于本体的信息检索系统、基于本体的信息检索模型、基于本体的信息检索技术、基于本体的信息检索策略等方面。

1）基于本体的信息检索系统。本体由于具有良好的概念层次和语义表达能力，并且能根据一定的规则进行计算与推理，因此，非常适合应用于信息检索系统中。当前一些实际应用所产生的良好效果也体现出了本体的优越性。本体应用于网络信息检索系统中，分析了本体的语义表达能力，提出了基于本体的信息检索系统模型（MIRSO），该模型能够对用户提供语义指导，将用户的查询条件映射为领域本体的概念和关系，使用户的需求表达和信息内容精确匹配。同时，利用本体中概念间的层次和关系，按照一定的推理规则对语义元数据进行推理，实现隐含信息的检索。实验结果证明，该方法能够提高信息检索系统的查准率。在政务信息检索系统中，本体的应用主要体现在三个方面：

①检索条件的扩展和结构化检索条件的自动生成。

②利用本体中的概念，对政务信息进行标引，生成政务信息的实例库。

③通过对本体中定义的政务信息领域概念和关系的展示，对用户的检索进行提示和引导。

利用领域本体知识库对用户的查询信息进行语义扩展，提出了一个Web环境下的智能信息检索系统，并讨论了该系统的体系结构，解决了传统的基于关键字的信息检索只能从句法上对关键字进行分析，而忽视关键字本身语义信息所造成的错检和漏检，以及无法根据信息资源中的语义关系进行检索的问题。在医药学领域，针对传统信息检索系统的不足，提出了一种基于药品本体的信息检索系统，并把相似度算法融入其中，提高了检索的查全率和查准率。

2）基于本体的信息检索模型。信息检索模型是指依照用户查询，对文档集合进行相关排序的一组前提假设和算法。信息检索模型是信息检索系统的基础，其作用的发挥直接影响到检索结果的有效性。传统信息检索方法在当今网络环境下所面临的问题后，提出基于本体的专利信息检索模型，从用户检索请求处理、本体构建、本体可视化与语义扩展，检索及存储的过程和技术实现进行研究并开发了一个基于服装领域本体专利信息检索原型系统。比较测试表明，该模型在确保信息检索准确性的同时能够极大地提高其全面性。

3）基于本体的信息检索技术。传统的信息检索技术是指利用现代信息检索系统，如联机数据库、光盘数据库和网络数据库等检索有关信息而采用的相关技术，主要有布尔检索、词位检索、截词检索和限制检索。信息检索技术是一个信息检索系统的重要组成部分，并能为后者的正常运行提供强大的后台支持。基于本体的信息检索技术主要是指将本体应用与信息检索技术相结合，其目的是提高信息检索系统的性能。基于关键词处理的传统信息检索技术会在检索过程中遗漏大量与信息检索概念相关或同义的内容。网络的快速发展使得越来越多的专家学者对网络信息检索领域的相关技术进行研究，成果颇丰。

4）基于本体的信息检索策略。信息检索策略，也称为信息检索方法，是指为实现检索目的而制定的全盘计划和方案，是对整个检索过程的谋划和指导。较为高效的检索方法是：通过引入本体，在文档和检索条件间建立一种基于本体的由本体中的词汇集组成的结构化对应关系，设计并实现相应的概念词抽取，检索条件扩展算法以及原型系统。实验结果表明，该方法在检索的查全率和查准率方面都有很大的提升。程新荣等提出了一个时下热门的基于本体的网络信息检索流程，主要有四个步骤：

①领域专家的帮助下建立相关本体，收集信息源中的数据，参照已建立的收集来的数据按规定格式存储在元数据库中。

②对用户检索界面获取的查询请求，查询转换器把查询请求转换成规定的格式，在它的帮助下从元数据中匹配出符合条件的数据集合。

③检索的结果经过定制处理返回给用户。基于本体的信息检索方法还被应用于一些专门的研究领域中。

④利用语义库来形成层次性的本体结构，结合主题爬行技术将文章信息分类，形成优化的数据类型，然后在分类组织的数据模型上提供检索。通过这种组织框架，能克服博客中文章难以组织、难于检索的缺点。

4．信息检索技术的前沿问题与研究热点

（1）信息检索技术涉及的相关重要领域

信息检索技术是一门多学科交叉的应用技术领域。信息检索通常要面对海量数据，普通台式机的处理能力远远不够，并行／分布式处理技术在这个领域大有用武之地。数据库和数据挖掘被用来解决结构化数据的检索与知识发现问题，它们已取得的成果对文本检索与文本挖掘都有直接的借鉴作用。知识管理、情报学、社会学等偏重管理人文的学科从不同的角度使用信息检索技术并从中获益。

1）自然语言处理。自然语言处理是利用计算机技术处理语言信息的科学，其目标是让计算机能够“理解”人类的语言——自然语言。对于信息检索来说，仅仅停留在处理表层文本信息是远远不够的，字符层面的匹配与相似度计算并不能帮助计算机理解待检索的文本的“含义”，也不能深入理解用户的检索意图，检索出的结果常常有可能偏离用户的需求。要提高检索系统自身的智能化水平，以及检索系统人机交互界面的自然度，就需要不断地将自然语言处理结合到文本信息检索中来。

2）分布式计算。Internet构成了人类历史上最大的信息平台，拥有海量的数据。面对巨大的文本数据、大量的检索请求和用户对检索时间的苛刻要求，信息检索的效率成为一个亟待解决的问题，依靠单台计算机不可能完成这样的任务，必须依靠分布式信息检索技术才能解决。事实上，几乎所有实用的大型搜索系统都采用了分布式的体系结构来解决信息检索中的效率问题。

3）数据库技术。数据库和信息检索俨然一对姐妹。与信息检索不同，数据库的处理对象是结构化信息。数据库技术已经有比较完整的理论基础，而信息检索技术的经验性比较强，理论基础相对薄弱，需要进一步借鉴数据库中的一些成熟理论。信息检索中的信息抽取技术旨在把非结构化数据转化为结构化数据，以数据库形式存放，这样，一些信息检索问题就可以转化为数据库查询问题了。

4）数据挖掘。数据挖掘一般是针对数据库进行的，借鉴到信息检索中就成为文本挖掘。面向非结构化数据的文本挖掘，帮助用户对Internet上庞杂的信息进行综合分析，找出这些信息背后所蕴含的规律和趋势，找出事物的本质，提升搜索技术的内涵。此外，对用户日志进行数据挖掘能够从总体上观察分析用户的行为，也能够针对每个个体用户的需求提供个性化服务。

5）情报学。情报学是研究情报的产生、传递、利用规律和用现代化信息技术与手段，使情报流通过程、情报系统保持最佳效能状态的一门科学。它能帮助人们充分利用信息技术和手段提高情报产生、加工、存储、流通、利用的效率。信息检索和情报学有紧密的历史渊源，情报学的理论对信息检索系统的设计仍有指导作用。

6）社会学。社会学研究社会发展中的现象和规律。随着搜索引擎技术的使用越来越广泛，社会学家通过对众多用户使用搜索引擎的行为（比如浏览了哪些网页，输入了哪些查询词等）进行分析和统计来研究社会心理学和行为的状态和趋势，比如时尚流行、语言变化、使用习惯等。

（2）信息检索技术的发展趋势

如何快速、准确、全面地找到信息，在信息时代特别重要。近年来，信息检索技术取得了飞速的发展，特别值得一提的是中文全文检索技术的发展非常迅速，并且国内自主开发的产品占据了绝大部分的市场份额，这对于一个以核心技术为竞争优势的领域是非常难能可贵的。著名的全文检索系统TRS在政府、企业、媒体和教育领域都取得了卓越的成绩，市场占有率在70%以上。目前全文检索的技术已经比较成熟，正在得到广泛的应用，而多媒体检索和智能检索的研究与应用还有一定距离，主要面临的问题是音频与视频检索技术和人工智能检索技术的发展。在网络搜索引擎方面主要是向集成化、专业化方向发展，由单一搜索引擎向集成化的多元搜索引擎和专业化的检索技术发展。网络信息的迅猛膨胀，对智能化检索工具的智能化程度提出了更高的要求。智能化程度高的检索工具在竞争中将明显处于有利地位。总的来说，信息检索技术有以下一些发展趋势：

1）可视化和多样化。信息检索中的可视化，是将数据库中不可见的语义关系用图像形式可视化显示，并可视化表达用户检索过程。而网络信息检索多样化首先表现在可以检索的信息形态有文本、声音、图像、动画等。目前网络信息检索的主体是文本信息，基于内容的检索技术和语音识别技术的发展，将使多媒体信息的检索变得逐渐普遍。

2）集成化。目前网络开发的数据库都缺乏统一的数据描述标准，信息查询方式大相径庭。数据类型不同，返回给用户的检索结果也不尽相同。因此，用户在使用信息资源数据库之前，必须花费大量的时间对其检索方法、检索系统逐一进行熟悉。同时用户在对不同的数据库进行检索时还必须切换不同的检索界面，采用不同的专用阅读器进行不同格式的数据转换和阅读。鉴于这些诸多的不便之处，集成化已成为信息检索服务的一大发展趋势。例如数字图书馆通过提供集成检索机制，方便用户从一个检索界面同时检索数字图书馆的所有资源，避免反复登录、多次检索的麻烦。用户利用集成信息检索服务时，所面对的是“一步到位”式的计算机界面，而后台则是整体化的信息资源保障体系。

3）个性化。为了提高用户满意程度，将用户所需信息准确返回，信息检索必须向个性化方向发展。信息检索个性化的核心是跟踪分析用户的检索行为，充分利用这些信息来提高用户的检索效率。

4）智能化。准确的信息检索工具应建立在对收集信息和检索请求的理解之上，也就是说必须处理语义信息。传统的信息检索是被动式的，而利用智能代理技术进行主动信息检索则逐渐成为这一领域的焦点，其中通过对用户的检索计划、意图、兴趣方向进行推理、预测并为用户提供有效的答案是这种系统的支柱技术。主动信息检索使用自动获得的知识进行信息收集过滤，并自动将用户感兴趣的信息通过电子邮件或其他方式提交给用户。智能检索工具由于将信息检索从目前基于关键词层面提高到基于知识（或概念）层面，对知识有一定的理解与处理能力，能实现切分词技术、同义词技术、概念检索、短语识别以及机器翻译技术等，从而使信息检索更具有智能化和人性化特征。

5）基于网格的信息检索技术。网格实际上就是利用互联网将分散于不同地域的计算机组织起来，成为一个虚拟的超级计算机。每台参与的计算机就是一个“节点”，成千上万的节点纵横交错，构成一张“网格”。它可以连接和统一各类不同远程资源，实现互联网上所有资源的全面联通，在动态的、异构的虚拟组织间实现网络虚拟环境上的资源共享和协同工作，消除信息孤岛和资源孤岛。随着网格技术研究在世界各地的兴起，基于网格的信息检索技术将成为未来的一个发展方向，用户能够以透明的方式获取资源，且无须考虑资源的位置和获取时间，从而实现获取资源的一站式服务。

6）专业化信息检索。现代信息检索技术的另一个发展趋势是检索专业化。专业化信息检索是指面向某一特定专业或学科领域，提供高质量的专业信息的检索。专业化信息检索需求的出现主要因为网络信息资源越来越丰富，而综合性检索系统比如搜索引擎查找专业信息越来越困难，效率比较低，往往不能检索到高质量的专业信息。发展专业化检索将是未来的一个研究热点。专业化信息检索将只涉及某一学科、某一领域的信息，信息相对集中，且其编制通常有本专业的人员参与，因此它不仅可以提高检索速度，还可以提高专指度，加大检索深度和检索力度，从而提高查全率和查准率。目前在某些领域已经存在专业搜索引擎，而且这种数量必将越来越多。专业化信息检索不但体现在其搜索内容的专业性上，也体现在其搜索媒体性质的专门性上。比如，致力于检索图片的图片搜索引擎、致力于检索音乐的音乐检索系统，这种针对专门性质媒体的检索工具也在不断增多。专业化信息检索系统在提供专业信息方面有着大型综合检索引擎无法比拟的优势，它所采用的基本技术同综合引擎一样，而且基本上是成熟的技术，它们的发展没有技术障碍，同时正符合了Internet发展的一个趋势：Internet将更专业化、分工更细，因而专业化信息检索系统将能更好地为不同领域的用户提供个性化的服务，将是未来信息检索的一个发展方向。

总之，未来的信息检索技术将在理念、技术、人性化、智能化等方面取得全面突破，逐渐适应人脑的思维方式，实现智能、高效、快速而灵活的信息检索，最后达到随心所欲地查找、迅速获取所需信息的水平。当然，这些突破也需要计算机硬软件技术、通信技术、人工智能技术、可视化技术等相关技术支持。但无论如何，未来的信息检索技术一定会以一个崭新的面貌出现在人们面前，促进人们对无序信息世界的有序化组织，促进信息资源得到更为合理的开发和利用。

“信息检索技术”的含义可以从信息、检索与信息检索技术三个概念的递进与组合关系进行理解与把握。信息指的是事物的存在方式和运动状态，是对客观世界中各种事物的变化和特征的反映，是客观事物之间相互作用和联系的表征，是客观事物经过感知或认识后的再现。广义的检索是指将信息按一定的方式组织和存储起来，并根据用户的需要找出有关信息的过程，所以它的全称为信息存储与检索。信息检索技术是跨越多学科领域的信息组织与信息提取方法的融合技术，是针对信息获取（Acquisition）、信息表示（Representation）、信息存储（Storage）、信息组织（Organization）和信息访问（Access）的特有融合性技术。它不仅涵盖传统针对各种具体文献数据库的图书情报检索技术，也包括针对现代广域互联网络的网络信息检索技术。

国内外对信息检索技术的研究如火如荼，成绩斐然。近年来在信息检索中的分类研究、信息检索技术的统一框架或模型研究、有关信息检索类型研究、信息检索方式的研究、信息检索技术基本原理研究、基于本体的信息检索系统研究等各个层面都取得了长足进步。

任务二 信息检索技术方式

从历史发展来看，信息检索起源于图书馆的参考咨询和文摘索引工作，从信息检索诞生起，信息检索技术就伴随其一起发展。

21世纪是一个高度信息化的社会，信息就是商品，信息就是财富，信息就是资源，信息就是机会，因此人人都渴望及时获得有用的信息。许多新兴的检索技术也逐渐被人们所认同和使用。

1. 布尔检索

布尔检索就是采用布尔代数中的逻辑与、逻辑或、逻辑非等运算符，将检索提问转换成逻辑表达式。计算机根据逻辑表达式查找符合限定条件的文献。

布尔检索是现代情报检索系统中最常使用的一种方法。网络搜索引擎，如Google、百度、Excite等，都使用了这种检索技术。

（1）布尔逻辑算符

用来表示两个检索词A、B（图2-1）之间的逻辑关系，用以形成一个概念。常用的布尔逻辑算符有三种，分别是逻辑“与”（AND）、逻辑“或”（OR）、逻辑“非”（NOT）。

1）逻辑“与”——AND或*。逻辑“与”是一种用于交叉概念或限定关系的组配，它可以缩小检索范围，有利于提高查准率。若提问式为A AND B，即表示被检索的文献记录中必须同时含有A和B才算命中（图2-2）。也就是说，凡是使用AND的检索语句，必须同时出现在一篇文献记录中，该篇文献才算命中。

2）逻辑“或”——OR或+。逻辑“或”是用于并列概念的一组组配，用来表示相同概念的词之间的关系。若提问式为A OR B，则表示在一篇文献记录中只要含有A或B中的任何一个即算命中（图2-3）。这种组配可以扩大检索范围，有利于提高查全率。

3）逻辑“非”——NOT或-。这种组配用于从原来的检索范围中排除不需要的概念，或排除影响检索结果的概念。若提问式为A NOT B，则表示数据库中凡含词A不含词B的记录被检出（图2-4）。逻辑“非”能够缩小命中文献范围，增强检索的准确性。

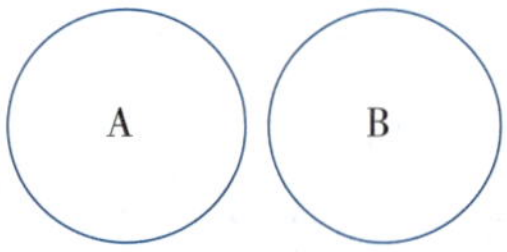

图 2-1　A、B 两个检索词

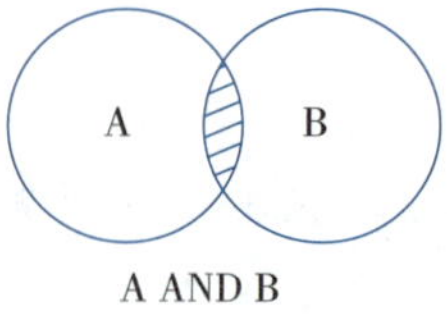

图 2-2　逻辑“与”

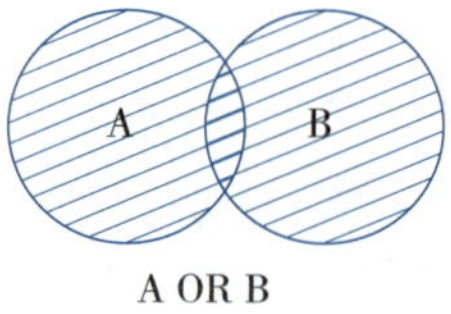

图 2-3　逻辑“或”

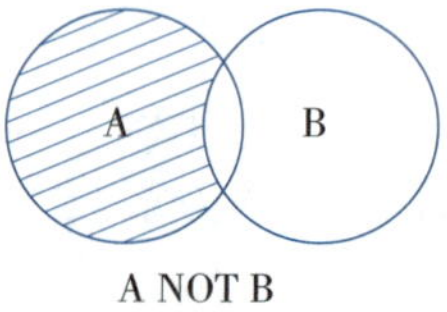

图 2-4　逻辑“非”

（2）布尔逻辑算符的使用

1）在使用逻辑算符时，可用括号“( )”改变执行顺序。

2）布尔运算关系有利于准确表达检索概念之间的逻辑关系。

3）慎重使用逻辑非，以免排除有用的文献，造成漏检。例如，检索计算机软件方面的文献，如果构造检索式“（COMPUTER AND SOFTWARE）”来检索，则将同时包含软件、硬件的相关文献排除了。

（3）布尔检索的特点

布尔检索作为一种主要检索方式，它具有特点如下：

①形式简洁，结构化强，语义表达力好。

②布尔运算关系有利于准确表达检索概念之间的逻辑关系。

③由于布尔运算以比较方式在集合中进行，故软件易实现。

但是布尔检索也存在许多局限性，表现如下：

①它不承认文献内容所涉及的多个概念的相对重要性，即没有规定每个检索词的权重，一个概念要么与文献内容完全相关，要么完全不相关，这常与实际情况相悖。

②它把各个概念看成是相互独立的，忽略了概念间的相互关系；它把概念与文献的关系简单化，忽略了概念与文献内容形式和结构的关系。

③它不能妥善区别和处理用检索式中较多的概念标引的文献和用检索式中较少的概念标引的文献。如处理提问式（A AND B　B AND C…AND Z）时，系统把含有若干个提问词和不含任何一提问的文献认为一样查，同样加以排除；在处理提问式（A OR B OR C…OR Z）时，不能把含有所有提问词的文献看作比只含一个提问词的文献更好一些。

④它不能对检索结果按与检索要求相关的程度排序输出，因而结果输出量较难控制。

⑤它过分依赖检索语言的文字化、规范化，而且往往要求较复杂的表达式。

2. 截词检索

截词检索是利用计算机特有的指定位对比判断功能，使不完整词能与标准词进行比较、匹配的一种检索，主要用于西文中词干相同的派生词的检索，可大大提高查全率和检索效益。

所谓截词（Truncation），是指检索者将检索词在他认为合适的地方截断；而截词检索，则是用截断的词的一个局部进行的检索，并认为凡满足这个局部的所有字符的文献，都为命中的文献。

截词的方式有多种。按截断的位置来分，截词可分为后截断、前截断、中截断三种类型；按截断的字符数量来分，可分为有限截断（Limited Truncation）和无限截断（Unlimited Truncation）两种类型。有限截断是指说明具体截去字符的数量，而无限截断是指不说明具体截去多少个字符。

截词符号在各情报检索系统中表示不一，但功能相同。通常用“*”表示无限截断，用“?”表示有限截断。

（1）后截断

后截断是常用的截词检索技术。将截词符号放置在一个字符串右方，以表示其右的无限或有限个字符不影响该字符的检索。

例如，输入“computer *”，则词典中存储的前8个字符为computer的所有词均满足条件，因而能检出含有computers，computering，computerigation等词的文献。而输入“computer?”可检出含有computer，computers，computered的文献。

可见，截词检索具有隐含的OR运算特性。后截断主要使用在如下四个方面：

①词的单复数，如bag？。，box？？

②年代，如199？，19？？。

③作者，如用Lancaster *可检索出所有姓Lancaster的作者。

④同根词，如politic *可检索出political，politicalize，politically，politician等同根词。

另外应注意：使用后截断有可能检索出无关词汇，尤其是在使用无限后截断时，所选词干不能太短，否则将造成大量误检，或者发生溢出，导致检索失败。

（2）前截断

前截断是将截词符号放置在一个字符串左方，以表示其左方有有限或无限个字符。从检索性质上讲，前截断是后方一致检索。在检索复合词较多的文献时，使用前截断较多见。

例如，输入“* magnetic”，可以检索出magnetic（有磁性的）、electri-magnetic（电磁的）、paramagnetic（顺磁的）、thermo-magnetic（热磁的）等词汇。用前截断进行一个学科的不同应用领域的检索是很方便的，但到目前为止，仅有少数联机系统允许使用前截断检索，这主要是由于词典存储方式的限制。

（3）中截断

中截断又称为“通用字符法”或“屏蔽”。这种截断是把截断符号放置在一个检索词的中间。一般中截断仅允许有限截断。

中截断主要解决一些英文单词拼写不同，单复数形式不同的词的输入。在可能变化的字母处加一截词符“?”，即可简化输入，提高检全率。

例如，输入“m？n”可以检索出含有词man、men的文献；输入“organi？ation”检索出organization和organisation两词。

总之，检索系统提供的不同类型的截词检索方法，能够提高查全率，扩大检索范围，减少校索词的输入量，简化检索步骤，从而节省检索时间，降低检索费用。

3. 限制检索

限制检索是在检索系统中缩小或约束检索结果的一种方法。限制检索的方式很多，包括字段检索、限制符检索等。

（1）字段检索

字段检索是限定检索词在数据库记录中出现的字段范围的一种检索方法。

在Dialog联机检索系统中，数据库提供的可供检索的字段通常分为基本索引字段和辅助索引字段两大类。基本索引字段表示文献内容特征，如题名、叙词、文摘等；辅助索引字段表示文献外部特征，如作者、文献类型、语种、出版年代等。每个字段有一个字段代码，字段代码通常用两个大写字母表示。Dialog系统各字段表示如下：

基本索引字段：TI（篇名、提名）　　AB（摘要）
　　　　　　　DE（主题词、叙词）　ID（自由标引词）
附加索引字段：AU（作者）　　　　　CS（作者单位）
　　　　　　　JN（刊物名称）　　　PY（出版年份）
　　　　　　　LA（语言）

在检索提问式中，可以利用后缀符“/”对基本索引字段进行限制，利用前缀符“=”对辅助索引字段加以限制。当前流行的联机情报检索系统，均支持字段检索。例如，(information retrieval/TI OR search engine/DE）AND PY =2002，所表达的检索要求是，查找2002年出版的关于信息检索或搜索引擎的文献，并要求“information retrieval”（信息检索）一词在命中文献的篇名字段出现，“search engine”（搜索引擎）一词在命中文献的叙词字段出现。这里“/TI”“/DE”是后缀的用法；“PY=”是前缀的用法。

若希望在若干字段内同时检索，可一一注明所需查找字段的字段代码，各代码之间用逗号隔开。它们之间的关系可以看作是逻辑“或”，即在检索时，只要在其中任一字段内出现所限定的检索词，就可作为命中文献检出。例如，(information retrieval/TI，DE OR search engine/DE，ID）AND PY=2002 AND LA=English。

注意各个检索系统所设立的字段是互不相同的，即使同一字段，也可能采用不同的字段代码。为了避免出现检索误差，在进行字段检索前，应事先参阅系统及有关部门数据库的说明，对于系统指定的前、后缀符形式也应参见系统的使用说明。

（2）限制符检索

在一般的联机系统中，还提供一类限制符，使用这类限制符可以从文献的外部特征方面限制检索结果。限制符的用法与后缀符相同，而它的作用则与前缀符相同。

例如，wheelchair. PAT，表示只要检索wheelchair这一主题的专利文献。

限制符还可以与前、后缀符同时使用，这时字段代码与限制符之间的关系是逻辑“与”，即最终的检索结果应同时满足字段检索和限制符检索两方面的要求。例如：

Wheelchair/TL，PAT

AU=Mark Twain/ENG

关于限制检索，还有一种方法，就是使用各个检索系统提供的有关限制检索的命令，如Dialog系统中就有Limit和Limitall两条命令。

总之，不论是字段检索还是限制符检索，或是使用限制命令的检索，它们既可以独立使用，也可以混合使用，使用原则，则是检索要求及其经济性。

限制检索在网络搜索引擎中使用时往往很简单，只需在检索页面上的下拉菜单中选择即可。

4. 原文检索

原文检索是一种可以不依赖叙词表而直接使用自由词的检索方法。所谓原文，即指数据库中的原始记录。原文检索即以原始记录中的检索词与检索词间特定位置关系为对象的运算。

在英文文献中，原文检索常被称为Full Text Searching、Free Text Searching 和Proximity Searching。

原文检索的运算方式，不同的检索系统有不同的规定，其差别有两点：一是规定的运算符不同；二是运算符的职能和使用范围不同。原文检索的运算符通常称为位置运算符（Positional Operator），因为原文检索运算就是原始记录中检索词的位置运算。

原文检索的运算类型通常有以下4个级别：

1）词位置检索，要求检索词之间的相互位置满足某些条件。

2）子字段或自然句级检索，要求检索词出现在同一子段或同一自然句中。

3）字段级检索，要求检索词出现在同一字段中。

4）记录级检索，要求检索词出现在同一记录中。

下面分别来介绍这4个级别的原文检索，其中举例用到的位置运算符为Dialog系统规定位用的。

（1）词位置检索

词位置检索又称为邻近检索，常用的位置算符有（W）与（nW）、（N）与（nN）以及（X）与（nX）三类。

1）（W）算符与（nW）算符。

（W）算符是“Word”或“With”的缩写，它表示在此算符两侧的检索词必须按输入时的前后顺序排列，而且所连接的词之间除可以有一个空格，一个标点符号或一个连接号外不得夹有任何其他单词或字母，且词序不能颠倒。（W）算符严密性较强，它基本等价于词组检索。目前绝大部分搜索引擎都具有词组检索的功能，且多规定用引号表示要检索的词组。

（nW）算符是从（W）算符引申出来的，它的含义是允许在连接的两个词之间最多夹入n个其他单元词。由于（nW）只强调了允许插入的单元词个数，而没有限定这些插入词的具体范围，因此其严密性比（W）略差一些。

例如，sql（W）server可以检索出sqlserver或者sql server；gone（2W）wind，可以检索出gone with the wind。

2）（N）算符与（nN）算符。

（N）算符是Near的缩写，它表示在此算符两侧的检索词必须紧密相连，所连接的词间不允许插入任何其他单词或字母，但词序可以颠倒。

（nN）算符表示在两个检索词之间最多可以插入n个单词，且这两个检索词的词序任意。

例如，railway（2N）bridge，可表示railway bridge，bridge of railway，bridge of the railway等。

根据检索要求，在同一检索式中也可以连续使用（N）算符。但要注意，当采用（N）连接两个以上单元词时，系统将从左到右按顺序进行运算。例如，若检索式为A（N）B（N）C，系统将首先执行A（N）B，当在执行第二个（N）运算时，C只能出现在AB（BA）的前面或后面，而不可能出现在A与B之间，即检索结果为ABC、BCA、CAB或者CBA。

3）（X）算符与（nX）算符。

（X）算符要求其两侧的检索词完全一致，并以指定的顺序相邻，且中间不允许插入任何其他单词或字母。它常用来限定两个相同且须相邻的词。

（nX）算符的含义是要求其两侧的检索词完全一致，并以指定的顺序相邻，之间最多可以插入n个单元词。

例如，measure（1X）measure可以检索到measure for measure的标引词。

（2）同句检索

在某些情况下，特别是对查全率有较高要求时，可放松词位置检索要求，改用同句检索。

所谓同句检索，即要求参加检索运算的两个词必须在同一自然句中出现，其先后顺序不受限制。同句检索中用到的位置算符主要是（S），S算符是Sentence一词的缩写。

例如，electronic（S）optical，可以检索出命题为“Cutting and polishing optical and electronic materials”的文献。

（3）同字段检索

对同句检索条件的进一步放宽，可以使用同字段检索的方法。进行同字段检索的位置运算符有（F）和（L）两种。

1）（F）算符。

（F）算符是Field的缩写，它表示在此算符两侧的检索词必须同时出现在数据库记录的同一个字段中，词序可变。字段类型可用后缀符限定。

2）（L）算符。

（L）算符是Link的缩写，它要求检索词同在叙词字段中出现，并且具有词表规定的等级关系。因此该算符只使用于有正式词表，且词表中的词具有从属关系的数据库（或文档）。

例如railroads（L）traffic control，表示traffic control是railroads的下一级主题词。

除了上述介绍的词位置检索、同句检索和同字段检索3个级别的原文检索外，还有一级原文检索叫作同记录检索，它所用的位置算符为（C）。（C）算符要求它两侧的检索词同在一条数据库记录中出现，这与布尔逻辑算AND完全等价。

此外还有（NOT）位置算符，如（NOTW）、（NOTN）、（NOTL）、（NOTS）、（NOTF），表示相连两词不能以W，N，L，S，F位置相连，此位置符一般不常用。

使用位置算符要注意以下几点：

①布尔逻辑算符和位置算符的运算顺序问题。在检索式中可能同时含有布尔逻辑算符和位置算符，这就涉及这两类算符的运算顺序。先执行布尔运算的做法叫作“二次检索”。二次检索在磁盘倒排文档中只需保留一个词所在文献号，因而节省了大量空间，但它需将布尔运算选出的命中率文献原始记录一一调入内存进行扫描，因此时间方面的开销将大大增加。先执行原文检索，再执行布尔运算，这时原文检索是布尔逻辑AND的高级别直接替代，因此这类系统检索速度较快，但它又是以大量存储检索词位置信息为代价的，从而需要足够大的存储空间。

比较上述两种运算顺序，可以看出，它们恰好是在节省时间和节省空间两个方面互有所长的，但由于存储器容量的不断增大和价格下跌，当前情报检索系统大多采用第二种运算顺序。

②各种位置算符可以混合于一个检索式中，它们都隐含着有AND功能，按照检索精度排序为：

W　nW　N　nN　S　F　C →

渐弱

③由于不同的位置算符对两个词相对位置的要求不同，在同一个复合词中若有两种以上的位置算符时，应把要求严格的放在前面，从而提高查准率，节省查找时间。

5. 加权检索

某些检索系统提供一种定量检索技术，就是在检索时赋予每个检索词一个表示其重要程度的数值，即所谓的“权值”，在检索过程中，对含有这些检索词的文献进行加权计算，权值之和在规定的数值（称为阈值）之上者才会作为检索结果输出，权值的大小可以反映出被检出文献的切题程度。

加权检索是对布尔检索的改进，可在既保障查全率，又保障查准率的前提下，用一定的权值来表示检索结果的重要性并按相关性输出结果。加权法使检索更具有针对性。

目前加权检索在信息系统中的应用还不是很完善，不是所有的系统都提供这种检索技术，即使能提供加权检索的系统，对权的定义、加权方式、权值计算和检索结果的判定也都有不同的技术规范。

目前有词加权检索和词频加权检索两种基本的加权检索方法。

①词加权检索是指在构造检索式时，检索者根据对检索需求的理解选定检索词，同时每个检索词被赋予一个权重，表示其在本次检索中的重要程度。检索时先判断检索词在文献记量中是否存在，然后计算存在检索词的记录所包含的检索词的权值之和，通过与预先给定的阈值进行比较，权值之和达到或超过阈值的记录视为命中记录，命中记录的输出按权值总和从大到小排列输出。这种给检索词加权来表达信息需求的方式称为词加权。

例如，以“管理信息系统”为检索课题，给检索词“管理”“信息”“系统”分别赋予权值30、30、40。检索时，在关键词文本框中输入“管理/30*信息/30*系统/40”，单击“查询”，则按照所含关键词的权重检索出相关记录，授权值递减排列如下：

■100——30+30+40　管理信息系统；
■70——30+40　管理系统；
■70——30+40　信息系统；
■60——30+30　管理信息。

若规定70为阈值，权值大于70的为命中文献，则只有有关“管理信息系统”“管理系统”和“信息系统”方面的文献被输出。

②词频加权检索是根据检索词在文档记录中出现的频率来决定检索词的权值，而不由检索者指定检索词的权值进行信息检索的方法。这种方法消除了人工干预的因素，但这种方式必须建立在全文或者文献型数据库的基础上，否则词频加权就没有意义了。

6. 全文检索

全文检索，这里的全文主要是指以文本形式存储的全文，是以文献全文信息作为处理与检索的对象。它不仅能提供文献的外部特征信息，而且能提供文献的篇、章、词组、字等内容信息，能够直接对原文进行检索，从而更加深入到语言细节中去。与其他检索技术相比，全文检索技术的新颖之处在于，它可以使用原文中任何一个有实际意义的词作为检索入口，而且得到的检索结果是源文献而不是信息线索。

全文检索技术通常用于全文数据库和搜索引擎中。在西文数据库中进行全文检索时，使用位置算符会帮助提高查准率。与西文检索系统比较，由于汉语语词切分的问题，中文检索系统的全文检索技术发展较慢，但目前已趋于稳定。

7. 聚类检索

聚类检索，在对文献进行自动标引的基础上，构成文献的形式化表示——文献向量，然后通过一定的聚类方法，计算文献与文献之间的相似度，并把相似度较高的文献集中在一起，形成一个文献类的检索技术。用户利用这些文献类展开检索，一旦检索到聚类中的某一条信息，则可通过这条信息把聚类中的其他文献信息全部检出，从而实现高效率的知识挖掘式的检索。

小资料

“权”在古代的含义为“秤砣”，就是秤上可以滑动以观察质量的那个铁疙瘩。《孟子·梁惠王上》曰“权，然后知轻重”就是这个意思。学校算期末成绩时，期中考试占30%，期末考试占50%，作业占20%，假如某人期中得84分，期末92分，作业得91分，如果是算数平均，那么就是（84+92+91）/3=89；但是加权处理后就是84*30%+92*50%+90*20%=89.4。

任务三 信息检索语言类型

检索语言，是检索系统的重要组成部分，是信息存储人员和检索人员都要使用的语言工具。检索语言，是根据信息检索需要而创制的人工语言，从不同角度又被称为情报语言、情报存储与检索语言、文献语言、标引语言等。

目前世界上有一两千种检索语言。例如中国图书馆图书分类法、《汉语主题词表》、国际十进分类法、杜威十进分类法、《NASA叙词表》等，都是检索语言的一个语种。有数以千万计的信息机构和检索刊物的工作人员和读者正在使用这类语言。

检索语言与检索效率有着密切的关系，它在信息检索过程中起着十分重要的作用。

1. 按描述文献特征划分

（1）描述文献外部特征的检索语言

描述文献外部特征的检索语言，是以文献信息标明的，显而易见的外部特征，如题名、著者姓名、机构名称、文献号和文献出处等作为文献的标识和检索的依据。

（2）描述文献内容特征的检索语言

包括分类语言和主题词语言。

内容特征语言与外部特征语言相比，在揭示文献特征与表达信息提问方面，具有更大的深度，在用来标引与检索信息时，更需要依赖标引人员与检索人员的智力判断。内容特征语言的结构与使用规则，远比外部特征语言复杂，因而，对内容特征语言的研究，成为信息检索语言研究的主体与核心。

2．按标识组配方式划分

（1）先组式检索语言

所谓先组式检索语言，是指描述文献主题概念的标识在实施检索前，检索词已被（标引者）预先组配固定好了的一种检索语言，如体系分类语言、标题词语言等。检索时，检索人员只能直接利用预先给定的检索词去检索文献。

（2）后组式检索语言

所谓后组式检索语言，是指描述文献主题概念的标识在实施检索前，检索词在检索或检索体系中并未预先组配好，而是以单元词或概念因子的形式出现，直到检索时才将其中某些检索词组配起来使用的一种检索语言，如叙词语言等。后组式检索语言的基本思想是，具体的概念可以通过一般概念的组配而得到。例如，“图书馆自动化”这一概念就可以通过“图书馆”和“自动化”这两个一般概念的组配得到。把这个原理应用到检索或检索系统中，只使用“图书馆”和“自动化”做检索词。检索时，只要把它们加以组配，就可以检索出有关“图书馆自动化”的文献。

3．按检索词的规范程度划分

（1）受控语言

受控语言是指检索词来自文献或用户提问并受到信息检索系统控制（规范和管理）的一类检索语言的总称，又称为规范化语言。由于文献用语和用户提问用语非常丰富、复杂和多样化，词与概念之间常常存在一对多或多对一的交混状态（如同义词、近义词和同型异义词问题）。当特定的词脱离上下文以后，它的歧义性会增大，难以准确地指示信息内容。此外，直接来自文献或用户提问的词汇之间的语义关系往往是隐含的，不能为信息检索提供天然良好的知识组织机制。控制检索词汇的目的是消除或减少它们的歧义性，保证信息内容表达的一致性和准确性，使词间语义关系由隐含的转变为显性的，并把全部检索词汇组织成某种知识体系或结构，以便使检索语言具有良好的表达和组织功能。常用的控制方法有建立某种知识分类体系、概念等级结构或参照系统等。

（2）自然语言

自然语言是指信息检索系统中使用的直接来自文献或用户提问的一类检索语言，如关键词、文献或用户提问中的语句等。它的主要优点是可以自动生成，节省系统成本，表达自由，避免在作者与用户之间造成不必要的交流障碍，检索词汇可与数据库或信息集合同步更新。受控语言与自然语言的优缺点是相互对立的，因而，它们的作用是互补的。

4．按结构划分

（1）分类检索语言

以分类号作为文献主题概念标识的标识系统，包括体系分类语言、组面分类语言、混合分类语言等。

（2）主题词检索语言

以主题词（标题词、关键词、叙词等）作为文献主题概念标识的标识系统，如标题语言、关键词语言、叙词语言等。信息检索语言由词汇系统和语法两部分组成。词汇系统是用以表达文献或提问特征的词的集合。一个标识（如分类号、主题词、著者姓名、代码）就是检索语言中的一个词。语法则是指运用单个或多个标识来正确表达文献主题或提问概念的一套规则。

检索语言的主要类型（外部特征语言和内容特征语言）如图2–5所示。

- 检索语言
  - 表述文献外部特征的语言
    - 书名、篇名等
    - 著者名
    - 号码（专利号、报告号、序号等）
    - 代码（分子式、合金号等）
  - 表述文献内容特征的语言
    - 分类语言
    - 主题词语言
      - 关键词语言
      - 标题词语言
      - 叙词语言
      - 单元词语言

图 2–5　检索语言主要类型

任务四　信息检索技术发展

当前信息技术的迅猛发展和用户对检索需求的变化使得现代信息检索技术在理念、人性化、智能化等方面发生了全面突破。

1．多媒体信息检索技术

随着多媒体信息资源的不断增多，查找和利用图形、图像、音频、视频等多媒体文档的需求也在不断上升。由于传统的信息检索技术不适用于多媒体信息的检索，因此，多媒体信息检索技术便应运而生。

不同格式的多媒体文件应采用不同的处理技术。图形文件的检索主要是基于空间的约束关系进行的。图形检索有以下方法：①点检索。检索某坐标处的目标。②线检索。检索线状目标两侧的目标，例如检索公路两侧的建筑。③区域检索。检索某区域内的图形目标。④关联检索。利用两个或多个图形对象之间的空间和拓扑关系来检索。空间约束关系可以为方向、邻接、包含等。⑤形状检索。形状是图形的唯一重要的特征，以用户提供的形状作为输入，匹配形状的特征有面积、周长、离心率、主轴方向以及由对象导出的其他特征。⑥轮廓检索。匹配图形中的主要边、线等。

对图像文件的检索处理需针对图像的具体特征进行匹配检索。目前主要运用的手段和方法有：①特征描述法。可通过自然语言描述法和图像解释法为图像附上一组特征数据，用这种特征数据来表达媒体数据的信息内容，供检索时采用。②基于内容的检索。它是目前多媒体技术研究中的热点课题，是指根据媒体对象的语义、特征进行检索，如图像中的颜色、纹理、形状，视频中的镜头、场景、镜头的运动，声音中的音调、响度、音色等。因此它又可以细分为基于颜色特征的检索、基于纹理特征的检索、基于形状特征的检索等。基于内容的检索系统一般由两个子系统构成，即数据库生成子系统和检索子系统。每个子系统由相应的功能模块和部件组成，数据库生成子系统包括媒体数据、目标标识、特征提取等部件，检索子系统包括用户、检索接口、检索引擎等部件，每个子系统通过知识辅助及媒体库、特征库、知识库连接起来。

视频检索技术的应用也比较广泛，可用于查找各类视频的片段，目前常用的技术手段有：①框架检索法。“框架”是一个数据对象，类似于传统数据库中的记录。一个框架就是一个镜头的内容，按层次结构安排。框架可按主题安排，也可按视频内容特点安排。②浏览检索法。该方法针对视频的特点，使用层次化浏览方式，逐级筛选视频。③特征描述检索法。该方法针对视频的局部特征（如镜头的主色调、目标颜色、形状、纹理以及用户说明的摄像机运动或视频中目标的运动情况等）进行检索。基于主色调的检索是视频检索中使用频率最高的检索方式。

声音检索技术实现的方法主要有：①基于内容的检索。通过赋值检索（用户指定某些声学特征的值或范围来说明检索）、示例匹配检索（用户提交或选择一个示例声音，针对某个或某些特征，检出所有与示例相似的声音）、浏览检索（把声音分类和分组，将内容分割为若干可独立利用的节点，通过节点的链接检索到所有相关的信息）得以实现查询。②特征描述法。这种方法与图像检索的特征描述法相似，分为自然语言描述法和声音解释法。自然语言描述法是用自然语言直接以文本形式描述（如标题、主题、发言人、时间等）辅助检索。声音解释法是通过对声音特征作适当的标引而采用的检索方法。③基于语音识别与合成技术的检索方法。该方法的基本思想是由语音识别装置将原始语音转化为计算机能理解的数据（如汉字编码）存入语音数据库，从而将语音信息与文本信息统一起来，由数据库管理系统统一描述、编辑、存储与检索。检索时，让计算机能对检索要求（而非检索内容）进行语音识别，语音合成信息将播放所检索到的语音信息。不过这种语音是机器合成的语音。

2. 跨语种信息检索

跨语种信息检索（cross language information retrieval，CLIR）是指用户用母语提交查询，信息存取系统比如搜索引擎在多语种语言的数据库中进行信息检索，返回能够回答用户问题的所有语言的文档。如果加上机器翻译，返回结果可以用母语显示。主要涉及的技术有计算机信息检索技术和机器翻译技术。目前许多主要搜索引擎已经开始对不同语种的用户提供本语种检索入口，以减少语言不同所带来的障碍。比如Google提供了130多种语言的检索，并提供英语与包括中文在内的8种语言互译，Google还提供整个网页的翻译，检索结果的不同语种的网页只要在Google中输入网址即可在英语与8种其他语言之间互译；Alta Vista不仅提供了包括中文在内的25种语言检索，还提供了5种拉丁语系的语言与英语互译的功能，可以把检索结果在英文、法文、德文、西班牙等西方语种之间互译，互译次数和种类没有限制；Yahoo！可以进行35种不同国家和地区语言的检索，并可以实现跨语言检索，根据用户选择的语言类型进行检索并得到检索结果。

现在对多语种信息检索的支持主要体现在预先设定检索语言，检索结果也限制在预先设定的语言中。而使用某一种语言直接进行多语种检索，并提供多语种的匹配结果将是多语种信息检索的下一个方向。这种单一检索界面的检索将在后台有一个多语种词库，对用户提交的某一语种的检索词在词库中查找对应其他语种的检索词，再提交给搜索引擎，以多语种检索结果输出给用户。这种多语种的信息检索需要机器翻译技术的支持，并且需要对多语种检索得出的输出结果相关度或重要性排序进行研究，也需要对文档的结构化、文档的语言识别和标引等进行研究，尚需相关专业研究人员的共同努力。

3．智能代理技术

智能代理技术的本质就是研究如何使一个或多个实体尽可能地不汇报用户，依靠其自身的能力，采用各种可能的方法和技术，完成用户所委托的较为复杂和烦琐的任务。智能代理技术区别于传统技术的主要特征是它具有自制能力、智能和目标驱动属性，能够通过各种社交、学习、推理等方法感知和适应复杂的动态环境，具有自动追求目标的能力。它们可以理解用户的信息需求和兴趣偏好，会在用户发出请求之前就定位并搜索信息，以便在用户需要时及时提供。

智能代理是一种可配置的软件，用来完成用户的资源检索和分类工作，用户告诉这些代理在Web网页上查看什么内容，甚至还可以建议代理去哪里查看有关站点以及查看频率。智能代理根据用户事先定义的信息检索要求，在网络上实时监视信息源，如指定Web页面的更新、网络新闻、电子邮件、数据库信息变化等，并将用户所需的信息通过电子邮件或其他方式主动提供给用户。

智能代理可以看作是知识处理的实体，它由知识库、规则库、推理机、各代理之间的通信协议组成，能够完成知识发现代理、通信协作代理、规则库应用代理、监督代理、知识库管理代理、推送代理等功能。各个智能代理都有自己的知识库，用户表达出自己的信息需求后，通过通信协作代理传给知识库，根据用户信息库中用户特定的需求和近一段时间内的爱好兴趣为标准来筛选信息。监督代理就是当用户提出信息需求时，它就会检查知识库中用户以前是否有过相似的信息需求，若有就把知识库中用户以前的需求记录提取出来，通过推送代理发给用户；若知识库中没有用户的信息需求，经规则应用库代理理解生成一定的搜索规则，传送给知识发现代理进行相关信息搜索，搜索后的结果经信息过滤后存于信息数据库，再经过知识库的推理机制推断用户的潜在需求，作为用户需求历史记录下来，并将结果推送给用户。

4．可视化信息检索

可视化信息检索包含两个方面：一个是检索过程的可视化，另一个是检索结果的可视化。

检索过程的可视化是指用户在检索过程中，各检索对象之间的关系以可视化的形式展现在用户面前，用户顺着可视化的检索画面一步一步地发现检索结果。斯坦福大学推出的主题地图（Topic Map）就是一种可视化检索环境，它总共包括54149个主题，按学科分类，并按学科之间的关系构成主题树，用户可以可视化地看到学科与学科之间的关系，以及每一个学科下子学科的数目，用户通过拖动鼠标来选择自己感兴趣的主题，最后显示每一等级主题下的论文数目。

检索结果的可视化是指用户通过提交检索词后获得的检索结果，不仅仅是现在主要信息检索工具提供的列表这样的一维形式，而是基于检索结果分析后形成了二维或三维的形式来展示检索结果之间的语义关系。中国科学院国家科学数字图书馆的智能学科搜索引擎利用Autonomy技术可以对检索结果进行可视化展现。用户可以选择查看检索结果的信息地图，聚类，并在地图上用不同的颜色来标示，用户鼠标停留在某个颜色区域，则会显示该区域的聚类名称及在该类下检索到的文献数目。用户如果选择查看三维地图，则检索结果将以三维图形来显示相互之间的关系。而选择时间趋势图则可以向用户显示该检索词在一段时间内各个时间点检索到的文献数目并完整地展示这段时间内这个主题的文献数量的变化。

5．数据挖掘技术

数据挖掘（data mining，DM）也被称为“知识发现”。随着信息技术的发展，在人类生产生活的各个领域产生了大量数据，由此催生了具备强大存储查询功能的数据库技术。但是人们并不满足于对这些数据单纯的查询功能，希望能利用数据提取有益信息，形成知识为决策服务。这一要求单凭数据库很难完成。于是，数据挖掘技术应运而生。它沿用了Robot、全文检索等搜索引擎的优秀成果，同时综合运用归纳学习、机器学习、统计分析等方法和人工智能、模式识别、神经网络领域的各种技术。数据挖掘系统与搜索引擎的最大不同在于它能够根据用户定义的要求，根据目标特征信息在网络上或者数据库中进行有目的的信息检索。

数据挖掘是从大量的、不完全的、有噪声的、模糊的、随机的数据中集中识别出有效的、新颖的、潜在有用的以及最终可理解模式的非平凡过程。数据挖掘源自人工智能的机器学习领域，是在一个已知状态的数据集上，通过设定一定的学习算法，从数据集中获取所需的知识。这些知识能够用于信息管理、智能查询、决策支持、过程控制以及其他方面。数据挖掘的最初对象是一些大型的商业数据库，它通过描述数据、计算统计变量（比如平均值、均方差等），并将这些变量用图表直观地表示出来，进而找出数据变量之间的相关性，即发现知识，以提供解决问题的依据。随着数据挖掘技术在商业数据库中的成功应用，它又被迅速移植到电信、医疗保险等领域，Internet的出现为它提供了一个更为广阔的空间。借用数据挖掘的原理来实现网络数据的深层挖掘，发现并组织网络知识，是将网络信息检索技术推向智能化高度的有效手段。

数据挖掘的过程包括：①资源发现：即检索所需的信息资源。②信息选择和预处理：即从检索到的网络资源中自动挑选和预先处理得到专门的信息。③概括化：即从单个的Web站点以及多个站点之间发现普遍的模式。④分析：对挖掘出的模式进行确认或者解释。将挖掘来的信息与挖掘目标的特征进行匹配。数据挖掘的类型主要有：①内容挖掘：即从网络的内容、数据、文档中发现有用信息的过程。②结构挖掘：即挖掘Web潜在的链接结构模式，它有助于用户找到相关主题的权威站点，并且可以概观指向众多权威站点的相关主题的站点。③用法挖掘：可以了解用户的网络行为数据所具有的意义。

6．个性化信息检索

个性化信息检索主要体现在以下两个方面：一个方面是允许信息用户的个性化定制。通过personalization选项，用户可以在一定程度上改变检索结果显示的格式，用户还可以预选择自己的信息源，向各种用户自身满意的信息源提问，索取特定类型的信息，并且用户还能对命中结果进行进一步限定，要求仅提供权威性的可靠结果，从而提高查准率，分辨和满足不同用户不同检索需要的功能，甚至还能理解不同用户的不同工作风格，在应用中表现为信息用户的基本定制和高级定制。

信息用户基本的定制包括选择自己喜欢的检索界面，检索结果的显示格式，检索结果的语言等，而高级定制包括信息用户自己选择检索信息来源，对检索结果进行信息过滤、检索结果去重等。比如，搜索引擎All The Web和AltaVista提供对冒犯性网页或不健康的网页进行信息过滤（Offensive Content Filter）的功能，并可对检索结果选择去重显示；Yahoo! 推出的个性化工具My Yahoo! 是一份个性化的电子报纸，用户可以设定自己喜欢的新闻、天气、股票价格、体育战况、电视和电影节目表等，My Yahoo! 使用RSS技术将用户定制的最新内容发送给用户；Lycos允许用户选择检索图像、图书、音乐、新闻、天气、菜谱、股票或个人主页；Google在我的偏好（My Preference）中可对检索所用语种、网站语种进行设置，还可将检索范围限制在商业网站、教育网站、政府网站等域名中；还有些存取系统可以让用户将检索限制在其索引或数据库的某个子集之中，该检索范围可能产生最直接相关的检索结果。

另一个方面是基于数据挖掘技术对信息用户的检索行为进行分析，挖掘出信息用户的检索需求，利用推送技术（Push）主动向用户推送所需要的信息资源。例如，专业性搜索引擎中的Deja News具备个性化检索和自动跟踪功能，当用户使用了Deja News提供的查询功能后，在返回的结果中点击Track this search forme！，以后每当有新的文章满足用户的查询条件时，系统将通过电子邮件自动通知用户。目前支持个性化信息服务所需的支撑技术已经基本成熟，如Web数据库技术、数据推送技术、网页动态生成技术和智能代理技术。使不同用户的个性化功能得到加强，通过personalization选项，用户可在一定程度上改变检索结果显示的格式，还可以预先选择自己的信息源，向各种用户自身满意的信息源提问索取特定类型的信息，还能对命中结果进行进一步限定，要求仅提供权威性的可靠结果，从而提高检准率。个人化的网络助手（Personal Web Assistants）将具有分辨和满足不同用户不同检索需要的功能。

关键术语

信息检索技术；信息检索语言；布尔逻辑检索。

核心提示

1. 信息检索技术是获取社会科学知识的途径、手段或方法的工具。
2. 信息检索技术是计算机语言的表现方式。
3. 信息检索技术作为一个学科或研究领域，是信息学的一个重要分支。
4. 信息检索技术的基本知识与原理来源于计算机科学、数学、信息科学、语言学、信息论、图书馆学、情报学、认知心理学、统计学、管理学等学科，现在已经扩充拓展到了财经、化学、物理学、航空航天等领域。
5. 信息检索技术有两大应用领域：一个是传统的图书情报检索，如数字图书馆信息检索系统；另一个就是互联网信息检索。

思考练习

1. 什么是信息检索技术？其基本原理、基本方法有哪些？
2. 信息检索技术的发展趋势是什么？
3. 信息检索技术的研究热点有哪些？
4. 信息检索技术有哪些方式体现？
5. 应用信息检索技术时使用的信息检索语言类型有哪些？

模块三

信息检索整理评价

学习目标

能力目标

1. 掌握信息收集、整理和分析的方法并会应用，对信息形成敏锐的洞察力
2. 掌握信息鉴别与评价手段及信息效果误差产生来由，能对信息的真伪有较强的辨别能力
3. 能利用多种方法解决实际问题的能力，逐步形成基本信息素养
4. 培养学生的想象和推理能力，能识别并抵制不良信息

知识目标

1. 了解信息收集的目的
2. 了解信息效果评估主要指标
3. 掌握信息鉴别的步骤，能鉴别和评价信息，并掌握信息价值判断的基本方法

知识架构

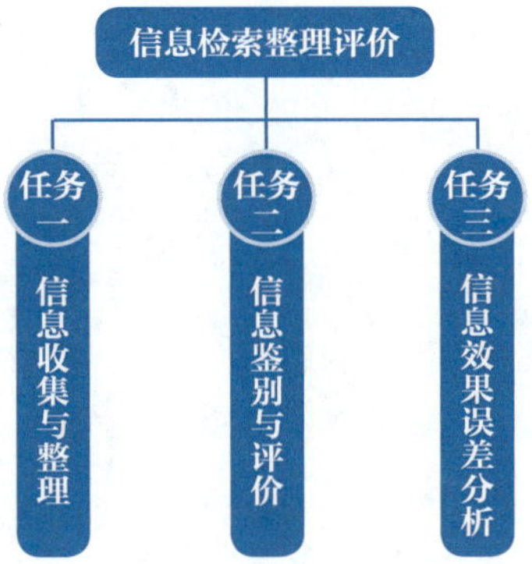

重点难点

- 收集归纳整理信息的准确性
- 掌握信息价值判断的基本方法
- 通过问题，激发学生获取信息的欲望，并学会上网搜集信息、整理信息

导入案例

就业信息整理和运用

就业信息是指通过各种媒介传递的与就业有关的消息和情况，包括就业政策、就业机构、劳动力供求情况、干部人事制度、行业发展趋势、毕业生资源等。收集和整理就业信息，可以为成功求职做好充分的准备。

1．就业信息的分析整理

就业信息的分析整理就是对搜集到的信息进行加工，去粗取精，去伪存真，由表及里，通过对各种信息分析、综合、归类，筛选出对自己有用的信息，更好地为求职做准备。很多毕业生频繁奔波于各种招聘会，简历也投出去不少，但是却很少得到回复，原因在于缺少对就业信息的整理。毕业生要做一个有心人，平时就要有意识地收集各种就业信息，尤其是招聘信息。可以制备表格，统计各种招聘信息，并不是所有的招聘信息都要收集，要根据自身的情况，比如职业兴趣、专业、性格、能力特长等，对招聘信息进行筛选，符合自己的进行统计、完善。统计招聘信息的表格一般包括以下六个要素：企业名称；企业基本情况（企业性质、隶属关系、企业规模、人数、产品服务、发展现状和发展趋势）；应聘岗位及招聘人数；应聘条件（如学历、专业、职业资格、技术等级）；工作环境和薪资福利；联系人及联系方式。

2．就业信息的运用

就业信息的运用是指毕业生在对就业信息整理过后，依据信息进行择业的过程。就业信息的使用必须要做到：确定职业目标，“心若没有方向，去哪儿也是逃亡”，职业目标是求职者的专长、兴趣、能力、性格、期望值、价值观与社会职业需求之间不断协调的过程。确定职业目标时还应该把收入目标、行业目标等考虑进去，尽可能地征求亲朋好友的意见。记住适合自己的才是最好的，不能人云亦云。换位思考，了解信息背后的启示。假如你们是招聘单位，你们想招到什么人才。不难想出，其实用人单位最需要的是安全和保障，他们需要你们为他们创造价值、带来利润。了解信息背后的启示必须站在用人单位的角度考虑问题，不能以自我为中心。及时准备。机会总是留给那些做了充分准备的人，所以在全面客观了解了信息后，要及时准备，主动联系用人单位询问招聘细则，比如时间、地点、要求、方式，尽快准备一份求职简历，不能犹豫不决。

案例：孙某在上海就读一所工科院校，他的一位老乡在毕业时跟他说现在找工作很难，并把自己在求职过程中准备的资料包括搜集的就业信息、就业指导书等给了孙某。孙某利用空闲时间翻看了这些资料，对求职技巧有了一定的了解，并细心地把相关用人单位的联系地址、网址和联系方式抄下来。

在大四上学期孙某就为就业忙开了，打电话给在上海工作的学长学姐，请他们帮忙留意他们单位的招聘信息；请班主任帮忙推荐合适的工作，并留下就业材料；到学校就业指导中心询问学校就业工作安排和人才招聘的相关信息；对之前收集的就业信息分析整理，对有可能招聘他所学专业的用人单位发去求职信。在春节前，令孙某感到意外的是，同时有多家单位愿意接收他，这些单位对于孙某如此熟悉他们单位的情况惊讶不已。最后孙某选择了上海的一家单位留了下来。当别人还在忙着搜集就业信息，为就业焦头烂额的时候，孙某已经早早地确定了工作。

任务一 信息收集与整理

在市场经济条件下，信息已经成为一种极其重要的商品。信息社会通常被定义为信息生产和消费的集中。信息集中度取决于对信息的需求以及此需求被满足的程度。因此，一种看待信息社会是否形成的方法是评价信息的交换强度及信息内部流动的持久性。因此，信息是有价值的。行为经济学理论和心理学理论都证明了这一点。信息价值的确定是市场经济条件下人们对信息的需求特性。

既然信息在社会中有价值，那么对其的收集与整理就非常有必要。信息收集及整理循环包含三个关键阶段：搜索："找信息"——用各种搜索渠道快速找到所需的精准信息。集成："存信息"——简单来说，就是把你找到的信息，定制成为个人资料库，按照自定义的主题，分类存储在自己很方便访问的地方。整理："理信息"——信息单纯集成而不加整理，时间长了就会杂乱不堪，所以才会出现很多人自己的硬盘资料库已经塞满了，每当需要什么资料的时候，还是需要去搜索。定期对所集成的信息进行整理（归类，去重，留精，加可供搜索的标签等），能够显著提升信息搜索效率。

1. 信息来源

要收集信息，一定要有信息来源。联合国教科文组织（UNESCO）在其出版的《文献术语》中将信息源定义为："组织或个人为满足其信息需要而获得信息的来源，称为信息源。"

信息源一般分为实物型信息源、文献型信息源、电子型信息源和网络信息源。

实物型信息源：具体的观察对象在运动过程中直接产生的有关信息，包括事物运动现场、学术讨论会、展览会等。

文献型信息源：承载着系统的知识信息的各种载体信息源，包括图书、报纸、期刊、专利文献、学位论文、公文等。

电子型信息源：通过使用电子技术实现信息传播的信息源，包括广播、电视、电子刊物等。

网络信息源：是一种比较特殊的信息源，是指蕴藏在计算机网络，特别是互联网中的有关信息而形成的信息源。

2. 信息收集概念与原则

信息收集是社会工作的重要组成部分，是新形势下经济工作的客观要求。现在是信息社会，所有从事各类工作的单位、部门、甚至个人，对信息的需求越来越多，依赖性也越来越大，信息收集已成为获得有效信息的必要过程。

无论职能管理部门还是执行部门，在经济信息管理、宏观经济研究、微观信息服务、宏观经济运行监测、预测和分析等方面，都需要大量的信息作基础。收集的信息，一方面可以为上级领导作为直接参考，另一方面还是执行单位自身进一步的应用，以此为基本资料、基本素材、提供决策建议的基础，因此信息收集非常重要。

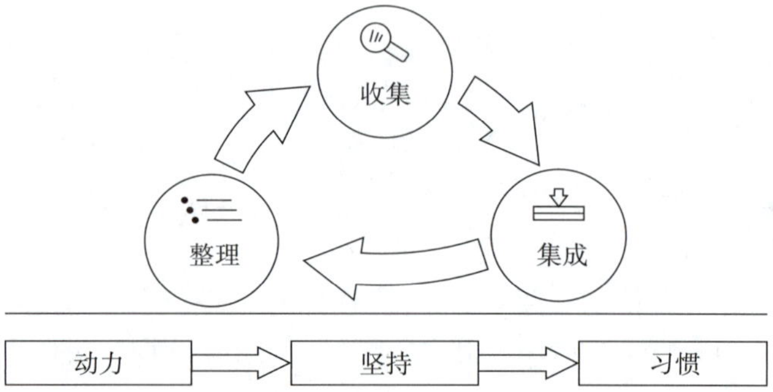

(1) 基本概念

信息收集（Information Gathering）是指通过各种方式获取所需要的信息。信息收集是信息得以利用的第一步，也是关键的一步。信息收集工作的好坏，直接关系到整个信息管理工作的质量。

信息可以分为原始信息和加工信息两大类。原始信息是指在经济活动中直接产生或获取的数据、概念、知识、经验及其总结，是未经加工的信息。加工信息则是对原始信息经过加工、分析、改编和重组而形成的具有新形式、新内容的信息。两类信息都对企业的营销管理活动发挥着不可替代的作用。

(2) 收集原则

为了保证信息收集的质量，应坚持以下原则：

①准确性原则：要求所收集到的信息要真实可靠。信息收集者必须对收集到的信息反复核实，不断检验，力求把误差减少到最低限度。

②全面性原则：要求所搜集到的信息要广泛，全面完整。只有广泛、全面地搜集信息，才能完整地反映管理活动和决策对象发展的全貌，为决策科学性提供保障。

③时效性原则：信息只有及时、迅速地提供给它的使用者才能有效地发挥作用，体现利用价值。特别是决策对信息的要求是“事前”的消息和情报，而不是“马后炮”。所以，只有信息是“事前”的，对决策才是有效的。

3. 信息收集方式与范围

信息收集就是通过各种途径对相关信息进行搜索、归纳、整理并最终形成所需有效信息的过程。包括：通过实地调查、采访、亲身经历、目睹获得的第一手资料，也就是直接信息；通过某种介质间接获得的信息，如通过书刊、报纸、电视、电脑获得的各种信息。目前由于各种条件的局限性，以及网络技术的发达、便捷，我们进行信息采集的主要途径来自于网络，主要工具就是计算机。有效信息就是对我们切实有用的信息，不是随便一条信息对我们都是有用的。

（1）收集方式

①社会调查：是获得真实可靠信息的重要手段。指运用观察、询问等方法直接从社会中了解情况，收集资料和数据的活动。收集的信息是第一手资料，因而比较接近社会，接近生活，容易做到真实、可靠。

②建立情报网：管理活动要求信息准确、全面、及时，靠单一渠道是远远不够的，特别是行政管理和政府决策更是如此。因此必须多种途径收集信息，即建立信息收集的情报网。严格来讲，情报网络是指负责信息收集、筛选、加工、传递和反馈的整个工作体系，而不仅仅指收集本身。

③战略情报开发：是专为高层决策者开发，仅供高层决策者使用的比一般行政信息更具战略性的信息。

④文献中获取：文献是前人留下的宝贵财富，是知识的集合体，在数量庞大、高度分散的文献中找到所需要的有价值的信息是情报检索所研究的内容。

（2）收集范围

可从三种角度划分：

①内容范围：根据信息内容与信息收集目标和需求相关性特征确定，包括本身内容和环境内容范围。本身内容是由事物本身信息相关内容特征组成的范围；环境内容是由事物周边、与事物相关的信息的内容特征组成的范围。

②时间范围：在信息发生的时间上，根据与信息收集目标和需求具有一定相关性的特征所确定的范围，这是由信息的历史性和时效性所决定的。

③地域范围：在信息发生的地点上，根据与信息收集目标和需求具有一定相关性的特征所确定的范围。这是由信息的地域分布特征和信息收集的相关性要求所决定的。

4．信息收集步骤与方法

（1）收集步骤

①制定收集计划；②设计收集提纲和表格；③明确信息收集的方式和方法；④提供信息收集的成果。

（2）收集方法

①调查法：一般分为普查和抽样调查两大类。普查是调查有限总体中每个个体的有关指标值。抽样调查是按照一定的科学原理和方法，从事物的总体中抽取部分称为样本（Sample）的个体进行调查，用所得到的调查数据推断总体。抽样调查是较常用的调查方法，也是统计学研究的主要内容，一般分为非随机抽样、随机抽样和综合抽样。对于个体的调查，若是涉及人，则主要采用两种调查方式：访问调查法和问卷调查法。

②观察法：是通过开会、深入现场、参加生产和经营、实地采样、进行现场观察并准确记录（包括测绘、录音、录像、拍照、笔录等）调研情况。主要包括两个方面：一是对人的行为的观察，二是对客观事物的观察。

③实验方法：能通过实验过程获取其他手段难以获得的信息或结论。实验者通过主动控制实验条件，包括对参与者类型的恰当限定、对信息产生条件的恰当限定和对信息产生过程的合理设计，可以获得在真实状况下用调查法或观察法无法获得的某些重要的、能客观反映事物运动表征的有效信息，还可以在一定程度上直接观察研究某些参量

之间的相互关系，有利于对事物本质的研究。包括实验室实验、现场实验、计算机模拟实验、计算机网络环境下人机结合实验等。

④文献检索：是从浩繁的文献中检索出所需的信息的过程。文献检索分为手工检索和计算机检索。

手工检索主要是通过信息服务部门收集和建立的文献目录、索引、文摘、参考指南和文献综述等来查找有关的文献信息。计算机文献检索，是通过计算机实现的，其特点是检索速度快、信息量大，是当前收集文献信息的主要方法。

⑤网络信息收集：网络信息是指通过计算机网络发布、传递和存储的各种信息。收集网络信息的最终目标是给广大用户提供网络信息资源服务，整个过程经过网络信息搜索、整合、保存和服务四个步骤。

小资料

什么是文献深度加工？

文献根据加工深度的不同可分为四个级别：零次文献、一次文献、二次文献和三次文献。所获取的相应信息分别是零次信息、一次信息、二次信息和三次信息。

（1）零次文献是指未经出版社发行的或未进入社会交流的最原始的文献，如私人笔记、考察笔记等，内容新颖，但不成熟，不公开交流，难以获得。

（2）一次文献是以作者本人取得的成果为依据而创作的论文、报告等经公开发表或出版的各种文献，如期刊论文、科技报告等。其特点是内容新颖丰富、叙述详尽以及参考价值大，但数量庞大而且分散。

（3）二次文献是指报道和查找一次文献的检索工具书刊，如各种目录、题录、文摘和索引等。二次文献是按照特定目的对一定范围和学科领域内的一次文献进行鉴别、筛选、分析、归纳和加工整理等，使之有序化后出版的。其主要功能是检索、控制一次文献，帮助人们较快地获取所需的信息，具有汇集性、工具性、综合性和交流性等特点。

（4）三次文献是根据二次文献提供的线索，选用大量的一次文献的内容，经过筛选、分析、综合和浓缩而再度出版的文献，包括专题评述、年鉴、百科全书、词典、导读与文献服务目录、工具书目录等。

5. 信息收集工具

作为企业的管理者与执行者，工作人员的主要职能是处理信息并做出决策。但是在实际工作中，我们发现信息的来源是多方面的，呈现给我们的时候也是纷繁复杂的，我们仍然可能迷失在信息中，而不能正确地决策。因此，我们在工作与生活中要选择正确的信息收集工具。

单一人工法。传统的工具为扫描仪：纸制材料扫描成图片，利用OCR软件识别为文字；照相机：主要用于采集图像信息；摄像机：主要用于采集视频信息；录音设备：主要用于采集音频信息（麦克风、录音笔、Mp3）；计算机：采集来自光盘、网络等多种类型的信息至计算机中。

较为现代的是使用下面几种工具来收集所需信息：利用搜索引擎采集，利用电子邮件采集，利用电子公告板BBS、新闻组、信息搜集软件（很多是收费的）、通讯软件如QQ等。

综合智能法。利用软件，如人工智能AI、乐思网络信息采集系统、Evernote、Wiz、有道笔记、Linkwedo、麦库、CintaNotes以及BooguNote——专注于碎片化信息收集与组织的工具等就可以大量地、智能地采集网络上的各种信息。

信息收集工具融入了柔性管理理念，以人为本，打开信息枷锁，打通信息孤岛，开放信息源，提炼数据，从而最终为决策提供依据。

6．信息整理

信息整理是指对信息的加工处理、判别、筛选、排序、分析和再造，是社会生活、科研开发、活动执行等的重要辅助工作。

为了便于对信息的分析研究，把收集的片断、零乱的信息按不同的任务和性质，采用核对考据、挑选淘汰、汇总统计加工的方法进行加工整理，是特别需要的。核对考据是把信息进行核实、鉴定，了解它的真实性、科学性、整体性和可比性等。之后，应对收集的信息进行选择、淘汰。在此基础上，把大量分散的、零乱的、片断的同类信息综合在一起，成为一个有系统的，一目了然的统一体，以便对信息进一步研究分析。最后，对加工整理出来的信息分门别类地登记保管。

7．信息整理方法

收集到的信息经初步鉴别、筛选后，需进行加工整理。是继收集信息之后，作为社会生活与科学研究操作程序的继续，是一种对于有价值信息的自觉地加工与管理，主要有外部整理与内容整理两个方法。信息整理的目的是为了便于保存与应用。

（1）信息外部整理

即将信息加以剪贴、摘录，按学科体系归类。通常是将收集到的资料制成资料卡片，加以分类，或将记录有资料的活页笔记进行分类存放，使之系列化。

（2）信息内容整理

对有关资料的论点进行归纳；对内容进行综合，加以提炼整理；对数据加以汇总；对图表进行编排；围绕研究课题编制专题索引等。情报资料通过内容整理，对资料内容进行概括、排序、综合、分析、比较，去粗取精、去伪存真，使之系统化、条理化，以便保管、传递、研究和利用。信息的内容整理过程，实际上就是对课题进行研究的过程。在这个过程中，通过创造性的思维活动，通过对资料由此及彼，由表及里的思考，就可能发现一些事物的内部联系和规律，从而可能提出一些有价值的问题。

以文献信息整理为例，通过各种正式和非正式渠道，包括通过检索刊物、计算机和通信手段，一次文献信息调研所得到的文献常常数以百计。这些收集到的信息应该先加以整理，然后再加以利用。文献信息整理的方法一般包括文献信息的阅读和消化、文献信息可靠性的鉴别、文献信息的摘录和组织编排。

8．信息整理工具

随着社会进步和科技发展，目前出现了许多信息整理软件工具以替代传统的手工信息整理方式。如文件整理工具、客户信息整理工具、桌面整理工具、磁盘整理工具、信息技术工具、IP整理工具、录音整理工具、视频整理软件、采集信息工具、档案整理工具、图标整理工具、硬盘整理工具、内存整理工具、文档整理工具、碎片整理工具、MP3整理工具等，极大地提高了信息整理效率。作为信息时代生活的人们应主动学习新技术与新知识，掌握新工具的运用，进而帮助自己与单位提高工作效能。

任务二 信息鉴别与评价

在信息时代，信息给人带来了巨大的物质和精神财富，但是各类信息纷繁杂乱，鱼龙混杂，真伪难辨，因此，有效地鉴别与评价所获得的信息，是利用信息的前提。

1．信息鉴别概念

信息接收者从一定的目的出发，运用已有的知识和经验，对信息的真伪性、有用性进行辨认与甄别，并与服务目标相联系，分析信息的有用性，这是实现信息价值的前提。

信息鉴别是将所知的事物运动状态及其变化方式形式或某些特征参量与特定属性的“模板”形式或它的特征参量进行比较，根据它们之间匹配情况的差别来判断该信息所应归属的类别。有三个主要相关因素：服务目标的正确认识及其深刻程度；信息鉴别者实事求是的科学态度；已有的知识和判断、推理能力。

2．信息鉴别目的

信息鉴别是在信息感知的基础上进行的一项任务，它的目的是要对所感知的信息做出判断：所感知的这个信息是所希望的信息还是所不需要的信息；是这类信息还是那类信息。

3．信息鉴别地位

信息鉴别是对获取的信息进行初步的分析，哪些信息是真实的，哪些信息是虚假的，哪些信息是重要的，哪些信息是次要的，等等。特别是在现在的信息爆炸时代，企业每时每刻要接收大量的信息，各类信息掺杂在一起，反而容易带来信息迷茫，特别是真假信息混合在一起，如果不能进行筛选，过量的信息反而让企业决策者变得无所适从。另外，在这样一个充满了变数的时期，一些对企业未来发展的重要信息往往在开始表现得并不明显，企业要想洞察先机，就必须善于从一些细微的变化中体察到可能带来重大变化的“苗头信息”，而洞察先机才能在一个把速度作为重要的竞争力的时代事先行动，掌握主动权。

进行信息鉴别不是对信息进行简单的分类，事实上对信息处理人员提出了非常高的素质要求，尽管战略洞察力最终落在了企业的最高决策者身上，但是因为决策者接收到的都是信息处理人员处理过的二次信息，如果有价值的信息无法出现在决策者的案头，企业的战略人员也无法凭空想象外部世界的变化。所以信息鉴别、信息处理环节实际上对企业能否真正看清楚外部世界的发展变化发挥着非常重要的作用。

4．信息鉴别方法

信息鉴别过程是按一定目的检测、分析、确认和预测有关某一对象或过程的信息的过程。最主要的方法是依次递进，可归纳为：①信息的初始鉴别，如数量的测定；②分析；③发现与确认；④情况的预测。任务一是寻求包含信息的参量和信息源状态的特性，也就是信息图像的建立；二是确定信息源现在、过去与未来的状态。目的是分析鉴别信息的先进性、可靠性、适用性。

（1）先进性判断

指信息内容的新颖性。主要看信息是否有新理论、新观点，是否提出或介绍了什么新工艺、新设计、新材料、新产品等。另外，还要看经济效果如何。通常可从质量、产量、成本、劳动生产率、利税等技术经济指标来衡量一项技术的经济效果好坏。经济效果好的一般较为先进。另一方面，也可从资料发表的时间来判断内容是否新颖。一般说来，发表或出版的时间越近，可能越新颖。

（2）可靠性判断

指内容的真实性。一般来讲，秘密或内部资料比公开资料的可靠性大；技术档案、科技报告、技术标准、专利信息比一般科技书刊可靠性大；科技书刊比新闻小品的可靠性大；从专业研究机构来的资料比一般社团的资料可靠；官方来源比私人来源的资料可靠性大；最终报告比进展报告的可靠性大；著名大学、著名科研单位、著名出版社的出版物信息可靠性大；国内知名专家、学者、教授、工程师撰写的文章所提供的情况比较可靠。

（3）适用性判断

指对用户适用的程度。主要看资料中介绍的技术和提供的工艺、材料、设备、原料、产品等是否合乎国情。一般说来，来自科学技术发展处于同一水平、同一发展阶段，自然条件相似的国家或地区的资料，适用性较大。另外，可从情报资料的读者面来判断，读者的人数越多，一般来说使用价值越大；读者的职业面越宽，说明该技术适用范围越广。

信息鉴别方法之一：信息来源鉴别。

①查看信息的来源，判断信息的要素是否齐全。

②逻辑推理、查阅、调查的方法进行考证和进行深入的调查。

③信息的来源是否来自权威部门。

④判断信息中涉及的事物是否客观存在、构成信息的各种要素是否真实，与同类信息进行比较。

⑤研究此信息是否具有代表性、普遍性。

⑥实地考察。

⑦要学会分析和鉴别，去其糟粕，取其精华。要善于学习，善于动脑，谨防上当受骗。

小案例

信息来源可靠吗?

李明在网上登记了自己的基本个人资料后，收到一封来自国外的航空信件，说他中了23万元现金大奖，只要他立即电汇150元的手续费，两天内就可以将现金送到他手上。探究分析：

（1）李明从哪里获得“中奖”信息？信息的来源是否可靠？为什么？

（2）该中奖信息本身有没有可疑之处？

（3）李明问银行，银行提供的信息是否可靠？

（4）除了公安机关跟踪调查，还有什么可以辨别该中奖信息的真伪吗？

（5）评价李明在网上留下自己的真实姓名，地址等资料的行为，你会这样做吗？为什么？

信息鉴别方法之二：信息价值取向鉴别。

一个人不可能接受所有的信息，他只关心与自己相关的信息，因为这些信息对于他来说是有价值的。信息对于每个人的价值是不相同的，在日常生活中所获取的信息对于我们来说，有的有用，有的无用，有的真实，有的虚假。因而，因社会角色的不同，知识背景不同，生活经历不同也就决定了信息的价值取向的多样性。

小案例

世界饥荒问题 不同的人有不同的看法

（1）新闻记者：及时报道食物缺乏所带来的直接后果，其中包括人员伤亡、国家和地区目前的救济活动和食品援助运输工作以及进行中的救援行动计划。

（2）历史学家：研究该国或该地区的历史、地理和人口状况。确定造成目前这种饥饿状况的各种因素，调查每个国家的面貌。除了确定上面这些因素，还要了解每个国家的出生率和死亡率、男性和女性的生活期望值、儿童的道德水准以及其他相关的重要统计资料。

（3）政治学家：调查造成该国饥饿问题的政治、法律和经济因素，明确该国的管理模式和影响以上方面的各种因素和人。

信息鉴别方法之三：信息时效性鉴别。

在信息来源都可靠的前提下，还要判断信息的实效性，判断的方法是：

①对突发性或跃进性的事实，在第一时间里做的报道，具有很强的实效性。

②渐进性的事实，应在事实变动中找到一个最新、最近的时间点来判断实效性。

③过去发生的事实，新近才发现或披露出来的，可以通过说明自己得到信息的最新时间和寻根探源的方法加以弥补。

小案例

关于航空母舰

每年都有西方军事报道中国在建造“航空母舰”的新闻。如下面的信息：

（1）中国在上海江南造船厂建航母。

（2）中国在修复“瓦良格”号航母。

（3）在中国北部港口大连目睹“瓦良格”号航母已经完工。

（4）卫星图片显示中国在西北某地建起了滑跃起飞跑道的训练设施，这里多风，与航母真实环境相似。

5．信息评价内涵

信息素养是新时代人们在日常生活、工作和学习研究中的必备素质，它是人们充分利用现代信息技术手段完善自身学科知识体系，实现自身综合素质提高的重要辅助手段。信息评价作为信息素养内容的重要组成部分，起到了为信息需求者从海量信息中发掘信息价值的关键作用，是为后续信息处理和利用打下基础的关键环节。信息评价能力是信息素养的重要组成部分之一。

信息评价（resource information evaluation）是对信息从概念框架、组织方式、结构模型、系统功能、信息获取、信息存储、信息传输、信息加工处理和信息质量等方面的科学性所进行的总体和局部的评判。简单来说，*信息评价是指信息需求者针对已经获取的信息进行价值评定以决定是否采纳利用的过程。*

随着信息技术革命的推进和网络应用模式的不断更新，互联网内容总量和种类也在不断增多，要在海量信息中高效、准确地挖掘出所需的有价值的信息，就需要具备针对网络环境下科学的评价信息的能力。

6．信息评价目的

信息需求为后续信息获取、评价和利用等过程确定了基本的方向和目标。而通过信息获取过程之后，大量可能相关的信息呈现在需求者面前，如何从这些海量信息中挑选出对需求者真正有用的信息，即是信息评价所需实现的目标。

信息评价的目的：通过对所获信息本身的质量判定及其与信息需求的相符程度的比较，来从众多的备选信息中挑选出价值较高的以供信息需求者采纳利用。

传统的信息发布和传播有着严格的信息质量控制机制，与之相比，自由、开放的网络为用户提供了更为方便、快捷和广泛的信息获取渠道。在这浩如烟海的信息中，混杂着大量无用信息、虚假信息甚至有毒有害信息。面对信息资源的质量不均衡状态，就需要人们不断提高自身的信息素养，提高判断信息真伪、信息价值的能力。只有这样，才能从信息海洋中挑选出有学术价值或利用价值的信息，并确保所获取的信息是有效的、可靠的、权威的、适用的，进而提高利用信息资源的效率。在信息素养教育中很重要的一个方面便是信息的评价与选择。具备较高信息素养的人会明确知道哪些信息是对自己有用的，从而做出评价和筛选。

7．信息评价原创

（1）信息评价五个基本原则

①信息的可靠性；②信息的权威性；③信息的时效性；④信息的准确性；⑤信息的完整性。

（2）信息评价指标体系设计原则

①科学性原则；②主导性原则；③系统性原则；④可比性原则；⑤通用性和发展性相结合的原则。

任务三 信息效果误差分析

1．信息检索效果的评价指标

信息检索效果是指信息系统检索信息的有效程度，反映了信息系统的检索能力。检索效果包括检索的技术效果和经济效果。技术效果由信息系统完成其功能的能力确定，主要指性能和质量。经济效果由完成这些功能的价值确定，主要指信息系统服务的成本和时间。

英国情报学家克兰弗登在分析用户基本要求的基础上，提出了六项评价系统性能的指标，它们是收录范围、查全率、查准率、响应时间、用户负担和输出形式。其中，查全率和查准率是两个最主要也是最常用的指标。有关检索效果的评价见表3-1。

表 3-1　检索效果评估相关数据表

相关情况 检索情况	相关信息	非相关信息	总计
检索出信息	a（命中的）	b（误检的）	$a+b$
未检索出信息	c（漏检的）	d（不符的）	$c+d$
总计	$a+c$	$b+d$	$a+b+c+d$

2．信息查全率和查准率

查全率（Recall Ratio）是指检索出的相关信息与信息系统中的相关信息总量之比。

查准率（Precision Ratio）是指检索出的相关信息量和检索出的信息总量之比。

它们的定义用下列公式表示：

$$R=（查全率）\frac{检索出的相关文献数量}{检索系统中相关文献总量}\times 100\%$$

$$P=（查准率）\frac{检索出的相关文献数量}{检索出的文献总量}\times 100\%$$

在上述公式中，前者是衡量系统检索出与课题相关信息的能力；后者是衡量系统拒绝非相关信息的能力。两者结合起来，即表示信息系统的检索效率。检索者的最终目的是要求达到查全率和查准率均为100%，这实际上是不可能的。一系列试验结果表明，查全率和查准率之间存在互逆关系。

例如，心理学是包含教育心理学的大概念，把“心理学”作为检索词具有泛指性，能提高查全率（图3–1中*A*点），但是正因为检索范围的扩大使得查准率因此降低。同样把“教育心理学”作为检索词具有针对性，能提高检索词的专指性，排除相关信息，但是同样也降低了查全率（图3–1中的*B*点）。可见，查准率和查全率同时提高是不可能的。也就是说，对任何一个信息系统，在其查全率与查准率之间都存在一个最佳的比例关系，如图3–1中的C点和D点，就是A点和B点两种极端之间的折中检索，即查全率一般在60%~70%，查准率一般在40%~50%，这是检索的最佳状态。

（1）查全率和查准率的局限性

查全率和查准率虽然是目前用来衡量检索效果的相对合理的指标，但它们却存在着难以克服的局限性。

查全率的局限性主要表现在：它等于检索出的相关信息与存储信息中的相关信息之比，但很少有人事先确知存储信息中相关信息究竟总共有多少，只能估计；另外，查全率或多或少具有“假设”的局限性，这种“假设”是指检索出的相关信息对用户具有同等价值，但实际并非如此。

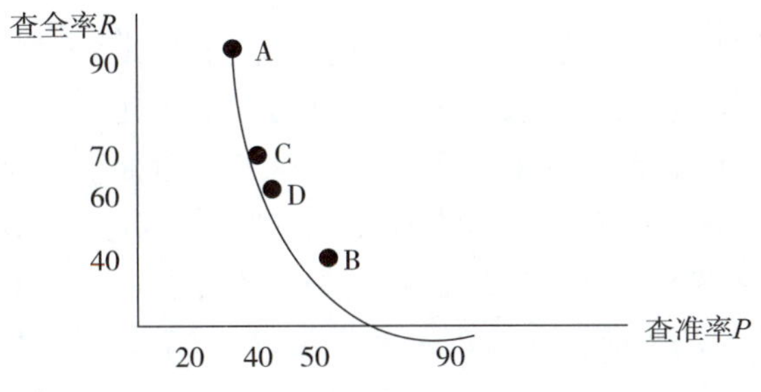

图3–1 查全率和查准率关系曲线图

查准率的局限性主要表现在：如果检索结果是题录式而非全问式，由于著录的内容简单，用户很难判断检索到的信息是否确切与课题紧密相关，必须寻找到该题录的全文，才能真正判断该信息是否符合检索课题的需要；同时，查准率中所讲的相关信息，也具有“假设”的局限性。

产生这种局限性的主要原因是在“相关性”这个概念上。“相关性”的概念本身，主观成分颇多。不同的课题，对检索信息相关性的要求不同，即使同一课题，随着时间、地点、条件的不同，对检索信息的相关性要求也会有很大出入。例如，在开始确定一项新的研究计划时，对查全率要求很高，希望不漏掉任何一个重复研究项目的情报；而在进行这项研究的过程中，为了核实或补充某个问题，有时又需要很高的查准率。因此，前面所说的查全率和查准率，都是相对的，而不是绝对的。它们只能近似地描述检索效果。在评价检索效果时，必须谨慎使用这两个概念。

在实际检索中需要根据具体的检索课题来调整查全率和查准率。用户常常是经过几次检索来调整符合检索课题需要的查全率和查准率。在多数情况下，应该在查全基础上逐步利用限制检索来逐步提高查准率。

（2）影响查全率和查准率的主要因素

对用户来说，最关心的是检索效果，影响检索效果的主要因素有信息标引的广泛性和用户检索标识的专指性。标引的广泛性是指标引时揭示信息主题基本概念的广度而言，是支配查全率的重要因素；检索标识的专指性是指检索标识表达主题的基本概念的专指度而言，是支配查准率的重要因素。

对于一个信息系统来讲，系统内信息储存不全，收录遗漏严重；索引词汇缺乏控制；词表结构不够完善；标引缺乏详尽性，没有网罗应有的内容；信息分类（标引）专指度缺乏深度，不能精确地描述信息主题；组配规则不严密，容易产生模棱两可或歧义现象等，这些都是影响查全率和查准率的客观因素。

对读者来说，影响查全率和查准率的主观因素有：检索课题要求不明确；检索工具选择不恰当；检索途径和方法过少；检索词缺乏专指性，检索面宽于检索要求；用词不当；组配错误等。

（3）提高检索效果的措施和方法

要提高检索效果，可以参考使用以下辅助性措施和方法：

①提高检索工具的质量。包括数据库收录信息内容的范围不但要广泛，而且要切合课题检索的要求；著录的内容详细、精准，辅助索引完备；具有良好的索引语言的专指性与网罗性及其标引质量等。

②提高用户利用检索工具的能力，使之具备一定的检索语言知识，能选取正确的检索词，并能合理使用逻辑组配符完整地表达信息需求的主题；能灵活运用各种检索方法和检索途径等使检索工具最大限度地发挥作用。比如，全面准确地表达检索要求，合理使用信息、检索点。根据不同检索课题的需要，适当调整对查全率和查准率的要求。

③制定优化的检索策略，尽量准确地表达检索要求，合理调整查全率和查准率。由于查全率和查准率是互逆的，所以，需要根据课题的具体要求，来合理调整两者的比例关系。如需了解某项研究的概况则要求查全率高，如需了解某项研究的最新进展，则要求有较高的查准率。总之，选用泛指的检索词，或尽可能增加与检索主题概念相关的检索词的数量，则查全率就高；选用由若干个检索词组配的专指概念的检索词，则查准率就高。只要掌握了这些方法和技能，并在具体检索中合理运用，就能得到满意的检索结果。

关键术语 信息收集整理；信息鉴别评价；信息效果；误差分析。

ⓘ 核心提示

信息价值：在市场经济条件下，信息已经成为一种极其重要的商品。信息社会通常被定义为信息生产和消费的集中。信息集中度取决于对信息的需求以及此需求被满足的程度。因此，一种看待信息社会是否形成的方法是评价信息的交换强度及信息内部流动的持久性。那么，什么是信息价值？它的价值如何确定？这些问题已成为当今信息社会所面临的基本问题之一。近年来，行为经济学把经济学理论和心理学理论结合起来研究信息的主观价值，取得了一定的成果。这些研究成果对于我们认识了解信息价值的确定和市场经济条件下人们对信息的需求特性，具有重要的启示作用。

1. 信息的收集

信息收集的方式有：

（1）实地调查，收集到使用者对产品的需求与愿望。

（2）访问有关人员，向专家咨询则能对产品信息进行更深入的了解。

（3）借助媒体，看电视、浏览网页、查阅资料等对信息内容进行全方面的了解。

信息收集尽量做到：全面覆盖——信息要尽量齐全。真实准确——收集的信息可靠性要高，准确无误

2. 信息的整理

信息整理是对信息的加工处理。由于收集的信息是原始的信息，所以在利用前必须进一步整理，筛选出对设计有用的信息。

（1）信息整理的常见方式

①归类框架——按性质和内容分类。

②去伪存真——进行鉴别，区分信息的真伪和可靠性。

③抓住重点，突出主要因素——按重要性排队。

（2）信息整理的常用方法

①逻辑法——通过逻辑分析发现信息的可靠性和合理性。

②文献法——查阅有关的最新文献确定信息的先进程度。

③评估法——请专家对信息的价值和可靠性进行鉴定。

④比较法——对同类信息进行对比分析。

⑤核对法——对可能有用的信息进行审核查对。

⑥佐证法——对信息的关键性、相关因素开展证据的收集和鉴定。

⑦调查法——对信息的真假和来源开展调查研究。

3. 信息的鉴别

（1）从信息的来源鉴别信息

（2）从信息的价值取向进行判断

（3）从信息的时效性进行判断

4. 信息效果误差

信息检索效果的评价指标有查全率和查准率两个最主要也是最常用的指标。

思考练习

1. 什么是信息检索与评价？其基本原理、基本方法有哪些？

2. 信息有用性如何鉴别与评价？

3. 信息效果误差如何产生并分析？

4. 什么是检索效果？检索效果评价的常用指标有哪些？如何对网络检索效果进行评价？

5. 如何获取较为准确的漏检文献量？

6. 影响查全率与查准率的因素有哪些？

模块四

印刷型信息检索

学习目标

能力目标

1. 掌握印刷型文献信息
2. 掌握印刷型检索工具的发展特点
3. 熟悉图书报刊特性

知识目标

1. 掌握图书资料的检索途径检索方法
2. 掌握报刊资料的检索途径检索方法
3. 掌握各种专业信息源的检索途径检索方法

知识架构

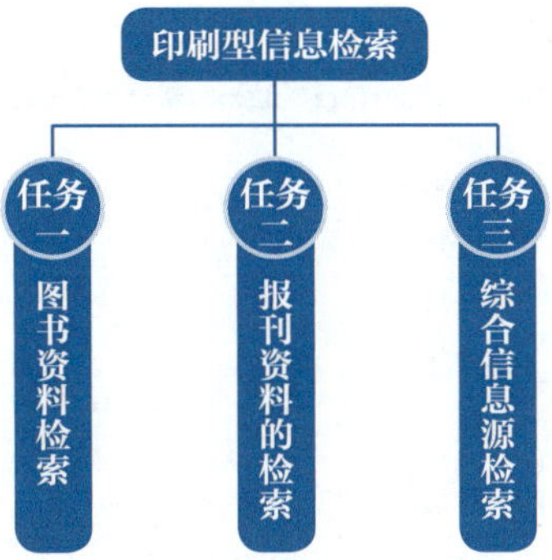

重点难点

- 印刷型信息特点
- 图书报刊检索工具方法

导入案例

《读者》领跑30年靠什么

《读者》已满30岁了。经过30年的发展，这本杂志的发行量已经超过1000万份，位居亚洲第一、世界第四。30年来，《读者》以其一贯的风格"俘获"了千万读者的心，被称为"中国人的心灵读本"，领跑着中国期刊。《读者》成功的奥秘何在？靠什么长盛不衰？每天，位于兰州的《读者》杂志社都会接到大量的读者来信。

几天前，一位读者在来信中写道："这本杂志，就这样陪伴我们走过了许多孤单、空闲、快乐、寂寞、求知、痛苦或者怀旧的日子。时光永远流逝，岁月轻轻飞去，这本散发着墨香与书香，洋溢着至真、至善、至美的人性光辉的期刊之花——《读者》，已在静静绽放中讲述了20多个光阴的故事。"

《读者》杂志刚刚迈过"三十而立"门槛之际，世界品牌实验室2011年6月28日在北京发布了2011年"中国500最具价值品牌排行榜"，《读者》杂志依然稳居"中国第一期刊"位置，且品牌价值大幅度增值到了76.45亿元，较2010年的50.08亿元激增了52%，是8年来品牌增幅最大的一次。《读者》杂志在"中国500最具价值品牌排行榜"排名居175位，较2010年前进一位；《读者》依然稳居期刊老大位置，与其他进入榜单的期刊相比优势明显。

30年来，《读者》以其一贯的风格"俘获"了千万读者的心，被称为"中国人的心灵读本"，领跑着中国期刊。

任务一 图书资料检索

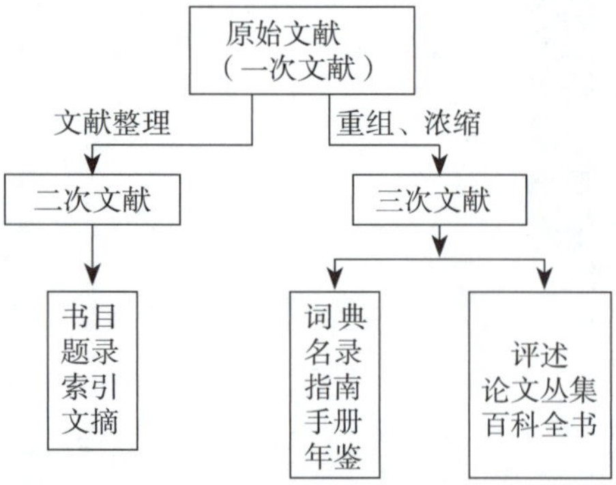

图 4-1 文献结构示意图

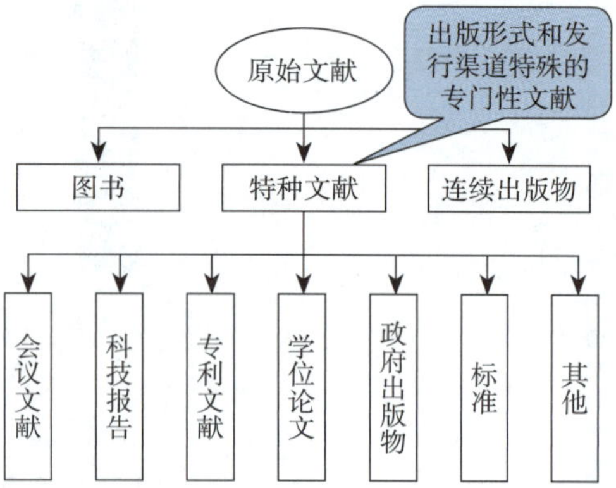

图 4-2 文献出版形式图

1. 图书概述

(1) 图书的概念

图书是一种传统的，成熟定型的出版物。

“图”与“书”在我国出现较早，《易·系辞》上就有“河出图，洛出书”的记载。《汉书·五行志》中也有“河洛出图书”的说法。“图”在古代的含义即图画、图版、图章等，而“书”则是用文字记载以帮助记忆的一切物质。司马迁最早将图、书二字合起来使用，在《史记·萧相国世家》中记载：“何独先入，收秦丞相御史律令图书藏之。”这里的图书，主要指秦之地图、法令、户籍等文献典籍，以人工缮写、拓印、线装形式为主，与我们今天所说的图书是有区别的。

究竟什么是图书，曾有多种不同认识。比较有代表性的是认为“图书是以传播知识为目的，而用文字或图画记录了一定形式之上的著作物。”（刘国均《中国书史简编》）

小资料

何谓图书?

联合国教科文组织对图书定义：凡由出版社（商）出版的不包括封面和封底在内49页以上的印刷品，具有特定的书名和著者名，编有国际标准书号，有定价并取得版权保护的出版物称为图书。图书是以传播知识为目的，用文字或其他信息符号记录于一定形式的材料之上的著作物；图书是人类社会实践的产物，是一种特定的不断发展着的知识传播工具。

（2）图书的特征

图书具有一定的形式特征和内容特征。

形式上：图书具有完整定型的装帧形式，首尾衔接，结构严谨，积页成册，自成体系，它由封面封底、书名页、正文（包括目次篇章）、版权页组成一个独立的整体，装订成单行本，多卷集等。

内容上：图书主题突出，反映的知识内容力求完整、系统和成熟，论述全面，多是编著者长期研究的成果和学识的积累。许多在思想上、理论上具有创新甚至划时代意义的思想、成果，往往以专著的形式发表。图书对于社会科学研究是一种特别重要的文献。

图书与期刊等相比，由于出版周期长，反映的知识内容相对滞后，一些新理论、新观点、新技术、新方法等不能及时反映。

2. 图书分类法简介

图书分类法是指分门别类组织图书的法则。影响较大的有四部分类法、（杜威）十进分类法、《中国人民大学图书分类法》（简称《人大法》）和《中国图书馆分类法》（简称《中图法》四种）

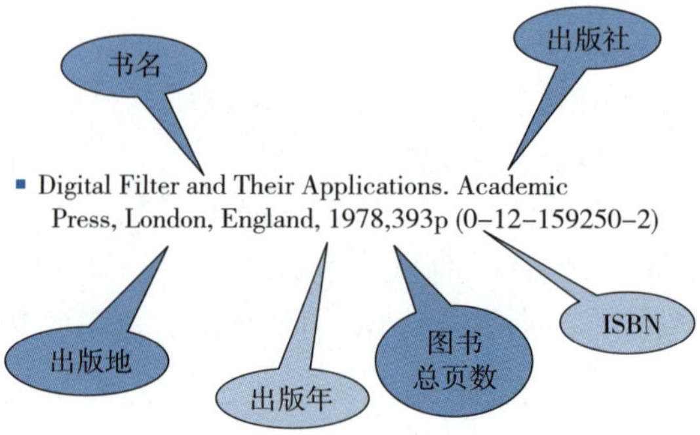

图 4-3 图书文献特征图

（1）四部分类法

四部分类法始于魏，确立于晋，唐宋以后广泛流行，贯穿于封建社会。四分法把全部图书分为四大类，开始叫“甲、乙、丙、丁”，后叫“经、子、史、集”，最后确定为“经、史、子、集”。

经部：经，班固在《白虎通》释为“常”，即常规，主要收录儒家经典及其传、释和文字学方面著作。

史部：主要收录历史以及地理、时令、政书、目录等方面著作。有关财经方面的图书收在“食货”中。

子部：收先秦以来诸子百家和佛道宗教的著作，即哲学、军事、天文、算法、医学、农业、艺术、工商等方面的著作。

集部：收录总集、别集及其他文学、戏曲方面的著作。

这种四分法，历史悠久，影响很大，许多图书馆古籍线装书的分类，如《全国古籍善本书总目》的分类，依然以它为依据。

（2）（杜威）十进分类法

1876年美国人麦维尔·杜威第一次发表十进分类法，把所有的图书归纳成十大类，每个大类都有3位阿拉伯数字作为标记符号：

000总类	100哲学	200宗教	300社科	400语言学
500自然科学	600应用科学	700美术	800文学	900历史

每一大类又划分九个小类叫“纲”，纲下又划分几个更小的类叫“目”。

20世纪初，杜威十进法传入我国，许多图书馆以它来分类图书，在当时对我国图书分类影响很大（如《（生活）全国总书目》）。但是，它并不适合我国国情。

小资料

麦维尔·杜威

麦维尔·杜威（1851年12月10日出生于美国纽约州的亚当斯中心，1931年12月26日逝世于佛罗里达州的宁静湖）是图书馆使用的杜威分类法的发明家，在美国被尊誉为“图书馆学之父”。他对图书馆事业和图书馆学的贡献是举世公认的。杜威与他的同事和朋友查尔斯·埃米·卡特一起组织了美国图书馆协会。1883年杜威担任哥伦比亚学院的图书馆管理员，此后他在那里创立了哥伦比亚图书馆经济学学校，这是世界上第一所关于图书馆学的学校。这所非常成功的学校于1890年移到奥尔巴尼，在杜威的领导下它改名为纽约州立图书馆学学校。从1888年到1906年杜威任纽约州立图书馆的馆长，从1888年到1900年他还任纽约州立大学的秘书，在这段时间里他彻底地改变了州立图书馆的组织，由此该图书馆成为美国具有效应的图书馆之一。

（3）《中国人民大学图书分类法》（简称《人大法》）

《人大法》是我国第一部新型的图书分类法。它以马列主义、毛泽东思想为指导思想，以科学分类为基础、以中国人民大学图书馆藏书为对象编制而成。在编制过程中，运用马克思主义关于科学分类的理论组织分类体系，将人类全部知识分为四大部十七大类，其序列如表4-1所示。

表 4-1 《中国人民大学图书分类法》

部类及含义	类号	类名
一、总结科学	1	马克思列宁主义、毛泽东思想
	2	哲学、辩证唯物主义与历史唯物主义（附：宗教、无神论）
二、社会科学	3	社会科学、政治科学
	4	经济学、政治经济学与经济政策
	5	国防、军事
	6	人民法律
	7	文化建设、人民教育
	8	人民艺术
	9	语言文字学
	10	人民文学
	11	历史、革命史
	12	地理、经济地理
三、自然科学	13	自然科学
	14	医药、卫生
	15	工程、技术
	16	农业、畜牧、水产
四、综合图书	17	综合参考

《人大法》的问世，标志着我国图书分类法进入一个新的时期，尤其是四大部的划分，为我国图书分类法的“五分法”奠定了基础。它出版后，当即为全国许多图书馆所采用。值得一提的是，在1998年我国使用国际标准书号（ISBN）以前，凡新出版图书所给的统一书号均采用《人大法》的类号。《全国总书目》《全国新书目》在使用《中图法》编排图书以前，也曾多年使用《人大法》，可见其影响之大。

（4）《中国图书馆分类法》（简称《中图法》）

《中图法》是由政府部门领导编制的一部大型的综合性的图书分类法，1975年正式问世，陆续为全国大多数图书馆和情报单位所采用。目前，我国主要书目的类目都是以《中图法》为基础编制的。它具有鲜明的思想性、严密的科学性和广泛的实用性。

《中图法》分为五个大基本部类，将马列主义、毛泽东思想作为一个基本部类列于首位，对于一些内容庞杂、类无专属、无法按内容性质分类的图书资料，概括为“综合性图书”作为一个基本部类，列于最后，中间部分是哲学、社会科学、自然科学部类，并在此基础上展开为22个基本大类（表4-2），基本大类之下再展开若干层次的下属类目，层层等级列举，次第展开，形成一个科学而又严密的知识体系。

表 4-2 《中国图书馆分类法》

部类及含义	基本大类与类名
一、马克思主义	A 马克思主义、列宁主义、毛泽东思想
二、哲学	B 哲学
三、社会科学	C 社会科学总论、D政治、法律、E军事、F经济、G文化、科学、教育、体育、H语言、文字、I文学、J艺术、K历史、地理
四、自然科学	N 自然科学总论、O数理科学和化学、P天文学、地球科学、Q生物科学、R医药、卫生、S农业科学、T工业技术、U交通运输、V航空航天、X环境科学、劳动保护
五、综合性图书	综合性图书

3．常见各类型图书

在整个文献系统中，图书仍占主导地位，它数量多、类型复杂。现介绍几种常见类型图书。

（1）全集、选集

全集是一个或若干个作者的全部著作编在一起的书。选集是根据一定标准选录一个或若干个作者的著作编成的书。

全集特点有二：第一，“全”。它收录的内容十分复杂，不仅收录作者发表过的所有著作，还收录未发表过的著作。第二，有“序”。它收录的资料和文章不是随意堆集在一起，而是经过精心的组织和安排，通常按写作时间或发表时间排序。

选集特点有三：第一，可读性强。大多从作品中选粹拔优，把名篇集为一书，易受读者欢迎；第二，导向性强。选编者大多将符合自己观点或兴趣的文章汇为一书，并通过倾向性的说明、注释、附录等引导读者；第三，重复出版。

（2）重要的全集、选集介绍

《马克思恩格斯全集》：根据俄文翻译，中共中央编译局编译，人民出版社1956—1989年出版，共50卷，3200万字，收入两位导师的两千多篇著作和四千多封书信以及四百多件文献资料。《全集》1~26卷是著作卷，27~39卷是书信卷。收集了马克思、恩格斯早期著作、诗歌、新发现著作、书信及马克思的经济学手稿。

《列宁全集》：中文第一版是中共中央编译局根据《列宁全集》俄文第四版翻译的。1984年起，以《列宁全集》俄文第五版为基础，编译了《列宁全集》中文第二版，共60卷。分著作（第1~43卷）、书信（第44~53卷）、笔记（第54~60卷）三大部分，约收入有关列宁的文献九千多件。各卷首有编者的前言，介绍该卷所收入文献的写作背景和主要内容。书后附有资料性的注释、简介人物的人名索引。列宁引用和提到的文献资料索引，记述列宁主要活动的年表等。

《毛泽东选集》：1944年以来，《毛泽东选集》有多种版本，现在我们最常用的是由中共中央毛泽东选集出版委员会和中共中央毛泽东主席著作编辑出版委员会编辑出版的《毛泽东选集》（1~5卷）。第1卷包括第一次和第二次国内革命战争时期的著作；第2卷和第3卷包括抗日战争时期的著作；第4卷包括第三次国内革命战争时期的著作；第5卷包括1949年9月至1957年11月期间的著作。选集共收入228篇重要著作。各卷著作均按年代顺序排列。所选著作，大都经过毛泽东同志校阅过，其中有些地方作了一些文字上的修正，也有个别的文章曾作了一些内容上的补充和修改，《选集》对所有入选的文章都做了注释。

《邓小平文选》：由中共中央文献编辑委员会汇编成册，人民出版社出版。1983年出版了第一卷（1938—1965），1989年5月出版了第二卷（1975—1982），1993年11月出版了第三卷（1982—1992）。文选收录了邓小平各个时期的重要讲话、谈话，多数内容为以前没有公开发表过的。全书反映了邓小平建设中国特色社会主义理论的形成，发展及其伟大意义。

（3）丛书

丛书是汇集多种单独著作为一套，并有一个总书名的出版物，又名丛刻、汇刻、合刻、丛刊、丛钞、丛编、全书、全集、集成、大系、文库等。但使用这些名称的并非都是丛书，丛书通常是为某一特定用途，或针对特定的读者对象，或围绕一定的主题内容而编纂出版。一套丛书一般有相同的版式、书型、装帧等，且多由一个出版社出版，除少数丛书一次出齐外，多数为陆续出版。丛书具有资料性、易存性、查考性等特点。据统计，我国约有古籍丛书6000种，近现代丛书6000种以上，现择要介绍如下：

①古代丛书。

《四库全书》：清乾隆三十七年（1772年），集中了大批人力、物力，用了十年左右的时间，编撰修成一部规模庞大的丛书，《四库全书》意即经、史、子、集四库全书全收。

《文渊阁四库全书》（电子版）：迄今世界上规模最大的中文电子出版工程，是国家“九五”重点电子出版项目之一。它分为“原文及标题检索版”（167张光盘）和“原文及全文检索版”（183张光盘）两种版本，由香港迪志文化出版有限公司投资5000余万元开发及制作。该电子版可实现全文检索。该数字化古籍全面采用汉字编码国际标准系统，并在检索中采用汉字关联，检索一字时同时检索相关异体字，大大降低了漏检的可能性。

《新四库全书》：1998年由台湾中研院开发出电子版。复原了史料，还收集诗词小说、医疗、堪舆、卜筮等非儒家的作品及乾隆之后的文献、台湾研究素材等，其涵盖的范围比旧《四库全书》更多更广，总字数超过20亿字，是现存《四库全书》的三倍，总经费达新台币10亿元。

《四库全书存目丛书》：季羡林任总编，分别由齐鲁书社、台湾庄严文化事业有限公司陆续出版，共1200册。该丛书搜集海内外200余家图书馆、博物馆所藏古籍珍本4508种，6万余卷。全书分经、史、子、集四部分，所收典籍多为善本、孤本。规模远超《四库全书》，几乎囊括现存的乾隆以前、《四库全书》之外的所有古籍。

《续修四库全书》：由上海古籍出版社和中国线装书局联合出版，共1800册。该丛书的特点是：①规模庞大，共收书5000余种。②精品荟萃，聘请各学科专家学者，分门负责，反复论证，确定选目，务求精当。③推陈出新，注重收录乾隆以后重要著作和新出土的古文献及海外所藏珍本、孤本，并有专家撰写提要，反映最新研究成果。④善本汇集，入选图书均取最佳版本影印，既可存真，亦足取信。

《四部丛刊》：张元济主编，分为三编，共收书504种，按经、史、子、集四部排列。注重版本是其特色，辑者从涵芬楼和其他藏书家的藏书中，精选宋元旧刻，明清精刻、钞本、校本和手稿本，有较高文献价值。

《四部备要》：中华书局自1924年起辑印，前后共出五集，收书336种，11305卷。选书以研究古籍常备、常见和常注的为主，有的采用清代学者整理过的本子，可与《四部丛刊》互为补充、配合使用。

《丛书集成初编》：商务印书馆辑。汇辑自宋代至清代一百部丛书，3111种子书。剔其重复，分类编排。被它所收录的图书，或系难得的秘本，或出名家之后，校刻精善，又印成小的平装本，翻阅方便，所以有很高的使用价值。

②现代丛书。

《当代中国丛书》：共约200卷，每卷1册，少数卷分上、下册。各卷的结构大体一致，但不尽相同，一般采用编、章、节的形式，有的则不完全是这三个层次，多数卷写有《前言》《后记》或《绪论》。本丛书分为第一类，综合性；第二类，部门、行业性；第三类，专题性；第四类，以省、市、自治区为单位编写的地区性；第五类，人物传记等内容。

《当代经济学系列丛书》：包括四个子系列：①当代经济学文库；②当代经济学译库；③当代经济学教学参考书系；④当代经济学新知文丛。由上海三联书店、上海人民出版社出版。

（4）丛书目录

查找丛书主要利用丛书目录，它为我们指出三条线索，某一丛书收了些什么书？某一种书收在何种丛书里？某一丛书哪些机构收藏？

当前，这方面重要的工具书有：上海图书馆编的《中国丛书综录》：阳海清编撰、蒋孝达校订的《中国丛书综录补正》，施延镛主编的《中国丛书目录及子目索引汇编》，庄荣芳编的《丛书总目续编》，商务印书馆编的《丛书集成初编目录》，上海图书馆编的《中国近代现代丛书目录》和《中国近代现代丛书目录索引》等。查找近年出版的丛书可使用《全国总书目》中的“专题目录”，它提供年度内出版的丛书线索。

4. 国内外书目信息系统检索事例

小资料

什么是联合国书目信息系统?

由联合国达格·哈马舍尔德图书馆和日内瓦办事处图书馆所编制的联合国文件和出版物的目录，以及达格·哈马舍尔德图书馆所收藏的一般出版物和非联合国资料的目录统称为联合国书目信息系统。联合国书目信息系统网络版的检索范围主要始于1979年，其提供对6个联合国官方语言（阿拉伯文、中文、英文、法文、俄文和西班牙文）的全文文件链接。其中包括自1946年以来，大会、经社理事会和安理会所通过的决议的全文。

（1）国内部分（古代）

《贩书偶记》，孙殿起编，收录图书近万种。主要是清代以来的著述，其中有少量明代小说和1911—1935年间的有关古代文化著作，收录古籍约6000种。

《中国古籍善本书目》，我国目前规模最大的一部古籍善本联合目录。收录全国781个单位所藏、具有历史文物性、学术资料性、艺术代表性的汉文古籍共6万多种，约13万部。分经、史、子、集、丛书五部，汇集了许多过去鲜为人知的古籍善本，卷后附有藏书单位代号表和藏书单位检索表。

《中国丛书综录》，上海图书馆编。共收录古丛书2797种，分为总目、子目、索引三册出版。

《中国地方志联合目录》，中国科学院北京天文台主编，书中反映了全国130个图书馆、博物馆、天文馆、档案馆所藏地方志8200多种，其编纂年代，均在1949年以前。著录内容包括书名、卷数、纂修者、版本及收藏单位等。

《中国古方志考》，张国淦撰。所著录古方志，从秦汉到元末，不论存佚，一概收入，是一部较完备的具有总结性的古方志总目，能提供搜集方志文献的线索。

（2）国内部分（近代）

《民国时期总书目》是我国第一部全面反映民国时期出版的大型回溯性书目，为研究查考民国时期的各种资料提供了方便，对学术活动的开展和提高大有帮助。全书共2000万字，分20册陆续出版。

《（生活）全国总书目》，平心编，收录1911—1935年间出版的文献约2万种。

《抗战时期出版图书书目》，收录的图书绝大多数为解放区、根据地的出版社、书店所出版的图书，兼收国统区出版的一些进步著作，共约6000种。

（3）国内部分（现代）

《中国新方志目录》，书目文献出版社出版，共收录省志、市（地）志、县志等各级志书及各专业志、山水名胜等专志、部门志、乡镇志，以及新中国成立后我国台湾地区出版的志书9100余种。

《全国总书目》，中国版本图书馆编，具有文献年鉴的性质。每年出版一本，1966—

1969年停编，1970年起恢复按年出版。

《全国新书目》，中国版本图书馆编，为月刊，按类编排，能更迅速地报道全国每月每类文献出版的情况。它是查找最新出版的文献的有效检索工具。

《中国国家书目》，我国最完善的文献总目。1995年《中国国家书目》开始出版了自己的CD-ROM，收录了1988年以来的中国国家书目约23.5万条，每半年更新一次。

（4）国外部分

《书目索引》（Bibliographic Index），美国威尔逊公司编辑出版，是一部现期性书目，是集书和索引于一体的检索刊物，每年三期。有磁带版和CD-ROM版。收录内容涉及2800种英语以及其他西文期刊，重点为美国出版物。按主题字顺排列。

《世界书目》（A World Bibliography of Bibliographies and of Bibliographical Catalogues），英国当代目录学家贝斯特曼编。收录范围有关于图书、稿本、文摘、专刊等的目录，涉及各学科和专题，是一部收录范围非常广泛的回溯性书目。

《在版图书》（Books in Print）通常简称BIP，美国鲍克公司编辑出版，年刊，是美国《出版商年鉴》（Publisher's Trade List Annual）的索引本，收录美国大多数出版商出版的图书、专题文集、丛书等，按著者和书名字顺分别编排，是美国著名的在版编目。

《累积图书索引》（Cumulative Book Index）通常简称CBI，美国威尔逊公司编辑出版，月刊，该索引广泛收录世界英文图书，是一部国际性书目，报道及时，出版历史悠久，编排结构良好，体系完备，便于检索。

《外文图书总目录》，北京608信箱编辑出版。这是“外文图书征订目录”的年度累积本，收录了我国已进口影印出版的外文文献。它是了解外文新书的重要检索工具。

另外，北京图书馆出版的《全国西文新书联合通报》（季刊），《北京图书馆外文新书通报（社会科学部分）》，中国社会科学院情报研究所编辑的《国外社会科学著作提要》等都是查检外文图书的重要工具书。

任务二 报刊资料的检索

1．报纸概述

报纸是连续出版物的一种类型。它的出版周期短，时间性强，它以最快的速度报道世界各地发生的最新事件和科学技术方面出现的最新成果。报纸的内容广泛，版面一般也较大，多为对开或四开，以单张散页形式出现。报纸不仅出版量很大，发行也很快，拥有的读者众多，是主要的大众信息传播媒体之一。

报纸有日报、两日报、三日报、周报、旬报等不同出版周期之分；有全国性、地方性不同范围级别之分；还有不同行业、不同学科、不同对象之分。许多大型报纸出版机构在出版普通散页报纸的同时，还按月出版大开本或小开本的合订本报纸，有些报社也直接出版该报的缩微版，供文献信息机构长期保存。近年来，越来越多的报社开始出版电子网络版报纸，使信息的传递速度更快。

2. 期刊概述

期刊又称杂志，是指那些定期或不定期连续出版，每期有固定的名称和统一版式，有连续序号，发表多位作者的多篇文章，由专门的编辑机构编辑出版的一种连续性出版物。

(1) 期刊特点

①连续出版：连续出版是期刊的本质特点，也是期刊区别于其他类型文献的主要特点之一。期刊的连续出版，是“意欲无限期连续出版”。

②出版迅速：期刊与图书相比，出版速度快，许多学术新观点、科研新成果、社会新动态都能在期刊中较早地与读者见面交流，具有新颖及时的特点。

③时效性强：由于期刊出版迅速，内容新颖及时，又使它具有了时效性强的特点。期刊时效性强，势必造成文献新陈代谢加快，文献寿命逐步缩短。文献内容日趋老化，期刊的情报价值也在逐渐降低。

④文献分散：期刊的内容复杂，某一专题或某一方面的学术论文往往分别刊载在不同品种或者不同学科的期刊上。据有人统计，一种期刊刊载七个学科文献的占7%，六个学科文献的占6%，五个学科文献的占16%，四个学科文献的占22%，三个学科文献的占16%，两个学科文献的占15%，一个学科文献的只占11%。

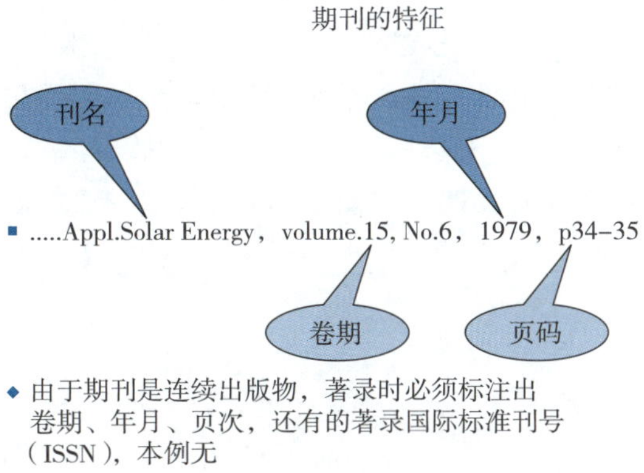

图 4–4 期刊文献特征图

(2) 期刊种类

期刊按照不同标准可分为多种类型。

按出版周期可分为定期刊物和不定期刊物。

定期刊物有：①年刊；②半年刊（又称双季刊）；③季刊；④双月刊；⑤月刊；⑥半月刊；⑦旬刊；⑧周刊。不定期刊物有：丛刊、论刊、报告、文集等。

按期刊内容性质可分为①学术性期刊；②检索性期刊；③工艺技术类期刊；④通俗性期刊；⑤文学艺术类期刊；⑥政论性期刊。

(3) 期刊作用

①最新信息来源。②记录历史情况珍贵文献。③一次文献原始材料。④检索文献重要工具。

（4）核心期刊

1934年，英国文献学家布拉德福（S.C.Bradford）在统计分析的基础上总结出下述定律：

在登载某一学科论文的所有期刊中，存在着由若干种期刊构成的第一区域，即核心区域；在其周围还有另两个区域，其中的每一个都含有与核心区域中数量相同的该学科论文。那么，构成第二区域的数量为核心区域期刊数量的n倍，而在第三区域中的期刊数量则为核心区域期刊数的n^2倍。这样，在核心区域和第二、第三区域中的期刊数，将为P1：P2：P3=1：n：n^2，其中n≈5。这就是著名的布拉德福定律。布拉德福定律为我们揭示了核心期刊的存在。

核心期刊又称重点期刊，它是指那些内容中信息密度大，代表学科发展水平，所刊载论文使用寿命长，利用率和被引用率都比较高的期刊。各个学科都有自己的核心期刊。一般来说，只要掌握了核心期刊，就可以用较少的花费获得较多的信息。

小资料

英国文献学家布拉德福

布拉德福（1878—1948）Samuel Clement Bradford英国文献学家，化学家。1878年1月10日生于伦敦，卒于1948 年11月14日。年轻时学化学，后在英国科学博物馆图书馆从事研究工作，并取得了博士学位。他是英国改进科技情报管理的热心支持者，并为文献工作的发展做出了贡献。1947年当选国际文献工作联合会副主席，国际分类法委员会主席。他在1934年提出了布拉德福定律，指出“若将期刊按其刊载某专业论文数以递减顺序排列，再将期刊划分为载文量相等的三个区域，则可得出期刊数量比约为1：α1：α2的关系”。该定律在文献工作者中得到了广泛的重视，引起热烈讨论。布拉德福著述颇多，仅关于文献工作的论著就有35种。

目前，查找中文核心期刊的参考工具书主要有：

《中文核心期刊要目总览（2015年版）》《国外人文社会科学核心期刊总览（2015年版）》《国外科学技术核心期刊总览（2015年版）》（北京大学图书馆及北京高校图书馆期刊工作研究会共同主持开发），北京大学出版社出版。

核心期刊的判别标准是：

①期刊中论文的被摘率；②期刊中论文的被引用率；③期刊流通过程中的读者利用率。

当前出版的期刊种类繁多，质量水平高低不一，无论谁，也不可能将有关专业的期刊全部读完。只有选择若干种本专业的核心期刊，才能使我们用最短的时间，检索到高质量的文献，了解或掌握本学科的学术最高点或最新动态。然而，值得注意的是，核心与非核心只是一个相对的概念，过分夸大核心期刊的作用，不恰当地使用核心期刊的做法都是欠妥的。

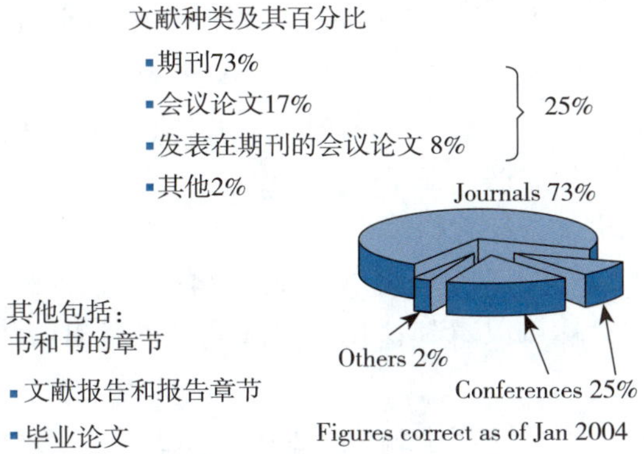

图 4-5 文献种类百分比图

任务三 综合信息源检索

信息参考源是人类知识的概括和结晶，是查找知识信息的工具，其种类繁多，数量很大，各有特色。熟悉并善于使用信息参考源是十分重要的技能。

信息参考源的定义：它是人们根据一定的目的，全面系统地搜集相关信息，经过筛选、加工整理、概括、浓缩等手段，用一定的编排方法加以组织编排，专供检索疑难问题和信息线索之用的一种信息源。

各种专业信息源包括：

①书目信息；②论文信息；③题录信息；④索引信息；⑤文摘信息；⑥哲学信息；⑦经济信息；⑧文学信息；⑨历史信息；⑩政治信息；⑪法律信息，等等。

综合信息参考源按其功能与用途一般可分为书录、百科全书、年鉴、手册、表谱、图录等。

它们在以下三个方面区别于普通和专业文献：

（1）编撰的目的主要是供人们查考，而不是系统地学习。它主要用于快速查找某一具体的资料，而不是为人们提供全面系统的知识。

（2）内容广泛全面，更新及时。它博采群书，在广采博收的基础上，对知识进行筛选和提炼，它叙述扼要简练，是所述知识的高度浓缩和概括。

（3）编排的体例具有易检性。它把全部条目按照某种特定的方式组织成为一个完整的体系，查检方便，一般还附有多种索引，供人们从各个不同的途径，查找所需要的知识情报。

1. 专业信息源检索示例

（1）书目信息检索示例

如果想知道2000年3月高等教育出版社、广东经济出版社和科学出版社各自出版哪些新书，可以检索《全国新书目》。该书目为月刊，是一本集新书介绍、书评、出版社推荐等于一身的新书目录。它依据全国各正式出版单位上一个月出版的新书编辑而成，比较全面、系统地反映了一个时间段我国新书出版的概貌。

①《全国新书目》的新书安排在“新书视窗”专栏，在2000年第3期《全国新书目》的目录中寻找到“新书视窗”专栏，在第41~77页。

②在第41~77页的“新书视窗”专栏里，我们可以看到，该专栏是按照出版社的顺序排列的。高等教育出版社在第45页，广东经济出版社在第46页，教育科学出版社在第52页。

③在第45、46、52页，你可以看到这几个出版社最近所出版的新书目录。如广东经济出版社的目录中有以下记载：

知识经济与改革创新　　黄铁苗主编　　2000　　20　　25.00元

本书围绕改革开放中的热点、难点问题进行探索，具体内容包括：所有制问题、财政金融问题、农村经济问题、就业问题、地方经济问题和其他问题。

培训金典　　傅浙铭著　　2000　　20　　26.00元

本书是一本有关企业培训的全面参考手册，为企业有关培训的所有理论和操作问题提供答案，指出操作实践中可能偏失的环节，提供可立即采用的实战套路。

……

（2）经济信息检索示例

①检索课题：了解20世纪60年代以前主要资本主义国家的经济实力。

课题分析：这类问题可利用经济统计集类的资料，如《主要资本主义国家经济统计集》。该书的第一部分就可以见到美、英、德、法、日五国的工业生产在全世界所占的比重，而且统计数据十分丰富。

检索方法：类似的工具书主要有：《国外经济统计资料》《世界经济统计简编》《世界经济统计提要》《国际经济统计摘要》《国际经济与社会统计资料》等。

②检索课题：邓小平同志在20世纪80年代曾就《关于建国以来党的若干历史问题的决议》稿起草问题，提出了三条指导思想，如何查询这类咨询问题？

检索方法：检索中国经济体制改革大事，可利用下列工具书：《中国经济体制改革纪事》《经济体制改革手册》《中国经济体制改革年鉴》等。

③检索课题：我国西汉时期农业发展情况。

检索方法：查找中国古代经济史资料，可以利用的工具书有：《清实录经济资料辑要》《食货志十五种综合引得》《中国历代户口、田地、田赋统计》《被抄录》《中国古代经济史研究资料索引》《历代食货志注释》《中国历代食货汇编简注》等。

（3）法律信息检索举例

①检索课题：怎样理解“防卫过当”？请提供一些这方面的参考文献信息。

检索方法：类似检索名词解释的课题咨询，最有效的方法是检索法学工具书，此题可以查杨五湖主编的人民出版社1990年版的《案件学大辞典：办案手册》里面对“防卫过当”有比较详细的解释。除了利用法学方面的工具书外，还可以利用《政法译丛》《人民司法》《法学研究》等杂志。

②检索课题：法学院学生要求系统地查阅法学论著方面的文献信息，如何提供？

检索方法：检索这类课题可以利用的主要工具书有《法律论文分类索引》《法学资料索引》《新编馆藏中文法学书目》《法学论文目录》《中国大百科全书（法学）》等。

2. 百科全书检索示例

（1）概述

百科全书对过去积累的全部文化科学技术知识，加以总结和概括，按照事物的名称，依照词典的形式进行编排，对每一条词目都加以全面、系统地论述，并对新的研究成果加以阐述，堪称“工具书之王”。它精心设计编制体例，提供方便的检索方法，为人们提供人类各个知识领域的基本知识，是各层次人员常用的、必备的工具书之一，其具有概括性、权威性、可检索性等特点。

（2）《中国大百科全书》

《中国大百科全书》是中国第一部包罗古今中外知识，同时突出中国内容的现代综合性百科全书。它的编纂继承了中国悠久的百科类书的有益传统，吸收了外国现代百科全书的编纂经验，并有所创造，有所发挥，在世界百科全书之林中自树一帜，独具中国之特色。它的出版是我国科学文化事业繁荣发达的一个重要标志。

全书按学科或知识门类分74卷出版，以条目形式全面、系统、概括地介绍科学知识和基本事实。内容包括哲学、社会科学、文学艺术、文化教育、自然科学、工程技术等66个学科和领域。共收77859个条目，计12568万字，并附有适量的随文黑白图、线条图和彩色插页，适于高中以上文化程度的广大读者使用。中国有2万余名专家、学者参加撰稿。

（3）《中国大百科全书》的检索系统

①分类检索系统；②字顺检索系统；③主题检索系统；④辅助检索系统。包括：时序检查、图表检查、书目检索、人名检索。

（4）百科全书检索示例

检索课题：人物检索，阿格纽［Agner，Spiro T（heodore）］。

检索方法：《简明不列颠百科全书》。

①《简明不列颠百科全书》第十册是全书的索引，分“条目标题汉字笔画索引”和“条目标题外文（包括拼音）与汉文对照索引”，可以先通过这两个索引来进行条目检索。

②通过对索引的条目检索，检索结果同为“1–65”，即第一卷，第65页。

③在第一卷，第65页上的中栏有该人物的图像和文字简介：

阿格纽Agnew，Spiro T（heodore）（1918.11.9—）美国第三十九届副总统。巴尔的摩大学毕业。1947年起当律师。1962年任巴尔的摩县长，1967年任马里兰州州长。1968年被提名为副总统候选人。由于犯有敲诈、受贿、逃避所得税等罪行，1973年辞去副总统职务，罚款一万美元。

检索课题：刑事诉讼中的“自由心证”是什么概念？

检索方法：《中国大百科全书·法律卷》

①在该书的“条目分类目录”中，查找“刑事诉讼法”类目，其中有“自由心证”标题，在第835页。

②在第835页中，有如下记录：

ziyou xinzheng

自由心证（free evaluation of evidence through inner conviction）指证据的取舍和证明力，法律不预先加以机械的规定，而由法官、陪审官根据内心确信进行自由判断。心证，原为日文，日文又来自法文，内心确信之意。自由心证原则，又称自由判断证据原则，或以内心确信判断证据原则。它是近现代一些国家诉讼法所规定的判断证据原则。

……

小资料

什么是百科全书?

百科全书（Encyclopaedia，也作Encyclopedia）是指一种大型参考书。采用词典的形式编排，收各科专门名词、术语，分列条目，详细解说，比较完备地介绍文化科学知识。有包罗万象的综合性的百科全书，也有专科性的百科全书，如医学百科全书、工程技术百科全书等。百科全书是对人类过去积累的全部知识或某一类知识的书面摘要。古希腊学者亚里士多德曾编写过全面讲述当时学问的讲义，被西方奉为“百科全书之父”，中国汉初的《尔雅》，是中国百科全书性质著作的渊源。中文“百科全书”一词是20世纪初才出现的。近现代百科全书的奠基者是法国学者D.狄德罗，以他为首的法国百科全书派于1751—1772年编纂出版了《百科全书，或科学、艺术和手工艺分类字典》。18世纪—20世纪，英、德、法、意、苏、日、西等国相继编纂出版了一批权威性的百科全书，如《不列颠百科全书》《美国百科全书》《苏联大百科全书》《世界大百科事典》等。西方现代百科全书大多按字顺编排，突出工具书的检索功能，并采用小条目主义的编纂思想。注重百科全书教育功能的则采用大条目主义。修订的方式有再版制、补卷制、出版年鉴和连续修订制4种。中国古代的类书是一种百科全书式的资料汇编，偏重古文史。自1978年起开始编辑出版的《中国大百科全书》，总计74卷，历时15年，于1993年8月全部出齐，并于2009年出版了第二版。

3．类书检索示例

（1）概述

类书就是将一类或多类文献资料辑录出来，按照一定的方法，如类、韵、字等进行编排，以方便检索、查询、录检和征引的工具书，类似西方的百科全书。辑录信息中有史实典故、名物制度、诗赋文章、丽词骈语等，是百科全书式的大型“资料汇编”。其作用为：①查检各类材料；②查诗文语句典故；③校勘古书；④辑录古书。

我国类书起源很早。尽管秦汉时还没有正式的类书，但兼采众家的《吕氏春秋》《淮南子》及分类标目的《尔雅》，可以说是后世类书之源流。后汉三国时，抄录书籍成为一种风尚，若把抄录来的材料加以剪辑和分类，便成了类书。

我国第一部类书是魏文帝曹丕命王象、桓范、刘劭等人所编的《皇览》（佚，有辑录本）。《皇览》开创了我国类书编纂体例的先河，被誉为“千古类书的权舆”。

小资料

《永乐大典》

《永乐大典》是一部类书，它编纂于明朝永乐年间，历时六年（1403—1408年）编修完成。它保存了14世纪以前中国历史地理、文学艺术、哲学宗教和其他百科文献，与法国狄德罗编纂的百科全书和英国的《大英百科全书》相比，都要早300多年，堪称世界文化遗产的珍品，也是中国最著名的一部大型古代典籍。《永乐大典》共计有22877卷、目录60卷，分装成10095册，全

书字数约3亿7千万字。《永乐大典》的规模远远超过了前代编纂的所有类书，即使是清代编纂的规模最大的类书《古今图书集成》也只有1万卷、1亿6千万字，不到《永乐大典》的一半。《永乐大典》的规模更是西方同时代的典籍所望尘莫及的。

进入现代以后，类书的历史地位已被更能反映时代精神的百科全书、年鉴以及紧密联系实际的资料汇编所取代。但到了20世纪80年代后期，在继承和发扬中国传统文化、吸收和借鉴外国科学技术两股潮流的推动下，类书又以新的面貌出现。它们既保持了古代类书的基本特征，又吸收了现代辞书和资料汇编的特点，更能适应现代读者的查阅需要。其编纂宗旨意在弘扬人类优秀文化遗产，辑录古今中外文化精粹，并根据现代读者的检索需求而设置类目和编有多种形式的辅文，故被称之“当代类书”。

（2）主要特点

①资料性；②汇编性；③分类性。

（3）类书检索示例

①检索课题：有六篇佚名诗《庆州败》《猎狐篇》《吾闻》《城南感怀呈永叔》等，仅知约为一人所作，现要求查出处和作者。

在分析该题目时，发现《城南感怀呈永叔》这个诗题中的“永叔”像是宋代欧阳修的字，所以这首诗可能是写给欧阳修的。既然如此，那就可以暂时假定此文诗作者是与欧阳修同时代的人。再根据《猎狐篇》诗题，想是有关狐狸的故事，可查《古今图书集成》一书，在该书的“禽虫典·狐狸部·艺文”中找到了《猎狐篇》全诗，并得知作者是宋代苏舜钦。再查阅他的文集《苏学士集》，最后找到了六篇诗的出处。

②检索课题：想要知道古代警句“祸福无门，唯人所召”的出处。

查阅《艺文类聚》卷二十三，人部七，在鉴诫类目中找到了。可知语出《左传》，但没有具体的篇名。进一步查找《春秋经传引得》“笔画检字表”十四画中“福”字，得号码5/06185，即为《春秋经传引得》中“福”字之庋撷号码，按号即索，可知“祸福无门，唯人所召”这警句出自《左传·襄公二十三年》。复查《十三经索引》十四划“祸”字，亦可查到，其文句、出处相同。

4. 政书检索示例

（1）概述

政书是中国古代论述或辑录典章制度源流与信息的资料性工具书。它收集历代或某一朝代的政治、经济、文化制度方面的史料，分门别类，按时代先后顺序加以编排和叙述。编者经过综合概括，据以论述历代典章制度的沿革和发展。它取材广泛，条理清楚，参考方便，具有制度史、文化史和学术史的性质。

政书自唐代起源之后，与纪传体、编年体史书鼎足而立，逐渐成为查考典章制度的工具书。政书和类书一样，是中文工具书中特有的一种类型（日本除外）。“十通”是政书的主流。

小资料

什么是十通?

“十通”是《通典》《通志》《文献通考》《续通典》《续通志》《续文献通考》《清朝通典》《清朝通志》《清文献通考》《清续文献通考》这十部政书的总称。“十通”系统完整地记录了中国历代典章制度沿革发展。唐代杜佑撰《通典》一书，专就历代典章制度，分门别类地，系统、全面而又概括地编撰成我国最早的一部专史巨著，开创了史书的新体例。出版之后，一直为历代学者视为不朽的名著。此后宋郑樵撰《通志》，元马端临撰《文献通考》，连同《通典》合称“三通”。清乾隆时加入官修的《续通典》《续通志》《续文献通考》以及《清通典》《清通志》《清文献通考》合称“九通”。1935年再加上《清续文献通考》，总称为“十通”。其中以马端临的“文献通考”最有价值。再加上汇编某一朝代各项经济、政治、社会制度的会要，如《唐会要》《宋会要》等，统称为“典志”。

政书可以分为通史与代史两大类。前者以《十通》为代表，后者多以“会要”“会典”作书名。

会要和会典都是记载一个朝代的典章制度的政书，但编写方法不同。会典记事以官职为纲，注重记载章程法令和各种典礼。资料丰富，多以官署机构分门立类，以汇编官府的典章规则为主要内容。但会典都比较庞大，也没有索引，查检不便，其检索价值不及会要。会要则分门别类地记载，以事类相从，于一代典章制度的损益沿革之制，悉为记载，详而不烦，简而有要。

政书和类书最显著的差别是：类书只是辑录原始材料，不加改动，按类堆砌；而政书则要将采撷来的原始史料加以组织熔炼，使之成为一体。对信息利用者而言，需要掌握的是类书，是原始资料，而政书是经过加工、改编、分析、阐述等过程，编者的意图、观点体现得很充分，是二手资料。

（2）政书检索示例

检索课题：“国子监祭酒”的史实。

检索方法：可以先通过《十通索引》，通过该索引的指导再查阅“十通”。《十通索引》分四角号码索引和分类索引两部分。四角号码索引是把“十通”中所载的制度名物和篇章节目，凡成一名词或可单独立为一条目的，均按其首字四角号码编排，论述最详尽的地方或它的兴废沿革为检索所必需的地方，都详细注明书名、页码及栏次。

①查“国子”，按“国”的四角号码检得“国”，再依第二字“子”的一、二角号码数为17，检得“国子监祭酒”条，著录如下：

国子监祭酒

典二一八四中

志七一五四下

考五六一一中

②这里的“典”代表“三通典”，“志”代表“三通志”，“考”代表“四通考”。它们都各自统一编页。故“典二一八四中”就是指“三通典”的第2184页的中栏，其

书是《清朝通典》。

③在《清朝通典》的第2184页的中间，可见到有关“国子监祭酒”的记载。

检索课题：汉代司马迁受宫刑的史实。

检索方法：从“十通”的分类索引检索在分类索引中找到刑类，再根据各类细目来查检。根据细目，可以从《通典·刑·赦宥》中见到死刑可用腐刑替代的记载：

“汉景帝四年，赦有犯死罪欲腐者许之”。

如果要查找职官的品秩、职掌以及兵刑制、科举制、赋役制有关名称的原始解释的资料。如《汉书·艺文志》记载：“成帝时，……诏光禄大夫刘向校经传、诸子、诗赋”。要知道“光禄大夫”是什么职位，可以查阅《通典》的职官类或《信息通考》职官官考等。在这一类目中，可以查到：

“秦时，光禄勋属官有中大夫。汉武帝太初元年，更名光禄大夫。银章青绶，掌议论，属光禄勋。门外特施行马，以旌别之。无常事，唯顾问应对，诏命所使，无员。……”

（3）会要、会典检索示例

如果想查找有关王安石变法中的“青苗法”资料，首先要知道王安石是宋朝人，那就可以查阅《宋会要辑稿》。在该书的“食货四、五”中，有“青苗”标题，详细记载了有关王安石制定和推行“青苗法”的种种资料。通过查阅可以得知：“青苗法”也称“常平给敛法”“常平敛散法”，是王安石于宋神宗熙宁二年，参照他本人和李参在陕西发放青苗钱的经验制定并施行的。

5．年鉴检索示例

（1）概述

年鉴一般是概述一年内有关事物或学科的进展，汇辑重要信息和统计资料的连续性出版物。

年鉴有综述或概览栏目，其内容是对年度科研进展水平、动向以及行业建设的全面概述和总结。这是科研工作者值得随时留意检索的内容。

年鉴有统计资料及插图栏目，这些统计数字和新闻图表都是对年度的发展情况、成就情况的最好报道和宣传。研究人员掌握了这些资料，著述将极具说服力。

年鉴还有信息报道，即书目、文摘、索引栏目，这些书目和索引所反映的著作和论文，都是经过筛选的年度研究的重要成果，它提供了最新信息的线索。

小资料

什么是年鉴?

年鉴：英文称之为yearbook，annual or almanac，annuals，按年编撰出版的参考性工具书，汇集一年之内的新闻、事件、数据和统计资料，按类编排。特点：①信息密集；②连续出版；③材料准确；④内容新颖。年鉴的编纂始于欧洲。英国哲学家培根在其1267年出版的《大著作》中已使用外国年鉴中有关天体运动的材料，这说明至少在13世纪中叶欧洲已有类似年鉴的出版物。当时欧洲一部颇有影响的年鉴是由德国数学家、天文学家雷格蒙塔努斯（1436—1476）于1457

年编纂出版的，主要记载时令节气、天文气象等。以后，德、英、法、意、美等国曾出版了数以千计的各类年鉴，著名的如《世界年鉴》《咨询年鉴》《惠特克年鉴》和《政治家年鉴》等。在西文各类年鉴中，冠以yearbook的为数较多，一般既有文字叙述，也有统计资料，如《联合国年鉴》；Almanac一词源于中世纪的阿拉伯语，在英语中被赋予日历、历书的含义，称almanac的则以统计资料见长，如《读者文摘年鉴》；称annual的一般以文字叙述为主，如《外科年鉴》。各类年鉴的编纂方式虽各有侧重，但称谓时有混用，区分并不严格。到18世纪，其内容转为包含丰富知识的工具书。1732年由美国文学家B.富兰克林主编的《穷理查历书》比较著名。

（2）主要特性

①资料性；②时限性。

（3）年鉴的类型

①综合性年鉴；②专业性年鉴；③统计性年鉴；④地方性年鉴。

（4）年鉴检索示例

检索课题：1992年上海卫生系统的科研成果情况。

检索方法：《上海文化年鉴》（1992）

《上海文化年鉴》是一部全面反映上海文化建设面貌，为国内外各界人士提供研究上海文化的可靠资料及数据的大型工具书。年鉴共分22个部类，部类下分“栏目”，栏目下分“条目”。在卫生部类下，有“科学研究”栏目，下列具体科研成果的条目。

假如选择“性别决定研究”这一科研成果。在第75页上，就有对于“性别决定研究”这一科研成果的简介。

6．手册检索示例

（1）概述

手册是汇集某一领域、某一方面经常需要查考的基本知识和数据资料，以供读者随时翻检的一种工具书。它在撰写的文体上，多以图表为主，配以必要的文字说明。手册的名称很多，有指南、便览、要览、一览、必读、必备、大全等。其内容通常是简明扼要地概述某一学科、专业、专题的基本知识和基本资料，是专业人员手头不可缺少的参考工具书。

（2）主要特点

①资料性；②实用性。

（3）手册检索示例

检索课题：英国伯明翰大学研究生奖学金情况。

检索方法：《世界各国奖学金手册》。

《世界各国奖学金手册》收录有世界各国著名大学对本科生、研究生和学者的奖学金具体情况。该手册按这三大类奖学金内容编排。在目录中，找到“研究生学习奖学金”大类，在该大类下查阅“英国”。在第153页的第一条目找到“UNIVERSITY OF BIRMINGHAM”。具体内容有：项目名称、专业、条件、金额、资助名额等。

7. 名录检索示例

（1）概述

名录是汇集了机构名称、人名、地名等基本情况和资料的一种工具书。一般提供有关专名的最新基本信息资料，具有简明、新颖、确实等特点，好似“清册”和“一览表”，其性质与专名词典和手册有些相似。

（2）名录的类型

①机构名录；②人名录；③地名录。

（3）名录检索示例

检索课题：地名：Cerbere。

检索方法：《最新世界地名录》。

《最新世界地名录》是一部普及型的地名参考书。收录范围包括世界200多个国家和地区的主要居民点、自然地物、风景名胜、历史古迹等。全部采用罗马字母拼写形式。还附录有世界各国名称一览表、地理通名缩写——全称对照表等。

从目录中查阅Cerbere的“C”字母大类在第131页。从第131页起，按字母顺序，如同查阅英语字典一样，在第131页上有如下记录：

Cerbere　　塞贝尔　　法　　N42.26E3.10

检索结果为：Cerbere的中文译名为塞贝尔。属于法国。位于北纬42.26，东经3.10。

8. 表谱和图录检索示例

（1）表谱

表谱，是按对象的类别或系统以表格、谱系或其他较为整齐的形式醒目、扼要地汇载史实的工具书。表谱按内容可以分为年表、历表、职官表、沿革表、讳谱等。

表谱具有条理清晰、文约事丰的特点。表谱的咨询功用非常广泛，可以用来查找人物资料、地理资料、年月对照资料、职官资料、各类学术资料以及历史事件等。

小资料

什么是表谱?

中国早在周代就有史官记载帝王年代和事迹的“谍记”，这是年表的雏型。谱之名起于周代。汉代司马迁著《史记》，仿效《周谱》旁行邪上法编制《十二诸侯年表》《六国年表》等，创立历史年表体制。唐宋时，表谱有了新的发展，出现了反映历史纪元的唐封演的《古今年号录》和宋吕祖谦的《大事记》等。清代制表风气颇盛，并注意补撰诸史阙表，表谱有了较大的进步，如万斯同的《历代史表》等，为史表杰作。随着近现代科学的进步和中外关系的发展，出现了编制更为精密、内容包括中外年代、月份、日期和大事的表谱。表谱的形式和内容丰富多彩，一般按年代顺序编排，便于系统了解历史人物、事件发展演变情况，并有助于对中外历史进行横向比较研究。

（2）表谱的类型

表谱一般可分为年表、历表和专门性表谱三种。

①年表、历表。年表、历表是查考历史年、月、日的工具书。其中年表是查考历史年代和查检历史大事的工具书。历表是查考和换算不同历法年、月、日的工具书。它们把人类用以记录时间的不同符号，准确而统一地反映在一定形式的表格上，成为一种指示时间概念、辅助历史科学的工具。

②专门性表谱。诸如人物表谱、职官表谱、地理表谱等，也是历史科学的辅助工具。它们在编制体例上以简驭繁，“义取简明，条举件系”，多用表格形式附以简要的文字来表示繁复的事实，以便查考。不像一般传记汇载一人的事迹，“词赅而义详”；也不像一般的史志记一朝的典章，“文赅而志博”。因此，虽然上下几千年罗列无遗，但一览就能得悉史实、人物之大概以及职官、地理之沿革，是一种提要钩玄的工具书。

（3）表谱检索示例

《后汉书·皇甫嵩传》：“巨鹿张角自称大贤良题，……言苍天已死，黄天当立。岁在甲子，天下大吉。……约以三月五日，内外俱起。”那“岁在甲子”是哪一年？

这是一个干支纪年问题。首先要了解张角是哪一朝代的人，以及他的生卒年。从《人名大辞典》里可以得知张角是东汉农民起义领袖、汉灵帝时人。查阅《中国历史纪年》《中国历史纪年表》，马上就能确定“甲子”年就是中平元年，即公元184年。

《元史译文证补》卷一：“鼠年”及书中前后文的记载，查考有关工具书确定该年为子年、回历600年。然后，利用《中西回史日历》或《二十史朔闰表》，把回历600年6月15日换算成中历和公历的相应时间。可以知道为宋嘉泰四年正月十七，公元1204年2月19日。

（4）图录

图录之作由来已久，原始社会的氏族图腾、上古初民的器物图纹，均可视为原始的图录。古人有“左图右书”之说，我国现存最早的印刷品唐代《金刚经》，就以一幅精美的版画冠以卷首。古时之图录，虽因不易描摹及时代久远等原因大部分早已亡佚，但以流传至今的图录来看，宋代已经很普遍。元、明两代，图录的应用更广。尤其到了明代后朝，版画技术达到了极高的水平，附图随处可见。清代的《皇朝礼器式》《古今图书集成》中之插图等，可称为图录中的巨帙。新中国成立后，图录有了较大的发展，其数量和质量都是以往所无法比拟的。如郑振铎的《中国历史参考图谱》、北京历史博物馆的《中国近代史参考图片集》等。图录包括地图和各类图谱。

①地图。地图是按一定的投影方法和比例尺，将地球表面事物和现象缩小标绘于平面上，以反映各种自然和社会景象的地理分布与联系的一种工具书。

②图谱。图谱包括历史图谱、文物图谱、人物图谱、艺术图谱及科技图谱等，是一种主要用图像或附以简要的文字，反映各种事物、文物、人物、艺术、自然博物及科技工艺等形象的图谱性工具书。

图谱汇集了各种重要文化遗址、历史信息、古代器物、重大历史事件、历史人物、自然科技等的图像资料、实物照片和简约的文字说明。对于历史研究、文艺工作、工艺制作和科学技术研究提供了了解历史的形象而生动的资料，具有重要的参考价值。但各类图谱之间在内容上互有交叉。

（5）图录检索示例。

检索课题：查阅著名书法家王羲之的“乐毅论”碑帖。

检索方法：《中国书法史图录》（上下册）沙孟海编著

《中国书法史图录》收录了至商朝以来，各朝代著名书法家的书法图录，是一部研究中国书法史的大型参考工具书。

①该书是以王朝的旧名称分立篇章的。王羲之是东晋时期的著名书法家。

②在目录中，按朝代依次找到“东晋和十六国”，下面的条目中有王羲之“乐毅论”。

③在第二七七页，有王羲之“乐毅论”碑帖的图录。

关键术语 图书；图书分类；报刊；原始文献；综合信息源；专业信息源。

核心提示

1. 图书是具有特定的书名和著者名，编有国际标准书号，有定价并取得版权保护的出版物。

2. 图书分类法是指分门别类组织图书的法则。影响较大的有四种：四部分类法（杜威）、十进分类法、《中国人民大学图书分类法》（简称《人大法》）、《中国图书馆分类法》（简称《中图法》）。

3. 报纸是连续出版物的一种类型。它的出版周期短，时间性强，它以最快的速度报道世界各地发生的最新事件和科学技术方面出现的最新成果，是主要的大众信息传播媒体之一。报纸有日报、两日报、三日报、周报、旬报等不同出版周期之分；有全国性、地方性不同范围级别之分；还有不同行业、不同学科，不同对象之分。

4. 期刊又称杂志，是指那些定期或不定期连续出版，每期有固定的名称和统一版式，有连续序号，发表多位作者的多篇文章，由专门的编辑机构编辑出版的一种连续性出版物。

5. 核心期刊又称重点期刊，它是指那些内容中信息密度大，代表学科发展水平，所刊载论文使用寿命长，利用率和被引用率都比较高的期刊。

6. 信息参考源是人们根据一定的目的，全面系统地搜集相关信息，经过筛选、加工整理、概括、浓缩等手段，用一定的编排方法加以组织编排，专供检索疑难问题和信息线索之用的一种信息源。

7. 综合信息参考源按其功能与用途一般可分为书录、百科全书、年鉴、手册、表谱、图录等。它们有别于普通和专业文献。

思考练习

一、简答题

1. 中国图书分类法的基本原理是什么？有什么意义？
2. 图书发展的科技基础是什么？其发展经历了哪几个阶段？
3. 当今世界图书出版业有什么特点？

4. 什么是期刊？期刊与杂志两个概念有什么关系？
5. 常见的期刊分类标准是什么？
6. 期刊为何得以产生？国际期刊产业化的表现是什么？
7. 我国期刊发展的趋势有哪些？
8. 综合信息参考源最重要的特性是什么？
9. 百科全书和类书的最根本的区别是什么？

二、综合分析题

1. 查出美国Academic：Press出版社出版的有关毒物学（rexicology）的期刊刊名、ISSN号、价格、刊次。
2. 查找治疗老年人心绞痛的药物的图书资料。
3. 查出移动机器人、数据挖掘、虹膜识别、人工智能主题（选一）的科技报告一篇。
4. 查出数字图书馆、信息安全、搜索引擎、智能交通主题（选一）的会议文献一篇。
5. 查出信息加工、计算机视觉、纳米材料、蓝牙技术主题（选一）的国内外学位论文一篇。
6. 通过哪些参考资料可以了解“防卫过当”的概念？
7. 怎样检索有关《中俄瑷珲条约》的内容？
8. 通过什么途径能了解苏轼的传记资料？
9. 要查询朱元璋建洪武年号之前用过什么年号，有哪些捷径？
10. 毛泽东诗《七律·答友人》中有“斑竹一枝千滴泪”的诗句，其中“斑竹”的来历应该怎样查找？
11. 古语“积土成山，风雨兴焉；积水成渊，蛟龙生焉”文句出自何处？
12. 广东界内出土了一件陶质犁田耙田模型，上面没有年代的标志，只知道墓砖碑文上有“永嘉四年庚午岁”字样，通过什么途径可以确定这件文物的准确年代？
13. 邓小平同志在20世纪80年代曾就《关于建国以来党的若干历史问题的决议》稿起草问题，提出了三条指导思想，哪些工具书可以找到具体的表述？

模块五

网络信息检索

学习目标

能力目标

1. 掌握网络信息资源的类型
2. 掌握网络信息检索工具的特点
3. 熟悉网络信息检索的特性

知识目标

1. 掌握网络信息资源的检索方法和途径
2. 掌握网络信息检索工具的构成
3. 掌握网络搜索引擎的检索技巧、检索方法

知识架构

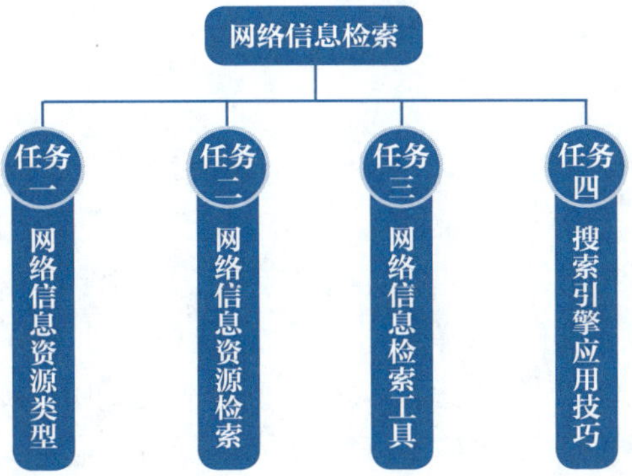

重点难点

- 网络信息资源的特点
- 网络信息资源检索的途径、方法
- 搜索引擎的检索技巧、检索方法

导入案例

网络战：未来第六代战争

当今，信息呈爆炸式增长，浩如烟海的信息的多样性、离散性与无序性及其复杂的检索界面和使用方法，增加了信息利用的难度，极大地影响了人们获取信息的质量与效率。信息是促进社会经济、科学技术以及人类生活向前发展的重要因素。一个国家的科技进步和社会发展越来越取决于对信息的开发与利用，谁能充分开发和有效地利用信息资源，谁就能抢占科学技术发展的制高点。一个国家是这样，一个人也是这样。谁能充分掌握时讯，把握住时代的脉搏，谁就能站在高点，对军事领域而言，尤为重要，新型的战争——网络战争的硝烟味道已经在东亚弥漫。

各国对网络空间的战略部署究竟意味着什么呢?《基于信息系统的网络作战》一书的作者、国防大学军事后勤与军事科技装备教研部教授李大光表示，由于具有无可比拟的辐射力和渗透力，网络必将成为世界各国军队建设的重要手段，成为塑造军队形象的主要手段和增强军队软实力的重要工具。

未来学家托尔勒预言，谁掌握了信息，控制了网络，谁就将拥有整个世界。网络作战的根本目的是通过对计算机网络信息处理层的破坏和保护，来降低敌方网络信息系统的使用效能，保护己方网络信息系统的正常运转，进而夺取和保持网络空间的控制权。

以计算机为核心的信息网络系统已经成为现代化军队的神经中枢，传感器网、指挥控制网、武器平台网等网络，将成为信息化战争的中心和重要依托。

任务一 网络信息资源类型

网络信息资源是指借助网络环境可以利用的各种信息资源的总和。

目前，全球约有数千万人在互联网上漫游、交流和工作，网上每24小时的信息流量达到万亿比特（计算机专业术语，是信息量单位，是由英文BIT音译而来。同时也是二进制数字中的位，信息量的度量单位，为信息量的最小单位）。可以说，互联网是世界上最具活力、前景广阔的信息资源来源。世界各地的信息利用者可以借助Telnet、Archie、Gopher、WWW等工具搜索和查询各种信息资源，包括政府、协会、研究机构、企业、高等院校等信息源发布的知识信息。

互联网信息资源浩如烟海，包罗万象，广泛分布在整个网络之中，没有统一的组织管理机构，也没有统一的目录。若从不同的角度进行划分和归类，可以分为不同的类型。

1. 按采用的传输协议分

（1）万维网信息资源

万维网信息资源（Word Wide Web，WWW或Web）指建立在超文本、超媒体技术基础上，集文本、图形、图像、声音、流媒体等为一体，并以直观的图形用户界面

（GUI）展现和提供信息的网络资源形式。WWW代表着互联网信息资源的主流，它使用简单，功能强大，自20世纪90年代问世以来发展极为迅速，它的超文本、超媒体特性使之在互联网信息存储和检索领域独占鳌头。

超文本（HyperText）：Web的操作依赖超文本作为它与用户相互连接的手段。超文本与常规文本相同，也可以被存储、检索、阅读和编辑，但它有一个重要特性，即超文本中含有与其他文件的链接，人们把这些链接点称为“锚”（Anchor），或称为参考点（Reference），它代表与另一个超文本文件的关联。例如在一个网页上，一个特定的参考点可以被表示为带下划线的文本，或者是一个图标，用鼠标单击它，则将切换到与它关联的文档界面。

超文本标记语言（HTML）：HTML是由CERN提出的WWW描述语言，它是由文本HTML命令组成的描述型文本，HTML命令可说明文字、图形、动画及声音、表格、链接等，可以连接Internet中相同或不同位置的另一种文本或媒体信息，用户通过浏览器读取HTML文本并得到相应的媒体表达效果。

超链接（HyperLink）：在超文本中，超媒体的“参考点”形成的链接叫超媒体链接，简称超链接，通过超链接，可以在网页上不断地选择感兴趣的问题，阅读其内容。

超文本传输协议（HyperText Transfer Protocol，HTTP）：HTTP是Web服务器和Web浏览器进行通信的语言，所有的Web服务器及Web浏览器都遵循这一协议，发送或接收超文本（超媒体）文件。Web服务器又称HTTP服务器。从某种意义上讲，WWW是HTTP服务器网络的集合体以及用HTTP可读写的全球信息的总体。

（2）Telnet信息资源

Telnet信息资源指借助远程登录、在网络通信协议的支持下，在远程计算机上登录，使自己的计算机暂时成为远程计算机的终端，进而可以实时访问、使用远程计算机中对外开放的资源，简言之，就是通过远程登录后，可以访问、共享远程系统中的资源。这些资源包括硬件资源，如超级计算机精密绘图仪、高速打印机、高档多媒体输入/输出设备等，也包括软件资源，如大型的计算机程序以及大型数据库等信息资源。

（3）FTP信息资源

FTP（File Transfer Protocol）是互联网使用的文件传输协议。通过FTP形式获得的信息资源主要有：一些书籍的电子版、电子期刊，某些政府机构发布的信息以及大量的免费软件和共享软件（可以先试用再注册缴纳一定的费用后获得软件的使用权），主要包括DOS、Windows、Macintosh、UNIX下的软件以及App1e、Novell及其他主要厂商产品的最新资料，涉及各类应用程序、汉字平台、文件压缩工具、代码转换工具、游戏软件、反病毒程序、通信软件等多种类型。

（4）用户服务组信息资源

网上各种各样的用户通信或服务组是互联网上最受欢迎的信息交流形式，包括新闻组（Usenet、NewsGroup）、邮件列表（Mailing List）、专题讨论组（Discussion Group）、兴趣组（Interest Group）等，虽名称各异，但都是由对一组基于某一特定主题有共同兴趣的网络用户组成的电子论坛，在这个论坛中所交流的文章即是一封封E-mail，因此其本质就是电子邮件功能的进一步扩展，使人们更便捷地进行多向交流。以上各种通信组形式所传递和交流的信息资源就构成了因特网上最流行的一种信息资源，内容主要包括某个学科领域的新闻、研究动向、最新成果发布、交谈、质疑解惑、讨论、评论等。它是一种最丰富、最自由、最具有开放性的资源，其信息交流的广泛性、直接性是其他类型信息资源所不能比拟的。

（5）对等传输信息资源

对等传输P2P（Peer to Peer或Point to Point）让人们通过互联网直接交互，可以直接连接到其他用户的计算机交换文件，而不是像过去那样连接到服务器去浏览与下载信息源，使得网络上的资源可以直接共享与交互，真正地消除中间商。P2P在下载的同时，自己的计算机还要继续作为主机上传，这种下载方式，人越多速度越快，其缺点是对硬盘损伤比较大，并且占用内存比较多，影响整机速度。最受欢迎的P2P软件有 Bit Torrent（BT）、eMule 等。

2．按网络信息资源加工深度分

一次信息资源：即原始信息，是指网络上出现的反映原始的科研、思想、过程、成果以及对原始信息进行分析、综合、评价、总结的信息资源，如科研网站、企业网站、电子期刊、电子图书、统计资料等。用户可以直接利用一次信息中的具体内容为自己服务。

二次信息资源：也就是检索指引。通过对网络上一次信息进行搜集、整理、加工，把大量的信息按主题或学科集中起来，形成相关信息的集合，向用户指明信息的产生和出处，帮助用户有效地利用一次信息，如目录搜索引擎的分类指南、学科网络信息资源导航、各类索引数据库等。

三次信息资源：指借助二次信息的帮助对大量的一次信息进行搜集、分析、加工、整理的信息资源，如网络上存在的大电子字典、词典等。

3．按发布范围分

正式出版物信息：也可称为商用信息资源，是指由正式出版机构或出版商发行的，受到一定知识产权保护、信息质量可靠、大多数必须购买才可使用的收费信息资源，包括各种网络数据库、大部分电子期刊、电子图书等，如我国用户使用较多的Elsevier、EBSCO等英文数据库以及万方数据库、维普数据库、中国期刊网等中文数据库，Apabi电子图书、超星电子图书等都属于收费的正式出版物。也有部分正式出版物不用付费就可以自由使用，如大部分的图书馆目录、部分电子报刊、开放存取资源等。

半正式出版物信息：又称灰色信息，是指受到一定的知识产权保护但没有纳入正式出版物系统的信息，完全面向用户免费使用，如各企业、政府机构和国际组织、学术团体、教育研究机构、行业协会等的各种网站所提供的尚未正式出版的信息。其他一些资源，如图书馆、教育机构、政府机关的一些特色资源（特色数据库、教学课件等），在一定的范围内分不同层次发行，不完全向用户开放，也属于半正 式出版物。

非正式出版信息：是指那些随意性强、流动性较大、质量和可信度难以保证的动态信息，不受任何的知识产权保护，如BBS、新闻组、网络论坛、电子邮件等方面的信息。

4．按主题分

网络资源按主题划分比较复杂，对具体信息的划分也没有统一的标准，因而不同网站对信息主题的划分各有自己的特点，但总体来讲大同小异，总结起来主要有以下几类。

新闻：互联网改变了人们获取新闻信息的方式，互联网在同一时间内向全世界传播最新发生的新闻。人们可以不受限制地获取世界上任何地区的新闻，各类门户网站和新闻网站是人们获取新闻的主要途径，如我国互联网的三大门户网站网易、新浪、搜狐，以及凤凰卫视、大洋网等众多新闻网站，均可以浏览国内/国际政治、体育、娱乐、财经、教育、军事等行业新闻。

政府信息：包括政府预算、政府资助项目、政府基金信息、各类政府公告、政府网站上有关标准、专利、统计资料、法律和知识产权等。

商业贸易和金融：商业信息是互联网上非常重要也非常庞大的网络信息资源，包括金融、股票、证券市场、贸易、房地产、商品广告、公司名录、天气预报等。

科学技术与教育：包括科学技术信息、数学、物理、化学、天文学、航天与航空、农业、生物学、医疗卫生、环境保护、地质科学、计算机科学等以及高校网站、教育机构、教育网站上的各类信息资源。

参考工具书和书目期刊索引：主要包括各类字典、词典、百科全书、年鉴、手册、名录、指南、索引等。

娱乐：包括音乐、明星、动漫、游戏、笑话、旅游等。

其他：如生活资讯等。

任务二 网络信息资源检索

随着互联网的发展，网上信息资源的数量、种类不断激增，如何在这浩瀚的信息海洋中快捷、准确地找出所需信息已成为一个突出的问题，于是网络检索工具应运而生。

在网络社会里，是否具有或具有多大的网络信息获取能力已经成为衡量人才的重要标准之一，掌握网络信息检索的理论和方法，不仅有利于目前的学习，更有利于今后的科学研究和事业的发展。

小资料

什么是网络信息检索?

网络信息检索一般指互联网检索，通过网络接口软件，用户可以在一终端查询各种网络信息资源。这一类检索系统都是基于互联网的分布式特点开发和应用的，即数据分布式存储，大量的数据可以分散存储在不同的服务器上；用户分布式检索，任何地方的终端用户都可以访问存储数据；数据分布式处理，任何数据都可以在网上的任何地方进行处理。

1. 网络信息资源的特点

与传统的信息资源相比，网络信息资源在数量、结构、分布和传播的范围、载体形态、内涵传递手段等方面主要显示出以下特点。

简单地说，网络信息资源相比传统的信息资源检索具有检索速度快、检索途径多、更新快、资源共享、检索更方便灵活、检索结果可以直接输出等显著的优点，这是因为网络信息资源检索具有与传统信息资源检索不同的特征。

（1）信息检索空间的拓展

网络信息的检索空间比传统的情报检索大大拓宽了，它可以检索互联网上的各种资源，检索者不必预先知道某种资源的具体地址，其检索范围覆盖了整个互联网，用户可以检索互联网上的所有领域、各种类成千上万台服务器和主机上的大量信息。

（2）交互式作业方式

所有的网络信息检索工具都具有交互式作业的特点，能够从用户命令中获取指令，即时响应用户的要求，执行相应的操作，并具有良好的信息反馈功能，实现了传统检索方法与全新网络检索技术的结合。用户可以在检索过程中及时地调整检索策略以获得良好的检索结果，并能就所遇到的问题获得检索帮助和指导。

（3）用户界面友好且操作方便

网络信息检索工具直接以用户为服务对象，一般都采用图形窗口界面，交互式作业，检索途径多，提供多种导航功能，可做书签标记，保留检索历史等。检索者无须具备专门的检索技巧和知识，只要在检索界面按一定的规则输入检索式或通过目录逐层寻找，就可获得检索结果。

（4）传统检索技术和网络检索技术的融合

网络信息检索技术既沿用了许多传统的检索方法和技术，又借助于网络信息技术的发展，采用了超文本（超媒体）、全文检索、智能检索等新的检索技术。但是这些新的检索技术在不同的检索工具中的实现方式存在很多的差异，需要用户在检索前详细了解其具体的检索规则。

（5）信息检索效率高

通过超链接技术，检索过程和信息的浏览过程都在同一界面内进行，用户只要简单地单击鼠标，即可以随意浏览和获得可以直接阅读和利用的Web页面文献全文。检索结果中不但有文字、图片，还可以有声音、动画、影视等形式的信息内容。

（6）信息冗余大

网络信息资源缺乏统一规范的管理和控制，动态性强，且目前的网络信息检索工具在信息收集、标引等方面存在一定的不足，信息检索过程会产生大量的无用甚至垃圾信息，信息检索的准确性、完整性和权威性难以保证。不过，随着数据挖掘、智能代理、自然语言检索等技术的发展以及在网络信息检索中的应用，网络信息资源检索的查全率将不断提高。

2．网络信息资源检索的方法和途径

网络信息资源的检索方法主要由以下几种。

（1）浏览

一般是指基于超文本文件结构的信息浏览，即用户在阅读超文本文档时，利用文档中的超链接从一个网页转向另一个相关网页，在其过程中发现信息的方法。这是在互联网上发现、检索信息的原始方法。这种方式的目的性不是很强，但具有一定的不可预见性和偶然性。

这种方式可以在很短时间内通过相关链接获得大量信息，但也可能在这些链接中偏离了检索目标，或迷失于网络所提供的链接，因此搜索的结果可能带有某种偶然性和片面性。

（2）利用搜索引擎进行信息检索

搜索引擎作为主要的网络信息资源检索工具，在网络信息检索中具有重要的地位。搜索引擎能提供给用户进行关键词、词组或自然语言检索的工具。用户提出检索要求，搜索引擎代替用户在数据库中进行检索，并将检索结果提供给用户。它一般具有布尔逻辑检索、词组检索、截词检索、字段检索等功能。

（3）网络免费数据库查询

利用网上的免费数据库进行查询。访问网络数据库是用户获取学术性信息的最有效方法，但大多数网络数据库是收费的，如读秀、万方数据知识服务平台、维普、中国知网等。当然，网上也存在着大量的免费数据库，在用户不愿为获取信息而支付费用时，可考虑使用这些免费数据库。

（4）利用论坛及网上问答互动平台获取信息

与上述几种方式不同的是，这种方式是一种被动的提问式获取信息的方法：由用户在平台提出问题，再由网络中其他用户提供答案。这种获取信息的方式具有以下特点：以自然语言表达用户的需求，目的明确，但不能即时获取结果；结果由其他用户提供，这些结果一般已经经过筛选，但不能保证其准确性。

任务三 网络信息检索工具

网络信息检索工具是指在互联网上提供信息检索服务的计算机系统，其检索的对象是存在于互联网信息空间中的各种类型的网络信息资源。网络信息资源类型不同，需要使用不同类型的网络信息检索工具实施检索。

1. 网络信息资源检索工具的构成

网络信息检索工具一般由信息采集子系统、数据库和检索代理软件3部分组成。

（1）信息采集子系统

网络信息检索工具的信息采集包括人工采集和自动采集，人工采集由专门信息人员跟踪，选择有价值的网络信息资源，并按一定的方式分类、组织、标引并组建索引数据库。自动采集是指通过采用一种称为Robot的网络自动跟踪索引程序来完成信息采集，由Robot在网络上检索文件并自动跟踪该文件的超文本结构，并循环检索被参照的所有文件。

不同的自动采集软件采用的标引、搜索策略不同，这对信息检索的质量有直接的影响。自动采集能够自动搜索、采集和标引网络中的众多站点和网页，保证了对网络信息资源跟踪和检索的有效性和及时性；而人工采集基于专业性的自愿选择和分析标引，保证了资源的采集质量和标引质量。目前，许多网络信息检索工具都采取自动和人工相结合的信息采集方法。

（2）数据库

信息采集子系统采集的标引的信息，通过数据库管理系统软件的组织，形成数据库，作为网络信息检索工具提供检索服务的基础。不同网络信息检索工具的数据库收录范围不一样，数据库收录网络信息资源的数量有很大差异，数据库中记录的网络信息资源内容也不相同。一般数据库中提供的网络资源内容有网站名称、关键词、网页URL、网页摘要、相关的超文本链接点等。由于数据库的规模和质量直接影响检索的效果，因此，需要对数据库数据进行及时更新和处理，以保证数据库能准确地反映网络信息资源的当前状况。

（3）检索代理软件

当用户提出检索要求时，由检索软件负责代理用户在数据库中进行检索，并对检索结果进行计算、评估、比较，按检索结果与检索要求的相关程度排序后提供给用户。不同的网络检索工具所采用的检索机制、算法有所不同，布尔逻辑检索是较为普遍采用的一种检索机制。

2．网络信息资源检索工具的工作原理

通过数据采集子系统的人工采集或自动跟踪索引程序来广泛收集网络信息资源数据，经过一系列的判断、选择、标引、加工、分类、组织等处理，利用数据库管理系统来组织并形成供检索使用的数据库，创建目录索引，并大多以Web页面的形式向用户提供有关的资源导航、目录索引及检索界面。

用户根据自己的检索要求，按照检索工具的语法要求构造检索提问并通过检索界面输入检索提问。检索软件对用户的检索提问进行识别和判断后，根据用户的检索提问，代理用户在数据库中检索，并对检索结果进行评估、比较和按相关度排序后提交给用户。

3．网络信息检索工具的类型

（1）按检索资源的类型分

1）非Web资源检索工具。它是以非Web资源（FTP、Gopher、Telnet、Usenet等）为检索对象的检索工具，如Archie、Veronica、WAIS等。随着Web这一网络资源“后起之秀”的出现，此类工具的作用有所削弱。

2）Web资源检索工具。所谓 Web 资源检索工具是指利用超文本（或超媒体）技术在互联网上建立的一种提供网上信息资源导航、检索服务的专门Web服务器或网站。由于目前以超文本技术建立起来的 Web已成为互联网信息资源的主流形式，且Web检索工具既以Web形式提供服务，又以Web资源为主要检索对象，检索范围还涉及其他网络资源形式（如 Usenet、Gopher、FTP 等），因此，Web资源检索工具已成为人们获取互联网信息资源的主要检索工具和手段，也几乎成了网络检索工具的代名词。

（2）按检索时所包括的检索工具数量分

1）独立搜索引擎。它拥有自己的索引数据库，提供基于自身索引库的查询，如Yahoo！、搜狐、Google等。它泛指网络上提供检索服务的工具或系统，即在互联网上或通过因特网响应用户的搜索请求，返回相应查询结果的信息技术和系统。独立搜索引擎使用自动索引软件来发现、收集并标引网页，建立数据库；以Web形式提供给用户一个检索界面，供用户输入检索的关键词、词组或短语等；代替用户在数据库中查找出与提问

匹配的记录，并返回结果且按相关度或时间排序输出。其特点是：由自动索引软件生成数据库，收录、加工信息的范围广，速度快，能及时向用户提供新增信息；检索时直接输入关键词或词组、短语，无须判断类目归属，比较方便。但由于标引过程缺乏人工干预，准确性较差，加之检索软件的智能化程度又不够高，导致检索误差较大，虽然一次检索输出的结果可能很多，但会包含许多重复、虚假的垃圾信息（即检索噪声较大）。另外，不同的独立搜索引擎有不同的检索项选择、检索界面，不同的句法要求和对符号、标识符的处理，因此，检索策略的构造和输入方式也会直接影响检索结果。一般来说，独立搜索引擎适合于检索特定的信息及较为专、深、具体或类属不明确的课题。

2）元搜索引擎。又称为集合式搜索引擎，它通过一个统一的用户界面帮助用户在多个搜索引擎中选择和利用合适的（甚至是同时利用若干个）搜索引擎来实现检索操作，是对分布于网络的多种检索工具的全局控制机制。它的出现主要是针对用户面对品牌多、五花八门的网络检索工具而产生的无所适从和疲于奔命。由于不同搜索引擎的数据库所覆盖的领域、资源类型、规模等均不同，检索方式也各具特色，对同一个检索提问，不同的搜索引擎会产生不同的检索结果。为了获得更加全面的信息，用户不得不将同一个检索课题在多个搜索引擎上一次次地进行检索，因此要面对不同的检索界面，一次次地重复输入提问式，还要对反馈回来的检索结果进行筛选，去重等，非常烦琐。元搜索引擎则是将多个搜索引擎集成在一起，并提供一个统一的检索界面，用户输入一个检索式（词）就可以同时检索多个搜索引擎。

（3）按索引方式分

1）目录型搜索引擎。主要采用人工或机器搜索信息，由人工对信息进行分类加工整理，建立分类导航或分类编排网站目录，提供分类检索的引擎，如搜狐。

2）全文型搜索引擎。又称索引型搜索引擎，由索引软件自动搜索信息，建立网页信息索引库提供全文检索，如百度、Google等。

任务四 搜索引擎应用技巧

搜索引擎泛指网络上以一定的策略收集信息、对信息进行组织和处理，并为用户提供信息检索服务的工具和系统，是网络资源检索工具的总称。

从使用者的角度看，搜索引擎为用户提供了一个查找互联网信息内容的接口，查找的信息内容包括网页、图片及其他类型的文档。

1．搜索引擎的结构及工作原理

（1）独立搜索引擎

独立搜索引擎是指通常意义上所说的搜索引擎，主要由以下四大模块构成，如图5-1所示。

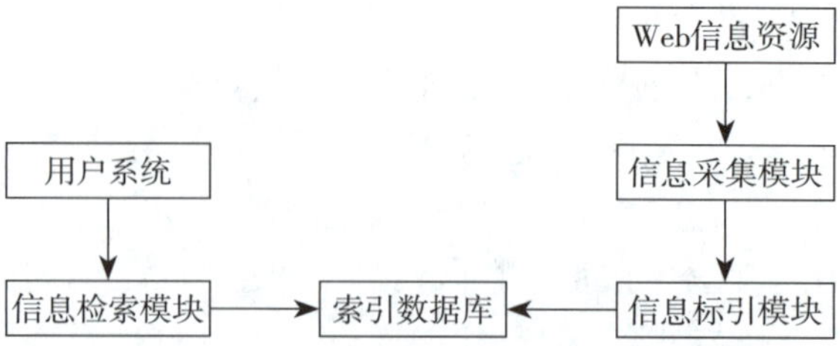

图 5-1 搜索引擎模块

独立搜索引擎实际上是一个包含大量Web站点参考信息的索引数据库，通过自动化的搜索器——如spiders（网络蜘蛛）、crawlers（网络爬行者）、Robots（网络机器人），每天在网络上自动搜索信息并建立索引，它的搜索引擎数据更新一般至少需要一个月。自动收集和建立索引，比起人工的主题目录指南，它可以索引更大数量的Web资源（大约每月可收集亿级网页）。其工作原理主要包括：信息采集与存储、建立信息索引以及创建检索界面。

1）信息的采集和存储。搜索引擎一般采用自动方式收集和存储信息，即运用“网络机器人”自动运行的软件，搜索引擎追寻万维网上的链接行径，找到Web页并将它们调出，并自动给该Web页上的某些字或者全部字做上索引，形成目标摘要格式文件后，再形成网络可访问的数据库。

2）信息索引的建立。信息采集和存储后，要建立索引查询系统，它是同数据库系统配套的子系统，决定索引时空比、布尔逻辑操作、表达式匹配、结构化和非结构化文件处理、词语匹配、匹配相关性排序等。建立信息索引就是创建文档信息的特征记录，使检索者能够快速地检索到所需信息。建立索引需进行的处理：信息语词切分和语词词法分析，进行词性标注及相关的自然语言处理，建立检索项索引。

3）检索界面的创建。搜索引擎检索界面接受检索者提交的查询请求（包括查询内容和逻辑关系），搜索引擎根据检索者所输入的关键词在其索引中查找，并寻找相应的Web地址。

（2）元搜索引擎

一个并行处理的元搜索引擎系统主要由三大功能部分组成：用户接口、查询代理和结果汇总，其基本结构如图5-2所示。

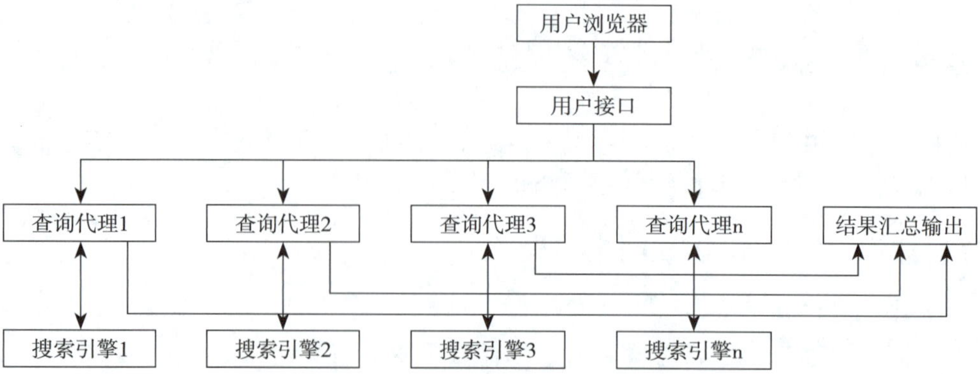

图 5-2 元搜索引擎构成

1）用户接口。用户接口是用户浏览器与元搜索引擎交互的界面，其主要任务是查询请求的分发，即根据用户输入的查询请求，分别生成适合于不同独立搜索引擎的特定请求，完成检索指令转换功能。

2）查询代理。查询代理负责元搜索引擎和相应的独立搜索引擎的交互，以获得用户需要的查询结果。对于并行工作的元搜索引擎，它连接的每一个成员搜索引擎都对应于一个查询代理。

3）结果汇总输出。它负责把各个查询代理获得的检索结果进行必要的调整，从中选择出最能满足用户需求的若干条目，并以标准页面的形式呈现给用户。

2．搜索引擎的应用技巧

搜索引擎可以帮助用户在Internet上找到特定的信息，但搜索结果往往会返回大量无用的信息，给搜索用户带来很多不便和麻烦。为了获取更精确的搜索结果，最大限度地避免无用搜索结果的干扰，可以学习和掌握下面一些常用的搜索技巧，将使得用户更快速、更精确地查找到所需要的精准信息。

（1）在类别中搜索

许多搜索引擎（如雅虎）都会显示类别，如果先选择一个类别后再使用搜索引擎，搜索引擎将不再搜索整个Internet而仅仅搜索当前类别，显然这种在指定类别下进行搜索所耗费的时间更少，而且能够避免搜索到大量无关的Web站点。

（2）使用具体的关键字

一般情况下，如果想要搜索以“雪”为主题的文学作品，需要在搜索引擎中输入关键字“雪”，但是搜索引擎会因此返回大量无关信息，如“雪中飞”羽绒服、雪肌润肤霜化妆品或者滑雪设备的厂商站点。为了避免出现这种问题，就应该使用更为具体的关键字，如“看雪”“踏雪寻梅”“雪中漫步”等。用户输入的关键字越具体，搜索引擎返回无关Web站点的可能性就越小。

（3）使用多个关键字

可以通过使用多个关键字来缩小搜索范围，以更大程度地避免无用信息的干扰。比如，如果想要搜索有关“辽宁大学计算中心”的信息，应该输入“辽宁大学”和“计算中心”两个关键字。如果只输入其中一个关键字，搜索引擎就会返回辽宁大学其他部门甚至辽宁大学篮球队的无关信息。一般而言，用户提供的关键字越多（多个关键字之间用加号连接），搜索引擎返回的结果将越精确。

（4）使用双引号（“”）

给要查询的关键词加上双引号（半角，在英文输入法下输入），可以实现精确的查询，这种方法要求查询结果要精确匹配，不包括演变形式。比如在搜索引擎的文字框中输入“电传”，它就会返回有“电传”这个关键字的网页，而不会返回诸如“电话传真”之类网页。

（5）使用加号（+）

在关键词的前面使用加号（半角，在英文输入法下输入），也就等于告诉搜索引擎该关键词必须出现在搜索结果中的网页上。比如，在搜索引擎中输入“+电脑+电话+传真”就表示要查找的内容必须要同时包含“电脑”“电话”“传真”这三个关键词。

（6）使用减号（-）

在关键词的前面使用减号（半角，在英文输入法下输入），也就意味着在查询结果中不能出现该关键词。比如，在搜索引擎中输入“电视台-中央电视台”，它就表示最后的查询结果中不能包含“中央电视台”。

（7）使用通配符

通配符包括星号（*）和问号（?）（半角，在英文输入法下输入），前者表示匹配多个字符，后者表示匹配单个字符，主要用在英文搜索引擎中。比如输入“computer*”，就可以找到“computer”这个单词。

3. 常用的搜索引擎

（1）百度

百度搜索引擎（http://www.baidu.com）是全球最大的中文搜索引擎，它提供网页快照、网页预览/预览全部网页、相关搜索词、错别字纠正提示、Flash搜索、信息快递搜索、百度搜霸、搜索援助中心等。

百度搜索引擎于1999年年底在美国硅谷由李彦宏和徐勇创建。致力于向人们提供“简单，可依赖”的信息获取方式。“百度”二字源于中国宋朝词人辛弃疾的《青玉案·元夕》诗句：“众里寻他千百度”，象征着对中文信息检索技术的执着追求，是目前国内最大的商业化全文搜索引擎。

百度搜索引擎由4部分组成：蜘蛛程序、监控程序、索引数据库、检索程序。

1）百度主要服务特色。

①网页搜索

作为全球最大的中文搜索引擎公司，百度一直致力于让网民更便捷地获取信息，找到所求。用户通过百度主页，可以瞬间找到相关的搜索结果，这些结果来自于百度超过数百亿的中文网页数据库，如图5-3所示。

②垂直搜索

秉承“用户体验至上”的理念，除网页搜索外，百度还提供音乐、图片、视频、地图等多样化的搜索服务，给用户提供更加完善的搜索体验，如图5-4所示。

③百度快照

全新的浏览方式，解决了因网络问题、网页服务器问题及病毒问题所导致无法浏览的问题，它的原理就是只加载网上的文字、图片和超链接。

④社区产品

信息获取的最快捷方式是人与人直接交流，为了让那些对同一个话题感兴趣的人们聚集在一起，方便地展开交流和互相帮助，百度贴吧、知道、百科、空间等围绕关键词服务的社区化产品也应运而生。

图 5–3　百度网页搜索

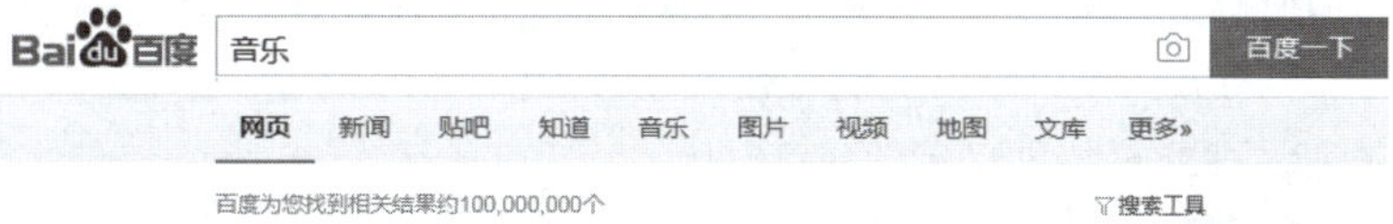

图 5–4　百度垂直搜索

⑤电子商务

百度有啊：2008年10月，百度旗下电子商务交易平台正式上线。基于百度独有的搜索技术和强大社区资源，百度有啊突破性实现了网络交易和网络社区的无缝结合，以打造完美满足用户期望的体验式服务为宗旨，为庞大的中国互联网电子商务用户提供更贴心、更诚信的专属服务。

百度团购导航：2011年6月，百度旗下hao123团购导航正式改版为百度团购导航。百度团购导航提供众多易用团购小工具，帮助用户管理商品收藏、购买历史、消费提醒等。此外，百度团购导航采用创新的多维度排序因子算法，能对团购商品进行合理、细致、智能、动态的排序并坚持商品不商业化。

乐酷天：2010年6月9日，百度与日本电子商务巨头乐天的合资公司宣布，启用“乐酷天”作为网上商城的品牌名称，正式开始招商。该网上商城提供“全部为优质正品”的商品。2010年10月19日，“乐酷天”正式上线，同时开放的还有“乐酷天”的拼音域名。

⑥搜索导航

包括网页、视频、MP3、地图、新闻、图片、词典。

⑦常用搜索

包括hao123、文档搜索、网站导航。

⑧移动互联

包括掌上百度、手机输入法、百度快搜、百度地图、网站与企业服务。

⑨搜索开放平台

包括站长平台、百度统计、百度联盟、百度推广、广告管家、数据研究中心、风云榜、百度指数、百度应用、购物和在线娱乐、百度有啊、百度游戏、娱乐、游戏大厅、百付宝、乐酷天。

2）百度使用技巧

①“ ”——精确匹配

如果输入的查询词很长，百度在经过分析后，给出的搜索结果中的查询词，可能是拆分的。如果你对这种情况不满意，可以尝试让百度不拆分查询词。给查询词加上双引号，就可以达到这种效果。如“上海大学”，搜索结果中的“上海大学”4个字就不会是分开的。

②（－）——消除无关性

逻辑“非”的操作，用于排除无关信息，有利于缩小查询范围。百度支持“－”功能，用于有目的地删除某些无关网页，语法是“A－B’。如要搜寻关于“武侠小说”，但不含“古龙”的资料，可使用“武侠小说－古龙”。注意，前一个关键词，和减号之间必须有空格，否则，减号会被当成连字符处理，而失去减号语法功能。减号和后一个关键词之间，有无空格均可。

③（｜）——并行搜索

逻辑“或”的操作，使用“A｜B”来搜索“或者包含关键词A，或者包含关键词B”的网页。使用同义词做关键词并在各关键词中使用“｜”运算符可提高检索的全面性。如“计算机｜电脑”搜索即可。

④intitle——把搜索范围限定在网页标题中

网页标题通常是对网页内容的归纳。把查询内容范围限定在网页标题中，就会得到和输入的关键字匹配度更高的检索结果。使用的方式，是把查询内容中特别关键的部分用“intitle：”领起来，如intitle：超级女声，注意“intitle：”和后面的关键词之间，不要有空格。

⑤《 》——精准匹配/电影或小说

书名号是百度独有的一个特殊查询语法。在其他搜索引擎中，书名号会被忽略，而在百度，中文书名号是可被查询的。加上书名号的查询词，有两层特殊功能：一是书名号会出现在搜索结果中；二是被书名号扩起来的内容，不会被拆分。书名号在某些情况下特别有效果，例如，查电影《手机》，如果不加书名号，很多情况下出来的是通信工具——手机，而加上书名号后，《手机》结果就都是关于电影方面的了，如图5-5所示。

⑥“文本方式”——查找论坛内容

论坛是个宝库，资源丰富，人才荟萃。交流的气息浓，在反复的讨论和回帖中，可以获得相对真实的信息。如“文本方式 可口可乐”“文本方式 超级女声”。

⑦利用后缀名来搜索电子书

网络资源丰富，有很多电子书。人们在提供电子书时，往往带上书的后缀名。因此，可以利用后缀名来搜索电子书。如：“明朝那些事儿.txt”。

⑧中英文混合搜索

想把某些汉语词句翻译成英语，可以中英文混合搜索。有一个经典例子，查找德语的“我爱你”。英语的知道，于是，可以混合搜索。例如，“I Love You德语 我爱你”，如图5-6所示。

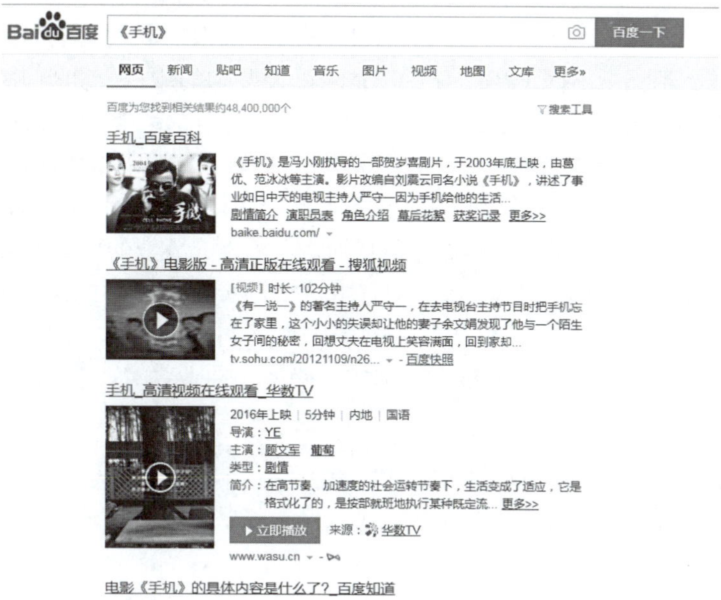

图 5–5　精准匹配《手机》电影

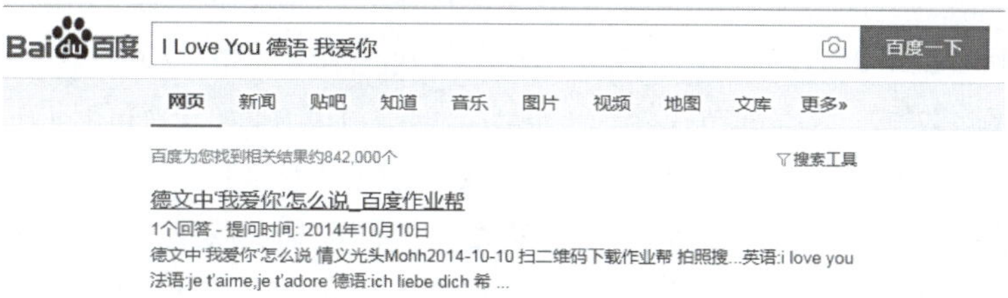

图 5–6　中英文混合搜索

⑨相关检索

如果你无法确定输入什么关键词才能找到满意的资料，百度相关检索可以帮助你。先输入一个简单词语搜索，然后，百度搜索引擎会提供“其他用户搜索过的相关搜索词”作为参考。点击任何一个相关搜索词，都能得到那个相关搜索词的搜索结果。

（2）Google雅虎

Google搜索引擎是由两名斯坦福大学的理学博士生拉里·佩奇和谢尔盖·布林在1996年建立的，他们开发了一个对网站之间的关系做精确分析的搜索引擎，此搜索引擎的精确度胜于当时使用的基本搜索技术。当时项目被称作BackRub，因为系统会检查backlinks（反向链接），以评估站点的重要性。Google搜索引擎以它简单，干净的页面设计和最有关的搜索结果赢得了互联网使用者的认可。搜索页面里的广告以关键字的形式出售给广告主。为了使页面设计不变而且快速，广告以文本的形式出现。

Google有四大功能模块：网站、图像、新闻组和目录服务。Google搜索速度快，网页数量在搜索引擎中名列前茅，支持多达132种语言，搜索结果准确率极高，具有独到的图片搜索功能和强大的新闻组搜索功能。

（3）搜狗

搜狗搜索引擎（http://www.sougou.com）是搜狐公司强力打造的第三代互动式搜索引擎。在抓取速度上，搜狗通过智能分析技术，对于不同网站、网页采取了差异化的抓取策略，充分地利用了带宽资源来抓取高时效性信息，确保互联网上的最新资讯能够在第一时间被用户检索到。在网页搜索3.0平台上，每天搜狗的服务器集群并行更新超过5亿的网页。在强大的更新能力下，用户不必再通过新闻搜索，就能获得最新的资讯。

此外，搜狗网页搜索3.0提供“按时间排序”功能，能够帮助用户更快地找到想要的信息。搜狗网页搜索3.0搜索结果排名采用业界广泛认可的首个网页评级体系（Sogou Rank），该评级体系依托搜狗百亿中文网页的储备，分析最全的中文互联网链接库，确保评级的客观公正。搜狗网页搜索3.0由于有了这个网页评级体系的保证，搜索结果能够做到更加精准。经过人工对于随机选取的上千个查询词进行测试，搜狗在导航型和信息事物型查询的表现，分别达到了94%和67%的准确率，在业内处于领先水平。

关键术语 网络信息检索技术；类型、资源、工具；搜索引擎应用技巧。

核心提示

网络信息检索一般指互联网检索，是通过网络接口软件，用户可以在一终端查询各地上网的信息资源。这一类检索系统都是基于互联网的分布式特点开发和应用的，即：数据分布式存储，大量的数据可以分散存储在不同的服务器上；用户分布式检索，任何地方的终端用户都可以访问存储数据；数据分布式处理，任何数据都可以在网上的任何地方进行处理。

网络信息检索与联机信息检索最根本的不同在于网络信息检索是基于客户机/服务器的网络支撑环境的，客户机和服务器是同等关系，而联机检索系统的主机和用户终端是主从关系。在客户机/服务器模式下，一个服务器可以被多个客户访问，一个客户也可以访问多个服务器。互联网就是该系统的典型，网上的主机既可以作为用户的主机，又可以作为信息源被其他终端访问。

思考练习

1. 什么是开放存取？
2. 网络信息资源检索常用的检索技术有哪些？
3. 网络参考信息有哪些类型？
4. 搜索引擎主要分几类，列举各代表性的搜索引擎。如果想及时知道有关搜索引擎的相关信息，如何进行搜索？
5. 查找有关百度的Flash动画文件。
6. 请搜索有关兰花的图片。
7. 有人对道德经非常感兴趣，如果想查找出道德经全文，如何查找？
8. 查找有关第三方支付的文章，但不想有PDF格式的文档的话，如何选择引擎并构筑表达式？
9. 对于英文引擎我们知道的比较少，但是我们知道很多英文引擎应该与谷歌比较类似。如果某同学利用Alta Vista引擎搜索到相关的英文网页，但是他英语水平有限，请问他该如何做？

模块六

图书馆资源检索

学习目标

能力目标

1. 熟悉图书馆服务类型
2. 了解图书馆资源
3. 掌握数字图书馆的发展

知识目标

1. 掌握图书馆资源利用方法
2. 熟悉数字图书馆的利用
3. 熟悉科技查新流程

知识架构

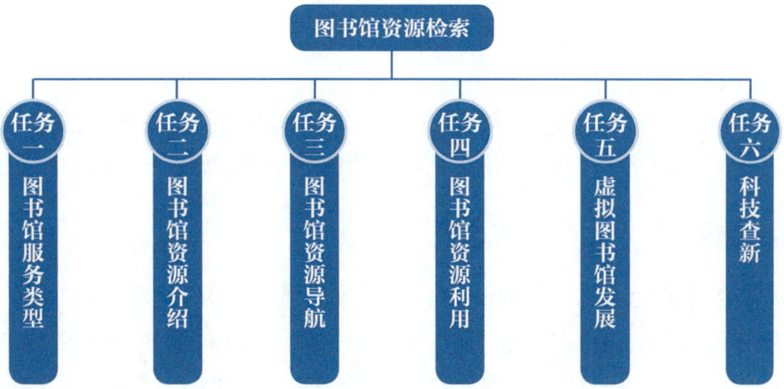

重点难点

- 图书馆资源导航
- 图书馆资源利用
- 科技查新流程

导入案例

文献借阅史查询

“老师，您好！我是06届轻化工程系高分子材料加工技术062班李苑霞。我之前在校读书时借阅过一本书，但我记不起来书名是什么，通过很多途径都找不到。我不记得以前的学号是多少，能否通过我现在提供的信息帮忙查下我的借阅信息以找到那本书？这本书现在对我很重要！盼得到您的回复！谢谢您！”

这是某位毕业的学生在图书馆留言板上要求工作人员为其查询在校时候借阅某本图书的一个留言，而这实际上是读者文献借阅史查询的问题。

读者文献借阅史查询，简单点说，就是查询读者在图书馆内借阅图书的历史。文献借阅史的查询可以分为两种情况，首先是借书证在用的读者，这类读者可以自己查询。以图书馆书目检索系统为例，只需要单击进入本馆主页上的“我的图书馆”一栏，输入读者证号、密码等，登录后在左上角会有菜单“现借文献”“借阅史查询”“财经查询”“借阅权限”等栏目，单击“借阅史查询”后，只要输入起止日期，就可以查询到所需要的时间内的文献借阅情况。另一种情况是借书证已取消的读者，就像上面这位李苑霞读者。这类读者的文献借阅史查询需要工作人员进入图书馆管理系统后台为其查询。读者可以提供以前的借书证号码给工作人员即可查询得到。当然，像上面的案例，在无借书证号的情况下，可以通过姓名查询，但是姓名并不具有唯一专指性，有可能出现重名的情况，必须结合其他的信息才能做出最后的选择。

任务一　图书馆服务类型

图书馆是一座知识宝殿，它收藏着古今中外多种学科、多种语言、多种载体的文献。为了使读者更好地了解图书馆的服务类型和内容，特做如下介绍。

1．文献流通服务

文献的流通服务是指图书馆根据读者的阅读要求，直接为读者提供馆藏文献的服务活动。

文献流通服务是图书馆的主要服务内容，是图书馆面向读者的主要窗口，流通服务质量的高低直接反映了图书馆的工作水平。一般来说，文献流通服务主要包括文献外借服务、文献阅览服务，馆际互借等几个方面。

（1）外借服务

外借服务是指图书馆将部分文献让读者借出馆外，满足他们馆外阅读的一种服务方式。

外借服务是图书馆的一项基本服务内容，也是图书馆最经常、最大量的服务工作，它是读者利用图书馆中各种文献的主要渠道，也是文献传播的主要窗口。

（2）文献阅览服务

阅览服务是图书馆的一项重要的服务内容，读者利用书刊资料进行学习和科学研究的重要形式。

大力开展阅览服务，可提高馆藏文献利用率；同时在阅览室中，读者还可以得到工作人员的辅导或其他形式的帮助。

（3）馆际互借

①馆际互借的意义

各图书馆由于自身性质、经费等限制，即使馆藏较为丰富，也很难收尽国内外的各种文献，很难满足读者多种多样的需求。因此，当读者特别需要某种文献，而本馆又未藏入时，可通过馆际互借办法互通有无，以充分满足读者的需求。

②馆际互借的方式

建立馆际互借关系的图书馆，都会共同协商互借文献的范围、办法等，制定出馆际互借规则。

2．参考咨询服务

（1）传统的参考咨询服务

图书馆的参考咨询服务始于19世纪晚期的美国，1876年美国参考工作之父缪尔·格林（Samuel Swett Green）发表了有关图书馆参考咨询服务的文章《图书馆与读者之间的人际关系》，首次提出了图书馆参考咨询服务理论，他在美国图书馆协会年会上的发言明确指出，图书馆应帮助读者学会如何利用图书馆。但在当时他的理论并没有被社会所接受。直到10年后，“参考咨询”一词才流行起来，Green的文章使“参考咨询服务”的概念广泛流传。

图书馆界认为，咨询馆员要发挥4个基本作用：教育读者如何使用图书馆；帮助读者查找资料，回答读者的疑问；提升图书馆在服务群体中的形象；指导读者如何利用图书馆。强调参考咨询服务维持了“图书馆和读者之间的个别联系”。

参考咨询是图书馆帮助读者检索文献和搜求信息的服务方式，图书馆参考咨询人员针对读者提出的疑难问题，利用参考工具、检索文献及有关书刊，帮助查寻或直接提供有关文献及文献知识、文献线索，通过个别解答的方式为读者服务。

参考咨询服务的类型按读者所提问题的性质可分为事实性咨询、方法性咨询与专题性咨询三种类型。

（2）新媒体下的参考咨询服务特色

在新媒体环境下，图书馆参考咨询服务呈现以下新特点。

①信息资源的电子化

传统的参考咨询信息源主要局限于各种馆藏文献，而网络环境则突破了“馆藏”的物理空间转向无围墙的全球性的“虚拟图书馆”，除了传统的文献信息源外，大多数图书馆还充分利用检索速度更快、更方便的馆藏电子工具书、书目信息数据库和其他光盘数据库、网络数据库，Internet不仅是世界最大的信息资源中心，而且所提供的现代化检索技术能以比手工检索快无数倍的速度提供信息资源。现代参考咨询服务的开展是以各种印刷型信息资源的数字化和电子信息资源的有效组织为基础的。

②服务对象的社会化

随着网络技术的发展，信息不再仅仅是技术研究人员的特殊需求，而是各行各业人员从事实际工作所必须掌握的东西，甚至还是每一个社会成员生活的必需品。参考咨询不再限于本馆读者，而是面向全社会，主动地为社会各界提供信息服务，参考咨询对象逐步社会化，政府机关、科研机构及企事业单位需要决策咨询服务，科研单位与研究人员需要科学咨询服务，公司、企业、商贸团体需要社会经济动态信息咨询，普通民众需要与其工作生活密切相关的信息咨询。

③服务职能的综合化

21世纪图书馆的参考咨询服务，既要搞好传统服务——解答读者在查找和利用文献信息过程中遇到的问题和疑难，又要开展多媒体资料阅读、网络信息传递、情报检索、情报编译、定题跟踪、回溯检索、课题查新、编制二三次文献及读者导读、用户培训，开设文献检索课，帮助用户建立自己的信息资源库，为用户信息上网提供咨询，协助用户建立自己的网页等多种服务。

④服务范围的远程化

网络环境下图书馆咨询服务向众多图书馆间、国际远程数字化合作发展。通过远程合作咨询服务将全球图书馆结为一个整体，整个图书馆网络间不仅文献信息资源可以共享，各图书馆咨询馆员的知识智慧、成功咨询案例、各类课题调研成果等均成为共享资源。信息咨询服务不再是以单个图书馆为中心，而是在大图书馆的整体运作下进行远程合作服务。

3．学科服务

随着信息化社会中知识概念的逐渐明晰，高校图书馆服务于读者已不仅仅依赖于先进的计算机网络技术和丰富的文献信息资源，不再过分强调“拥有”，而是更凸显专业化与学科特色服务，更多强调对资源的“获取”，图书馆服务观念了发生重大的转变。为适应社会的需求，学科馆员和图情教授的培养和聘用显得十分重要。

高校图书馆为了加强图书馆与各院系的联系，建立通畅的“需求”与“保障”渠道，帮助教师、学生充分利用图书馆的资源，开始建立学科馆员制度。

学科馆员的职责有：

主动与对口院系的教师和资料室联系，了解教师对书刊、电子资源的需求。

熟悉本馆以及国内外对口学科的文献信息源情况，掌握其使用方法。

负责试用、评价对口学科的电子资源，为教师有效利用这些资源提供技术支持。

及时通告图书馆的新资源、新服务，定期编写、更新相关学科的读者参考资料，包括利用图书馆的主体指南和新资源使用指南等。

适时开展问卷调查或召开座谈会，征求对口院系对图书馆资源建设和服务的意见与要求。

按学科进行电子资源的整合与链接，定期在网上发布新文献信息，负责收集、鉴别和整理相关学科的网络信息资源，并在图书馆主页上按学科大类建立学科网络导航。

开展定期自选服务和其他各类咨询服务，详细了解学术带头人、知名教授及博士点的科研课题，主攻一二个课题，主动为研究项目提供情报咨询。

不定期地为对口院系的教师、研究生提供利用图书馆的指导和培训，即提供图书资源的讲座，包括数据库介绍及使用培训等。

4．讲座、培训、展览、竞赛等读者活动服务

图书馆作为社会信息集散中心，为社会提供多种形式的信息服务，在信息影响方面

的地位是举足轻重的。讲座作为图书馆的读者服务形式之一，为广大听众提供了丰富的信息和资源，拓宽了信息获取的途径和渠道。

图书馆开展一系列讲座、培训等活动有如下几个方面作用。

（1）指导读者利用图书馆

帮助读者了解图书馆的性质、职能、任务和发展状况，介绍图书馆藏书资源的范围、重点、布局结构及其使用方法，介绍本馆的服务机构分布、服务手段、设施、借阅规则、程序、手段方法等。

（2）指导读者利用图书馆目录

帮助读者了解图书馆设有哪几种读者目录、各种目录的作用及反映藏书范围，介绍目录卡片的著录事项、索书号的组成及其组织方法，目录组织体系说明、分类目录、字顺目录的组织体系及检索使用方法，说明本馆采用分类法的分类体系、大类类目表、标记符号及特殊分类规则、字顺目录排列取字方法与查找方法，以及填写借书单的方法和要求。

（3）指导读者利用参考检索工具

各种专业的目录、文摘、题录、索引，是教学科研人员掌握文献资料线索、查找文献资料的一把钥匙，掌握了它的使用方法，就能迅速、准确地查到与自己课题有关的文献资料。掌握中外文工具书，可以有效地提高学习与工作效率；掌握科技文献检索工具，能使科技人员在短时间内，迅速、准确地查找到自己研究课题所需的文献资料线索等。

（4）指导读者阅读图书

阅读指导是图书馆对读者的阅读目的、内容和方法给予积极影响的教育活动，目的在于提高读者的阅读能力和阅读效率。指导读者阅读图书，包括两层含义：一是对读者阅读内容的指导；二是对读者阅读方法的指导。要引导读者掌握正确的学习与阅读方法，如在什么情况下采取浏览法阅读、什么学科应采取精读法，以养成良好的自学习惯，提高学习效率和自学的效果。

（5）指导读者利用图书馆数字资源

随着网络的日益普及，数字资源在馆藏资源中所占的比重越来越大，指导读者学会使用图书馆各种中外文数字资源是每个图书馆义不容辞的任务，也是网络环境对图书馆提出的要求。

5. 定题服务

定题服务又称“跟踪服务”或“对口服务”，简称SDI服务（即Selective Dissemination of Information Service），是图书馆根据经济建设、科学研究和教育教学的实际需要，选定有关重点研究课题或亟待解决的关键问题为目标，利用文献信息的检索系统，连续为用户提供及时、高效、准确、全面、权威的文献信息，以最大限度满足用户文献信息需求的全程性服务。

定题服务是图书馆文献信息服务的主要方式，从本质上属于参考咨询服务的范畴。

6. 科技查新

科技查新是图书馆信息服务的重要业务工作，关于此方面的内容，将在以下有关章节中具体讲解。

7. 竞争情报

竞争情报简称CI，即Competitive Intelligence，也有人称为BI，即Business Intelligence，是指关于竞争环境、竞争对手和竞争策略的信息和研究，包括对竞争信息的收集和分析以及由此形成的情报和策略。

竞争情报也是图书馆开展情报服务的一种类型。图书馆有天然的资源优势为政府、企业、学者提供竞争情报。美国和新加坡图书馆一直为国家和地区的发展而开展竞争情报研究服务，具有代表性的图书馆竞争情报服务部门如美国国会图书馆的国会研究服务部和新加坡的国家图书馆管理局、上海图书馆等。

8. 政府信息公开服务

公共图书馆服务与政府信息公开有着天然的联系。联合国教科文组织在《公共图书馆宣言》中提出：公共图书馆作为人类寻求知识的渠道，为个人和社会全体进行终身教育、自主决策和文化发展提供基本条件。其所列举的公共图书馆服务12项核心使命就包括“保证市民获得各种社区信息”“为地方企业、社团群体提供充足的信息服务”。

2008年5月1日《中华人民共和国政府信息公开条例》正式实施，条例明确规定了公共图书馆作为政府信息发布渠道之一的职责。

《中华人民共和国政府信息公开条例》第16条规定：从政机关应及时向国家档案馆、公共图书馆设置政府信息查阅场所，并配备相应的设施、设备，为公民、法人或者其他组织获取政府信息提供便利。

这些条例的规定和实施，标志着公共图书馆被纳入我国政府信息公开体系，成为政府信息公开体系的“新元素”，彰显了公共图书馆在政府信息公开中的重要地位和作用。

公共图书馆政府信息公开服务的具体内容包括以下几个方面。

（1）整合政府公开信息

公共图书馆要进行政府信息公开服务，首先就是要广泛收集政府公开信息，其次是合理组织政府公开信息，最后是为用户提供不同版本和不同载体的政府公开信息，以便用户查询和使用。

（2）推送政府公开信息

公共图书馆的政府公开信息服务，不应是简单的陈列和被查询，公共图书馆应充分利用自身优势，主动将政府公开信息推送给用户，特别是在边远、农村地区更应如此。公共图书馆的开放程度、流通人次、服务范围更是行政机关和档案馆所不能及的。

（3）培训用户信息技能

图书馆可以对用户进行培训，帮助用户掌握检索信息、定位文献、辨别有用信息和虚假信息等技能，使更多的公民能有效享用政府信息公开服务。

（4）协助用户获取政府公开信息

如果用户所需要的政府信息不属于政府“主动公开”的范围，图书馆也没有保存这些信息，那么公共图书馆可以帮助用户向政府部门提出某信息的查阅利用申请服务，如果该信息属于依法可以公开的，有关部门应提供查阅利用。图书馆馆员可以给用户提供一些参考目录或是信息指南，以帮助他们能够针对具体的主题进行检索或提出申请。

对公共图书馆的政府信息服务平台的了解，可以帮助用户对图书馆政府信息公开服务更进一步地认识。例如，广州市越秀区政府信息公开服务系统（http://xxgk.yuexiu.gov.cn/），如图6–1所示。

图 6–1 越秀区政府信息公开服务系统

中国政府公开信息整合服务平台以各级政府网站的政府公开信息为整合对象，通过自动采集，将各级政府公开信息采集到本地平台，整合了国务院各部委，全国各省、自治区、直辖市等政府的公开信息，建立了政府公开信息、政府公报、政府机构等专题资源库；针对不同形式的政府文件建构了资源描述体系，利用统一的元数据框架，对政府信息资源内容、外部特征及关联关系进行充分注释、挖掘和揭示，为公众查询政府公开信息提供了便利。

小资料

世界读书日

世界读书日全称为世界图书与版权日，又称“世界图书日”。最初的创意来自于国际出版商协会。1995年11月15日正式确定每年4月23日为“世界图书与版权日”，设立目的是推动更多的人去阅读和写作，希望所有人都能尊重和感谢为人类文明做出过巨大贡献的文学、文化、科学、思想大师们，保护知识产权。每年的这一天，世界一百多个国家都会举办各种各样的庆祝和图书宣传活动。

任务二 图书馆资源介绍

图书馆是信息资源建设与服务中心，是实现知识自由平等免费获取的社会保障机构，承担着文献信息收集、保存、整理、传递、开发的社会职能。随着信息技术的快速发展，图书馆的信息资源结构不断发生着变化。

目前，图书馆处在传统信息资源与数字信息资源并存的时代，数字资源在图书馆中所占的比例逐渐上升。传统信息资源是信息资源建设的基础，数字信息资源是传统信息资源的补充和深化，两者共同构成了图书馆的信息资源保障体系，是图书馆提供信息服务的资源基础。

1. 传统信息资源

即以文献为载体的信息资源。文献，就其本质来说就是将信息知识内容，以某种形式的符号记载在一定的物质载体上，通过一定的方式进行制作，最后以一定形态呈现出来的物质实体。

传统信息资源根据其载体、出版形式及级次可做如下划分。

（1）按文献载体的形式划分

①刻写型。刻写型文献是指印刷术尚未发明之前的古代文献和当今尚未付印的手写记录，以及正式付印前的草稿。例如，古代的甲骨文、棉帛文、竹木文及现今的会议录、手稿等。

小资料

什么是甲骨文?

甲骨文是中国已经发现的古代文学中时代最早、体系较为完整的文字。甲骨文主要指殷墟甲骨文，又称“殷墟文字”“殷契”，是殷商时代刻在龟甲兽骨上的文字。19世纪末年在殷代都城遗址今河南安阳小屯被发现，继承了陶文的造字方法，是中国商代后期（公元前14—11世纪）王室用于占卜记事而刻（或写）在龟甲和兽骨上的文字。

②印刷型。印刷型文献是指印刷术发明以后，以纸张为存储载体，通过油印、铅印、胶印、复印等手段，将文字固化在纸张上所形成的文献。例如，图书、期刊、报纸等。其优点是便于传递和阅读，并且阅读时无须借助任何技术设备。但是它体积大、存储密度低，所占的存储空间很大，很难实现自动化管理和服务。

按照出版形式，印刷型文献还可区分为以下类型。

a. 图书：图书的内容特征是主题突出，知识内容完整、系统和成熟，多是著者长期的积累。

小资料

何为工具书?

工具书是一种具有特定的编排体例和检索方式。供人们释疑解难、查考特定资料的文献参考系统，它包括字典、词典、百科全书、手册、年鉴、书目、表语、索引、图录、图谱等，其中以词典为最多，用途最广，具有查考性、易检性、概括性、权威性和稳定性等特征。

b．连续出版物：连续出版物是指印刷或非印刷形式的出版物，具有统一的题名、定期或不定期以连续分册形式出版，有卷期或年月标志，并且计划无限期地连续出版。

c．期刊：一般是指具有固定名称、版式和连续的编号，定期或不定期出版的连续性出版物。

d．特种文献：特种文献是一种介于图书与期刊之间的似书非书、似刊非刊的文献资料。

（2）微缩型文献信息资源

微缩型文献信息资源主要是指微缩资料，它是利用光学记录技术，将印刷型文献的影像缩小记录在感光材料上制成的文献复制品。微缩资料按其外形可分为微缩胶片、微缩胶卷、缩微卡片。按透光性可分为透明体和不透明体。

微缩资料的主要优点：一是体积小，重量轻，信息存储量大。一般微缩倍率为1/20～1/40，超微缩倍率为1/150～1/200，在存储相同资料的情况下，微缩资料比纸质文献节省空间98%，减轻重量95%；二是复制性能好，可缩小，可放大，不走样，不变形，易于转换成其他形式文献；三是成本相对低廉，仅为印刷品的1/15～1/20。微缩资料的主要缺点是使用不方便，必须借助阅读放大机才能阅读，阅读效果不如印刷品，保存与使用条件严格，设备费用投资较大。

（3）视听型文献信息资源

视听型文献信息资源主要指视听资料，又称声像文献。它是以电磁材料为载体，以电磁波为信息符号，将声音、文字及图像记录下来的一种动态型文献。它的特点是动静交替、声情并茂、形象逼真，可以提高人们对信息知识的理解、吸收和记忆能力。

视听资料按人的感官接受方式可分为3种类型：视觉资料，包括照相底片、摄影胶卷、幻灯片、无声录像带、无声影片、传真照片等；听觉资料，包括唱片、录音带等各种发声记录资料；音像资料，能同时显像发声的记录资料，如有声影片、电视片、配音录像带等。

小资料

什么是蓝光?

蓝光（Blu-ray）或称蓝光盘（Blu-ray Disc，BD），利用波长较短（405nm）的蓝色激光读取和写入数据，并因此得名。传统DVD需要光头发出红色激光（波长为650nm）

来读取或写入数据。通常来说，波长越短的激光，能够在单位面积上记录或读取的信息就越多，因此，蓝光极大地提高了光盘的存储容量。对于光存储产品来说，蓝光提供了一个跳跃式发展的机会，也是目前光盘存储技术的发展趋势。到目前为止，蓝光是最先进的大容量光碟格式，容量达到25GB或50GB（DVD一般只为5~10GB），在速度上，蓝光的单倍1×速率为36Mbps，即4.5Mb/s，允许1×~12×倍速的记录速度，及每秒4.5~54Mb/s的记录速度。

2. 数字信息资源

数字信息资源是指以数字化的形式，将文字、图像、声音、动画等多种形式的信息存储在光、磁等非纸质载体上，以光信号、电信号的形式传输，并通过计算机和其他外部设备再现出来的信息资源。

随着计算机网络技术的发展，数字化信息资源又可进一步区分为网络信息资源和单机信息资源。

3. 网络信息资源

网络信息资源是指通过计算机网络可以利用的各种信息资源的总和。从信息资源建设的角度出发，网络信息资源不是一个物理概念，也不是独立存在的实体，而是一个跨国家、跨地区的信息空间，一个网络信息资源库。

网络信息资源类型的划分标准很多，依照不同的标准可将网络信息资源划分成不同的类型。

比较有代表性的划分方法如下。

按使用形式划分，可将网络信息资源划分为联机检索信息资源和互联网信息资源两种类型。

按所对应的非网络信息资源划分，可将网络信息资源分为联机公共目录、电子书刊、参考工具书、数据库、其他类型的信息。

①联机公共目录。在互联网中，图书馆目录发展成为OPAC（Online Public Access Catalogue），用户通过图书馆的OPAC就可以查询世界各地的大学图书馆、公共图书馆和专业图书馆的馆藏资源。

小资料

什么是OPAC？

全称为Online Public Access Catalogue，在图书馆学上称为“联机公共目录查询系统”，读者可以利用互联网实现图书的查询和借阅。原来的电子书目用“TELNET”作为技术支持，但是已不能满足现今图书馆联盟间书目进行汇总的需求。现在的网上书目多以地区性的图书馆加以汇总，能使读者的查询结果覆盖更大范围的图书馆。例如，位于德国的卡尔斯鲁厄工业大学三图书馆建立的OPAC汇总了德国境内的12个网上书目（12个书目又是各个州的汇总书目）、奥地利和瑞士德语区的书籍，还提供世界上一些重要图书馆的书目，如大英图书馆、美国国会图书馆和几个不同语种国家的图书书目。所以读者可以通过“卡尔斯鲁厄网上书目”查到几乎全德乃至全世界范围内图书馆的图书。

②电子书刊。它指完全在网络环境下编辑、出版、传播的书刊，包括电子书籍、电子期刊、电子报纸。

③参考工具书。许多传统的、现代的参考工具书都已进入互联网，如《大不列颠百科全书》《牛津大辞典》等。

④数据库。数据库作为高质量的学术、商业、政府和新闻信息的重要来源，成为网络信息资源的主体。在网络环境下，用户可以直接联机检索有关数据库，快捷而方便。

⑤其他类型的信息。除了上述几种类型的信息之外，电子邮件、电子公告、新闻组、用户组也成为信息交流的重要渠道，并成为网络信息资源的重要组成部分。

按信息的制度化程度划分，可将网络信息资源分为非正式出版物、半正式出版物、正式出版物。

①非正式出版物。例如电子邮件、专题讨论小组和论坛、电子会议、电子布告板新闻等。

②半正式出版物。即各种“灰色”信息，如各种学术团体、教育机构、企业和商业部门、国际组织和政府机构、行业协会等在网上发布，在正式出版物上无法得到的信息。

③正式出版物。通过互联网，用户可以查询到各种数据库、联机杂志、电子杂志、电子版工具书、报纸、专利信息等。

按信息存取方式划分，可将网络信息资源分为检索型信息资源、邮件型信息资源、揭示型信息资源、广播型信息资源、电话型信息资源。

①检索型信息资源。它指用于检索网络信息资源的检索工具，包括联机在线书目检索和搜索引擎等。

②邮件型信息资源。它指信息服务机构根据用户的需求采用电子邮件和电子邮件群体服务（Mailing List）的方式进行传递的信息资源。

③揭示型信息资源。它是以不特定的大多数网络用户为对象的非即时的信息传递方式所产生的信息资源，如网络新闻和匿名文件传输（FTP）等。

④广播型信息资源。它指在网络上向特定的利用者即时提供图像和声音信息的传播方式所产生的信息资源。

⑤电话型信息资源。它指以某些特定的个人和群体为对象即时传递的信息，如网络参考咨询、会话（Talk）等。

4. 单机信息资源

单机信息资源是指通过计算机存储和阅读，但不能在网络上传输的数字化信息资源，人们常称为机读资料。它与网络信息资源的区别就在于其存储的空间范围。随着计算机存储设备容量的不断扩大及计算机网络技术的不断发展，计算机间的透明访问越来越多，这两类信息资源的差别也就越来越小。单机信息资源按其存储载体可分为磁带、磁盘、光盘等类型，其中磁盘和光盘是最主要的单机信息资源类型。

任务三 图书馆资源导航

在网络普及、数字资源蓬勃兴起的今天，网上图书馆的使用对读者来说非常重要，图书馆网站是一个非常重要的传播媒介，起到介绍本馆情况，报道动态，促进文献交流和科技创新，传播先进文化的作用，其中图书馆网站最主要的一个功能就是实现图书馆资源导航。

1. 服务指南

图书馆网站上一般都会有关于本馆的相关资料，内容包括对图书馆的历史沿革、图书馆概况、组织机构、规章制度、馆舍风貌、馆藏布局等的基本介绍。读者可以通过网站对该图书馆进行最基本的了解，同时可以学习该馆的一些规章制度，了解其馆藏具体的分布情况，为以后更好地利用该图书馆做好充分的准备。网上图书馆提供的这些服务指南不仅方便了读者，同时也为图书馆节省了很多人力、物力。

图6–2所示为上海图书馆提供的读者指南，上面有交通线路、开馆时间、办证须知等内容。读者单击各个栏目可进入了解具体的情况。

图 6–2　上海图书馆读者指南

2．查询功能

为读者提供查询功能是网上图书馆基本的内容之一，各个图书馆不仅在自己的网站上为读者提供传统的馆藏资源的检索，包括馆藏目录、纸质图书和期刊等，同时还包含了对数字资源，如数据库、电子期刊、多媒体资源、电子书刊等的检索，一些网站建设完善的图书馆，更是为读者提供了更为详细的分数据库查询功能。例如“地方文献”查询、“专利/标准”查询、“特色文献”查询、“学位论文”查询等。

各大图书馆网站提供的检索界面，除了有基本的馆藏资源检索之外，还力求突出本馆的一些特色资源检索，以求更好地为读者提供更完善的服务。

3．导航功能

图书馆网站根据自身建立的数字资源，建立了强大的资源导航系统，方便读者更为快速地查找所需的资料。图6–3所示为清华大学数据库导航系统。

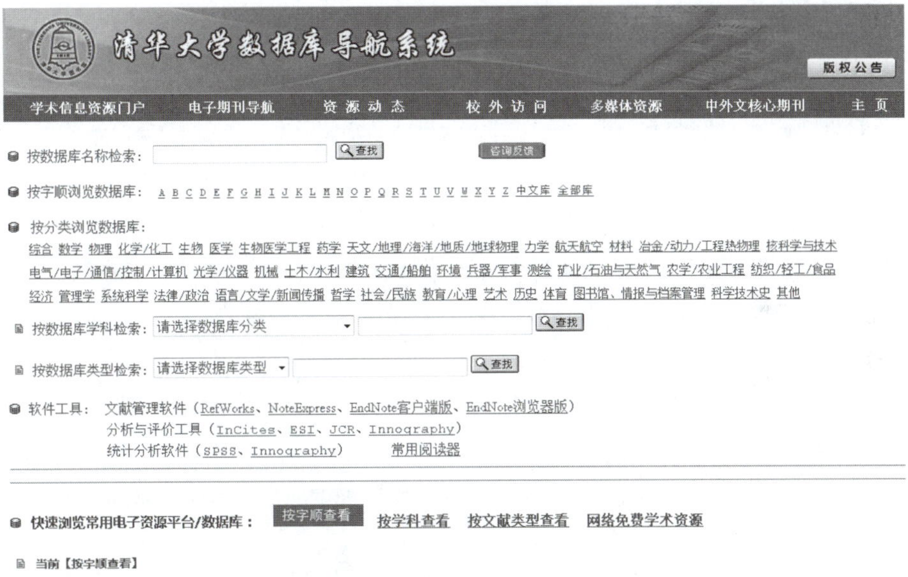

图 6–3 清华大学数据库导航系统

4．特色资源导航

公共图书馆根据区域特征建立自己的特色数据库，高校图书馆根据学校发展及学科、专业特色建立数据库，这些数据库也会在图书馆网站展示出来，以便读者进一步利用。图6–4所示为清华大学图书馆特色馆藏，图6–5所示为上海图书馆特色馆藏导航页面。

图 6–4 清华大学图书馆特色馆藏

图 6–5 上海图书馆特色馆藏导航

读者可以通过资源列表获得特色资源的详细信息。

5．资源导航服务及站点导航

资源导航服务是参考咨询的重要组成部分，这部分内容包括新书通报、书目推荐、文献述评等。读者可以从这里了解到图书馆新到图书、馆内推荐图书或者读者借阅排行榜等方面的内容。上海图书馆“中文新书”页面如图6–6所示。

单击图书封面会显示图书的基本信息，如著者、出版社、内容简介等。

图6–7所示为上海图书馆借阅排行榜。借阅排行榜不仅有月度榜单、少儿图书馆借阅榜单，还有年度热门作者榜单、年度排名上升榜单、年度图书分类榜单、少儿图书馆借阅榜单。每个榜单又根据“中图法”大类做了简单的分类，对读者的图书借阅极具指导意义。

除了阅读榜单这类阅读指导之外，图书馆还在网站上做书目推荐、图书点评等，帮助读者更好地选择与利用资源。

图 6–6　上海图书馆“中文新书”

月榜-2017年5月　更多...

#	书名	借阅次数
1	琅琊榜 专著	329
2	欢乐颂 专著 = Ode to...	303
3	平凡的世界	223
4	盛世医妃 专著	192
5	锦绣江山之溺宠皇妃 ...	177
6	倾世医后 专著	176
7	天下之将门庶女 专著 ...	173
8	第一世子妃 专著	170
9	鹿鼎记	169
10	天赐良缘 专著	169

年榜-2016年　更多...

#	书名	借阅次数
1	琅琊榜 专著	3068
2	平凡的世界	2547
3	假凤惊鸾 专著	2499
4	摄政王妃 专著	2429
5	天龙八部	2367
6	第一世子妃 专著	2324
7	第一世子妃，终结篇 ...	2219
8	盛世良缘 专著	2202
9	盛世风华 专著	2173
10	射雕英雄传	2164

少儿月榜-2017年5月　更多...

#	书名	借阅次数
1	查理九世，不死国的...	205
2	查理九世，青铜棺的...	197
3	查理九世，法老王之...	195
4	查理九世，恶灵栖息...	194
5	查理九世，幽灵列车	190
6	查理九世，恐怖的巫...	188
7	查理九世，鬼公主的...	186
8	查理九世，冥府之船	185
9	笑猫日记，小白的选...	178
10	月亮冰激凌 专著	178

少儿年榜-2016年　更多...

#	书名	借阅次数
1	查理九世，不死国的...	3106
2	查理九世，恶灵栖息...	3061
3	查理九世，幽灵列车	3057
4	查理九世，鬼公主的...	3051
5	查理九世，法老王之...	3009
6	查理九世，黑贝街的...	2995
7	查理九世，白骨森林	2902

作者热榜-2016年　更多...

#	作者	借阅次数
1	杨红樱	142165
2	伍美珍	120442
3	沈石溪	90358
4	曹文轩	62641
5	古龙	46573
6	雷欧幻像	45793
7	金庸	45510

销售榜-2017年5月　更多...

#	书名	作者
1	中国共产党章程 关于...	中国方正出...
2	人民的名义	周梅森
3	一百个孩子的中国梦(...	董宏猷
4	建设工程经济(2017年...	全国一级建...
5	上海城区交通图(2017)	上海市测绘...
6	钢琴考级曲集(2016版)...	黄际 戴高...
7	新华字典 第11版 双色...	中国社会科...

图 6–7　上海图书馆借阅排行榜

任务四 图书馆资源利用

任务二中介绍了图书馆两种资源类型：传统信息资源和数字信息资源，因此，图书馆资源利用即在于如何更好地利用这两种资源，使之更有效地服务于读者。本节将主要介绍如何利用图书馆传统信息资源，特别是传统印刷型资源。

1. 传统印刷型资源利用

（1）纸质图书借阅

纸质图书借阅是读者利用图书传统印刷型资源的主要方式之一，指图书馆允许有借阅权限的读者，凭借书证到图书馆借书处办理借阅手续，获得所需文献的利用方式。主要有以下几种类型。

①图书外借。读者可以凭该图书馆的本人借书证，到借书处借阅所需文献资料。

②预约借书。预约借书是读者通过网上或者凭借书证在借书处工作人员的帮助下，对某种已经全部外借出去的文献，进行预约登记，约定在有关文献还回后借阅此种文献的方式。

③馆际互借。馆际互借就是对本馆没有的文献，在本馆读者需要时，根据馆际互借制度、协议、办法和收费标准，向外馆借入。反之，在外馆向本馆提出馆际互借请求时，借出本馆拥有的文献，满足外馆的文献借阅需求。表面上看它是馆与馆之间相互借书，实质上是一个馆代替它的读者向另一个馆借书。它是图书流通工作的深入和扩展，也是图书文献资源共享的一种传统方式。

（2）馆藏目录查询

目前图书馆的查检多通过机读目录（Online Public Access Catalogue，OPAC）的方式进行。OPAC是指图书馆将自己馆藏的书目记录装载在计算机网络的快速存取设备中，使用用户能通过计算机网络联机检索到整个图书馆的书目数据。联机目录实际上包括联机馆藏目录和联机联合目录两种。

馆藏目录通常只包括某一个图书馆的书目信息，联合目录则是把几个或更多的图书馆的馆藏书目信息集中在一起，利用统一的检索界面，显示各个图书馆的馆藏信息。OPAC检索方式通常灵活多样，如除了可以通过著者姓名、题名、关键词、索书号等途径外，还可以进行限制性检索、组配布尔逻辑检索等。更重要的是通过计算机网络，用户可以在图书馆以外的许多地方获取馆藏文献信息。

中国国家图书馆联机公共目录查询系统界面如图6-8所示。

小资料

什么是国家图书馆?

国家建立的负责收集和保存本国出版物，担负国家总书库职能的图书馆。国家图书馆一般除收藏本国出版物外，还收藏大量的外国出版物（包括有关本国的外文文献），负责编制国家书目和联合目录。国家图书馆是一个国家图书馆事业的推动者，是面向全国的中心图书馆，既是全国的藏书中心、馆际互借中心、国际书刊交换中心，也是全国的书目和图书馆学研究中心。我们的国家图书馆全称为中国国家图书馆（National Library of China），位于北京市海淀区白石桥南长河畔，紫竹院公园旁，其前身是于1909年9月9日始建的京师图书馆，1998年12月12日改为现名。

图 6–8　中国国家图书馆联机公共目录查询系统

通常机读目录都采用菜单方式提供检索途径。用户要做的就是根据系统所提示的项目，输入要查找的书名（或其他检索方式对应的检索词），计算机则在书目数据中寻找和输入与书名一致或相互匹配的图书。

遵循以下3个步骤，即可很快掌握机读目录检索的使用方法，找到自己所需的图书。

①根据需求确定检索途径。了解机读目录可以提供的检索途径，每种检索途径的含义是什么，掌握这些信息后，要根据自己的需求确定最恰当的检索途径。

题名、责任者、主题词、分类号、国际标准书号/刊号、索取号、丛书号是机读目录普遍提供的主要检索点。著者通常包括图书的个人著者、编者，有时还包括团体著者和会议名称。输入个人著者姓名时，要注意先输入姓后再输入名。题名包括书名、丛书名。从主题词途径进行检索需要输入规范的主题词，而且输入的主题词必须和系统中使用的主题词一致。

②通过运算符号确定检索需求。了解机读目录可以提供哪些运算符号以使用户生成自己的检索策略，以及提供哪些限定检索结果的方法，设法运用检索策略表达自己的检索需求。

大多数机读目录支持进行布尔逻辑运算。布尔逻辑运算是计算机数据库检索中经常使用的一种方法，它通过布尔逻辑算符“与（and）”“或（or）”“非（not）”，限定各检索词之间的关系，以提高检索的准确性并避免漏检。使用“与（and）”运算，意味着同时包括“and”前后两个检索词的书目记录才是满足检索条件的。此外，有些系统还提供截词符、位置符等其他有助于限定检索结果的符号，或提供出版年份、文献类型等限定条件，进一步使检索结果符合用户需求。

③充分利用屏幕、在线帮助信息。机读目录通常都有很好的人机界面，提供行之有效的在线帮助信息。在检索中，尤其是在初次使用一个不熟悉的机读目录时或在使用中遇到问题时，应该首先寻找和仔细阅读在线帮助信息。

（3）馆藏呈现方式

在查询完机读目录获取所需图书的索书号后，就需要去图书馆书架上寻找图书。目前，一体化的大开放格局已经成为图书馆主流，开架式服务也成为图书馆界的共识，读者要在大开放的格局中最快地找到所需图书，熟悉图书馆馆藏排架与展示方式就成为读者利用图书馆印刷型资源的重要技能之一。

图书馆馆藏的排架方式多种多样，归纳起来主要有两大类：一类是按照馆藏文献的内容特征进行排架，主要包括分类排架法和专题排架法，其中分类排架法使用较为广泛；第二类是按照馆藏的形式进行排架，即按照馆藏文献的外部特征进行排架，包括字顺排架法、文献序号或登录号排架法、文种排架法、年代排架法、地区排架法。以下介绍几种图书馆常用的排架方法。

①分类排架法：以藏书内容所属的学科门类为依据，按图书分类法的类号顺序排架的方法。分类排架法是目前采用最多的一种排架法。具体排架方法是先以分类号顺序排，同类书（分类号完全相同）再以次号（种次号、著者号等）区分。

②专题排架法：是将文献内容划分为几个或几十个专题，然后按这些专题将文献组织起来的方法。其优点是具有较大的灵活性，便于对口服务。一般图书情报部门都把其作为辅助排架方法。例如，法律文献书库、中国历史书库、遗书特藏书库等。

③年代排架法：是按书刊出版的年月顺序排列藏书的方法，通常与其他排架法配合使用，主要用来排列过期的报纸杂志。例如，1949年以前出版的文献书库，1949年以后出版的文献书库等。

④语种排架法：即按文献的语言规律排序，同年代再以出版单位或分类排列。例如，中文图书库、外文图书库、中文期刊库、外文期刊库、少数民族语言书库等，外文书库又可进一步细分为西文书库、俄文书库、日文书库等。

了解了几种常用的排架方法之后，再来介绍国内图书馆最常用，也是最具有普遍性的排架方法——分类排架法。分类排架法按照图书的分类排架号为序排列，分类排架号又称为分类索书号，是表示文献在分类收藏中的位置的号码，是图书馆排列文献的依据，也是文献借阅时，读者索取文献及馆员归架的依据。一个完整的分类索书号通常又由分类号、书次号（著者号或种次号）、辅助号（如年、卷、册、版本号等）3部分组成。先按分类号顺序排列，分类号相同，再按书次号排列，接着按辅助号排列，一直区分到各类文献的不同品种。

小资料

图书是如何分类的?

图书分类的主要特点是按学科、专业属性集中，并从知识分类的角度揭示各种图书在内容上的区别和联系，提供从学科分类查找图书的途径。在进行图书分类时，需要有一定的依据，这个依据就是图书分类法。图书分类法是按照一定的思想观念，以科学分类为基础，结合图书资料的内容和形式特征进行分类的方法。现在我国各类图书馆普遍使用的是中国图书馆图书分类法（简称“中图法”)。另外一些国外著名的分类法有：杜威十进分类法、美国国会图书分类法等。

分类排架法主要分为两种：分类种次号排架法、分类著者号排架法。

分类种次号排架法：索书号的第一排号码是分类号；第二排号码是在每类中，按文献到馆的先后顺序取号。分类种次号的优点是取号比较简单，号码简短，便于排架；缺点是同一著者的不同著作或先后出版的多卷书，难以集中排列在一起。

例如，工具书《多功能英汉词典》在广东轻工职业技术学院图书馆南海校区的索书号为H316/155/N。其中H316为该书的分类号，155为该书的种次号。N只是代表一种校区代码，用于区分不同校区的图书归属，不属于索书号的一部分，但也是图书排架的重要内容。

分类著者号排架法：索书号的第一排号码是分类号，第二排号码是将著者的姓名按照一定的方法编成号码。分类著者号的优点是能将同一著者的不同著作，同一文献的不同版本以及多卷书等都集中排列在一起；缺点是号码构成相对复杂，不便排架。

例如，季羡林散文集《二月兰》的索书号为I267/J247。其中I267为该书的分类号；J247为该书的著者号。

（4）阅览

图书馆的印刷型资源按用途或使用方式不同可分为外借文献、阅览文献、参考文献、保存文献等。因此，对于不能外借的文献，利用图书馆的空间和设施，在馆内进行各种阅读活动，成为对这些印刷型资源的主要利用方式。当前藏、借、阅一体化模式在图书馆已得到广泛的应用，即阅览室和书库不再严格分隔，而是融为一体，但按照不同方式划分为不同类型。

按照馆藏文献类型分为图书阅览室、期刊阅览室、报纸阅览室、善本阅览室、样本书库阅览室等。

按照学科可分为社科图书阅览室、科技图书阅览室、社科期刊阅览室、科技期刊阅览室、外文图书阅览室等。

按照对象分为普通阅览室、专门阅览室和参考研究室等。

读者可以结合图书馆的不同类型划分和自身的不同需求到不同的阅览室进行阅览。

2. 数字资源利用

数字资源利用包括网上图书的使用和数字图书馆的介绍，网上图书馆的使用已经在任务三介绍，数字图书馆的介绍这部分将放在任务五中详细介绍。

任务五 虚拟图书馆发展

作为现代化图书馆发展的一个方向，数字图书馆近年来得到了快速发展。

20世纪60年代，计算机在图书馆的应用为图书馆进入自动化阶段揭开序幕。以计算机、通信以及网络为核心的现代信息技术开始全面渗透到图书馆领域，将图书馆推向自动化阶段。而在20世纪70—80年代，计算机与通信相结合，又促进了图书馆联机系统和网络化的发展，一批联机编目网络和一些商业性联机检索系统相继出现，并进一步在各馆之间建立起互联网络。到20世纪80年代末和20世纪90年代初，得益于计算机技术、通信技术、网络技术、高密度存储技术、多媒体技术等高新技术的高速发展，图书馆自动化开始进入高级发展阶段，向着高度自动化、电子化、网络化、虚拟化的深度和广度进军。自进入20世纪90年代以来，伴随着互联网的建立、普及及应用，在全球建设信息高速公路热潮的直接带动下，数字图书馆的这一概念逐步得到社会的认可，并成为当今的热门话题。

1．数字图书馆的概念、特点与功能

（1）数字图书馆的概念

数字图书馆（Digital Library，DL）也被称为电子图书馆、虚拟图书馆、无墙图书馆，它应用计算机技术、网络通信、多媒体等现代信息技术使图书馆所有载体的馆藏实现数字化，方便、高效地为读者提供大量信息交流，并为用户提供有效网络服务，它是理想的现代图书馆的模型。

图书馆所有载体的信息几乎都能以数字化形式获得，并通过网络组织读者访问外界数字图书馆和文献信息数据库系统，如电子杂志、多媒体资料，以及用计算机系统管理图书、期刊等借阅服务。

一个完整意义上的数字图书馆应该具有以下特征：

①采用计算机和数据库技术进行文献资源管理和检索。

②馆藏文献不仅包括文本文献，而且包括各种多媒体形式的文献。

③在分布式网络环境中以信息库的形式存在。

（2）数字图书馆的技术特点

①高性能的计算机管理系统。使用计算机管理各种文献资源，用数字化的信息技术提供网上服务。

②新型的存储技术。采用先进的数字化存储技术，如大容量数据库服务器、Web服务器、光盘阵列存储、超文本技术等，建立分布式的大型文献信息库及检索系统。信息存储的主要形式是将各种载体纸质文献变成数字化信息，这为压缩存储空间、改进组织形式、提高检索速度、方便用户远程检索、加速更新升级、降低维护费用等奠定了基础。

③便捷的联网检索。可以通过各种电子通信手段，特别是可以通过网络连接各种信息服务中心和数字图书馆，包括各种分散的地区、国家和国际的信息数据库系统。

④以读者为主的服务模式。通过计算机网络系统，读者不必亲自到图书馆查阅资料，只要在办公室或家里的终端前，就可以对远程的数据库进行联机浏览、检索。当读者在使用过程中遇到问题时，图书馆工作人员可以通过网络向用户提供多形式、方便灵活的服务，充分体现出图书馆与用户之间的密切的合作性和交流性，使信息共享的程度大为提高。

（3）数字图书馆的功能

①各种载体文献的数字化。这里所说的载体文献包括图书、资料、文献、杂志等各种印刷型文献（含古籍、珍本、善本）、地图、缩微资料、视听资料、影视资料等。

②数据的存储和管理。数字图书馆大多采用客户端—服务器的管理模式，客户端、图书馆服务器和信息对象服务器构成信息传递的核心结构。图书馆服务器主要管理数据库的目录、索引和查询，而对象服务器用于管理数字化的实体对象，当对象数据到达客户端时就实现了图书馆对象数据的传达。

③信息检索服务。随着互联网的发展，现已出现网上的全文检索软件，用户可按自然语言方式输入查询命令，系统将自动抽取关键词，进行概念匹配，进而与文件的索引信息进行相似性比较，并按相似性的高低列出查询结果。

④数字化资源的传送。多媒体信息网为数字图书馆提供了良好的传输环境，近年来光缆的发展与普及使传输率可达1Gbps，是数字化多媒体信息的最理想的传输介质。

2. 数字图书馆的应用实例

目前，全国已有许多数字图书馆投入使用。数字图书馆建立的最大受益群体就是广大的读者，因此，如何利用好数字图书馆是每个读者需要加强学习的。

（1）超星数字图书馆

超星数字图书馆被誉为全球最大的中文数字图书网，由北京时代超星信息技术发展有限公司与中山图书馆合作研究开发，是国家“863”计划中国数字图书馆示范工程，2000年1月正式开通，目前是世界上最大的中文在线数字图书馆。

超星数字图书馆资源丰富，范围广泛，收录了社会科学和自然科学各个门类的中文图书一百余万种，并且拥有新书精品库、独家专业图书资料等，其采用图书资料数字化技术PDG格式和专门设计的SSReader超星阅读器软件，对PDG格式数字图书进行阅览、下载、打印、版权保护和下载计费。用户在使用之前必须下载并安装SSReader阅读器软件。图6–9所示为超星读书首页。

（2）其他中、外数字图书系统介绍

①书生之家数字图书馆

书生之家数字图书馆由北京书生科技有限公司创办，其数字图书馆网站“书生之家”是一个基于互联网的全球性中文书刊网上开架交易平台，2000年4月正式提供服务。下设中华图书网、中华期刊网、中华报纸网、中华CD网等子网，集成了图书、期刊、报纸、论文、CD等各种出版物的书目信息、内容提要、精彩篇章、全文等内容。下设的中华图书网主要收录1999年后出版的新书，其收录量是每年中国出版新书品种的一半以上，数量可观，学科门类齐全。书生之家数字图书馆目前以镜像服务为主，使用各项功能前，用户要以“Guest”作为用户名和密码登录，并下载安装“书生阅读器”软件，就可以浏览到2000年以来出版的相关类目下的所有书目信息和当月出版的新书信息。其检索功能包括分类检索、单项检索、高级检索等，提供图书名称、出版机构、作者、丛书名称、ISBN、主题和提要7种检索途径。

图6-9 超星读书首页

②方正Apabi数字图书馆

方正Apabi（Aim for paperless Application by Internet）数字图书馆是由北京大学方正公司开发的网上数字图书馆系统，创办于1992年，是制作和提供电子新书的专业网站，网址是http://www.apabi.com。方正Apabi数字图书馆收录了全国400多家出版社8万种最新中文电子图书馆，涵盖了社会科学、哲学、宗教、历史、经济管理、文学、数学、化学、地理、生物、医学、工程、机械等多种学科。其采用的Apabi Reader阅读器，集电子图书阅读、下载、收藏等功能于一身，可以阅读CEB、PDF、HTML或XEB格式的电子图书和文件。

方正Apabi数字图书馆为读者提供方便的网络借阅服务，有分类检索、快速查询、高级检索等功能，提供书名、责任者、主题/关键词、摘要、出版社、年份和全面检索等字段。

③中国数字图书馆

中国数字图书馆由中国数字图书馆有限公司于2000年9月创办，是国家级数字资源系统工程，网址是http://www.d-libray.com.cn。中国数字图书馆拥有大量的、覆盖各个学科的电子图书，内容涉及军事、文学、艺术、法律、科技、教育等20多个领域。它依托中国国家图书馆丰富的馆藏资源，进行了数字化加工工作，现已有10000册精选的中文图书，近2000册西方经典著作及古籍图书馆的全部藏书。中国数字图书馆设立会员机制，只有注册获得会员资格的读者，才能够浏览网站的数字资源，享受其个性化的服务及其不断推出的增值服务。读者可以通过目录导航方式单击分类目录直接查找所需图书，还可以进行数字图书的高级搜索，以及使用中国数字图书馆设立的专题资料库、书海导航、出版社、书店等栏目服务。

④天方有声图书馆

由北京天方金码科技发展有限公司开发，是一座汇集古今中外文学的"有声图书馆"，内容囊括了古典文学、现代文学、外国文学、儿童文学、历史评书、探案悬疑、科幻文学近20个大类，现有篇目近5万部，其中所有文学作品都是原声播音，并配有背景音乐。天方有声图书馆一改传统图书静态阅读模式，使读者能够一边欣赏文章一边聆听朗诵，堪称视觉与听觉的双重享受。天方有声图书馆提供简单的分类导航和内容搜索两种检索方式，读者可以根据需要选择合适的方式进行检索。

3. 国内外图书馆网址及相关信息

（1）国外数字图书馆相关资源站点举例

英国国家图书馆http://www.bl.uk/。

（2）国内数字图书馆相关资源站点

①中国国家图书馆http://www.nlc.gov.cn/

②上海图书馆http://www.library.sh.cn/

③辽宁省图书馆http://www.lnlib.com/

④广东省立中山图书馆http://www.zslib.com

⑤清华大学图书馆http://www.lib.tsinghua.edu.cn/

⑥北京大学图书馆http://62.105.138.207/

⑦北京大学医学图书馆http://library.bjmu.edu.cn

⑧复旦大学图书馆http://www.library.fudan.edu.cn/

⑨上海交通大学图书馆http://www.lib.sjtu.edu.cn/

⑩华中师范大学图书馆http://lib.ccnu.edu.cn/

⑪武汉大学图书馆http://www.lib.whu.edu.cn/web/default.asp

⑫华中科技大学图书馆http://www.lib.hust.edu.cn/

⑬浙江大学图书馆http://libweb.zju.edu.cn/libweb/

⑭万方数据资源http://www.wanfangdata.com.cn/

⑮中国期刊网http://www.cnki.net/

4. 移动数字图书馆

2003年6月，"后数字图书馆的未来"研讨会提出了"后数字图书馆"，定位于提供"泛知识环境"，旨在创建一个人类共用的知识环境，提供无所不在、触手可及的移动信息服务。这为移动图书馆的蓬勃发展提供了广阔的空间。

移动图书馆，是数字图书馆电子信息服务的延伸与补充。随着阅读e时代的到来，移动图书馆服务有了新内涵，它不再局限于对图书信息的查询、预约、续借等服务，移动阅读、参考咨询、信息推送等新形式的出现也将为用户带来更加快捷、畅通的移动信息服务。

（1）移动图书馆的内涵

移动图书馆翻译为“Mobile Library”，原指“汽车图书馆”。但在移动设备逐渐普及后，移动图书馆逐渐从实体的流动图书馆发展成为将电子书、有声书等数字资源下载到手机等可持续移动设备上进行阅读和使用的一种方式。但随着无线网络的发展，利用手机等移动终端设备，以无线方式接收图书馆服务的服务模式逐渐成为移动图书馆新的业务服务模式，手机突破了之前仅仅作为资源载体的功能，成为用户与图书馆之间进行信息与资源交互的工具，对移动图书馆的内涵也有了更新更准确的诠释。

目前，移动图书馆是指所有通过智能手机、Kindle、IPad、MP3/MP4、PSP等移动终端设备（手持设备）访问图书馆资源和业务查询的一种服务方式。它是移动通信技术和图书馆融合的产物，不仅将图书馆原有服务和功能移植到移动互联网上，而且对其进行了一定的扩展和延伸，可以说是另一种形式的数字图书馆。

（2）移动图书馆的特点

顾名思义，移动图书馆有着移动性特点，且由于技术的发展和其依附于图书馆的丰富资源和服务体系，因此还具有实时性与主动性的特点。

①移动性。这是移动图书馆最显著的标志特征。

②便携性。由于它的终端载体体积小、重量轻，因而具有便携性特点。

③丰富性。移动图书馆如同一个缩小的掌上数字图书馆，具有丰富的信息资源。

④实时性。移动图书馆利用无线通信技术将无线通信网络和图书馆完美结合，移动图书服务平台可以随时随地地将传统图书馆的服务提供给读者，任何人在任何时间任何地点都可通过终端获得图书馆的信息与服务。

⑤主动性。移动图书馆用户具有更大的自主性和随意性，体现了图书馆服务由被动服务向个性化主动服务的转型。

（3）我国移动图书馆的主要服务内容

目前，我国移动图书馆的服务内容局限在图书事务管理、读者信息管理、公共信息管理、馆藏信息管理等方面。

①图书事务管理，如借阅查询、图书（证）挂失、图书预约、到期提醒等。

②读者信息管理，如注册信息认证、留言反馈、用户管理等。

③馆藏信息管理，如书目查询、数据库检索等。

除了这些基本的信息服务外，个别图书馆还实现了个性化服务，如重庆大学手机图书馆除了手机短信服务外，还增加了书评系统，并整合了BBS、BLOG等具有高校特色的移动服务；上海图书馆提供的移动服务包含了其他图书馆没有涉及的阅读器外借、二维码、手机电子书等服务，并实现了手机版的“我的图书馆”；北京图书馆的3G移动图书馆实现了电子资源的统一检索和全文阅读；国家图书馆已经建立了一个相对庞大的资源库，可为读者提供十余种报纸和一千余种图书资源。

（4）我国移动图书馆的主要服务模式

我国移动图书馆的服务模式基本采用短信服务、彩信服务、微信、App和WAP站点服务五种模式。

短信服务模式对软、硬件要求低，读者只要有具有短信收发功能的手机便可享受此项服务。该模式具有及时、快捷、便宜、客户端要求低等优点，能覆盖较大的用户群，但由于格式简单、字数有限，无法实现复杂的数据库查新，只能实现一些简单的通知提醒功能。WAP网站服务模式则对技术和终端要求稍高，如需手机内置WAP浏览器等，但目前主流的手机都具备这些必备的软、硬件配置。这种模式的系统结构灵活，协议开放，实现方式多样，因此图书馆采用WWW网站可以提供比短信方式更为丰富与强大的服务功能，如书目数据库查询等。其缺点是WAP模式因手机不同，采取的WML标准与HTML不兼容，使得WAP网站功能的实现与以HTML为核心的Web网站相比有较大的差距，同时，WWW服务模式的资费也较高。App指第三方应用程序，需要图书馆发布App客户端，供读者在移动设备中安装，然后图书馆通过该App提供信息服务。微信服务模式是可以集合短信、彩信、网站的多种优点，同时具有灵活开放、功能强大、多语种支持、多平台支持、建设成本低等优点。

移动图书馆在国内的发展与应用，延伸了传统图书馆的服务模式，为信息社会下高节奏生活的人们提供了一份利用短暂的闲暇时间进行阅读与利用图书馆的灵活选择。它正在朝着服务模式多元化、服务内容多样化、操作界面友好化的方向发展。同时，我国移动图书馆的发展同国外相比还有较大的差距，在未来还有较大的发展空间。移动图书馆必将成为我国图书馆的重要服务方式，基于移动图书馆的移动阅读也将成为全民获取知识、提高素质的一种重要阅读方式。

小资料

什么是电子阅读器?

电子阅读器是专门用于显示书籍、杂志、报纸和其他印刷品来源的书面材料的数字版本的便携式、低能耗、高分辨率的设备。某些电子阅读器也提供类似博客、网站、新闻推送等这些电子文档的访问。在大多数情况下，拥有其他主要功能的设备，如上网本和手机也被作为电子阅读器使用。在这里，“电子阅读器”这个术语指的是专门为了显示文本而设计的设备。大多数的电子阅读器采用被称为“电子墨水”的技术来提供黑白可调整大小的文本显示方式而不是液晶屏幕显示方式，它们允许用户在单个的设备上存储书库，做批注，在文本上划重点和设置书签。

任务六 科技查新

随着科学技术的不断发展，学科分类越来越细，信息源于不同的载体已成为普遍现象，这给获取信息带来了一定的难度。有关研究表明，技术人员查阅文献所花的时间，约占其工作量的50%。若通过专业查新人员查新，则可以大量节省科研人员查阅文献的时间。查新机构一般具有丰富的信息资源和完善的计算机检索系统，能提供从一次文献到二次文献的全面服务，可检索科技、经济、商业等资料的数据库，内容涉及各种学术会议和期刊的论文、技术报告、学位论文、政府出版物、科技图书、专利、标准和规范、报纸、通告等，保证信息的回溯性和时效性，基本能满足科研工作的信息需求。

1．科技查新知识

（1）科技查新

科技查新（简称查新）是指具有查新业务资质的查新机构根据查新委托人提供的需要查证其新颖性的科学技术内容，按照《科技查新规范》进行操作，并做出关于检索结果的查新结论。查新结论也称查新报告。

科技查新内容包括：

①科研课题立项查新。

②科研成果鉴定查新。

③新产品立项查新。

④新产品鉴定查新。

⑤科技成果、发明奖励查新。

⑥专利申请查新、项目引进查新。

⑦各级成果的鉴定、验收、评估、转化查新。

⑧技术引进查新。

（2）科技成果

科技成果是指在科学技术研究、开发、试验和应用推广等方面取得的收获。科技成果包括研究课题结束取得的最后结果，还包括研究课题过程中取得的可以独立应用或具有一定学术意义的阶段性成果。一般来说，科技成果可分为基础理论成果、应用技术成果和软科学成果。

基础理论成果是指探索自然界各种物质形态及其运动规律，揭示各种自然现象之间的联系而取得的具有一定学术意义的科学理论成果。

应用技术成果是指为提高生产力水平而进行的科学研究、技术开发、后续试验和应用推广中所产生的具有实用价值的新技术、新产品等。

软科学成果是指在促进科技与经济、社会协调中，对战略、政策、规划、评价、预测、情报、科技决策、科技立法、科技管理，及其他有关管理科学等进行研究所获得的成果。

科技成果具有以下基本特征：

①新颖性与先进性。没有新的创见、新的技术特点或与已有的同类科技成果相比较为先进之处，不能作为新科技成果。

②实用性与重复性。实用性包括：符合科学规律；具有实施条件；满足社会需要。重复性是可以被他人重复使用或进行验证的。

③应具有独立、完整的内容和存在形式，如新产品、新工艺、新材料以及科技报告等。

④应通过一定形式予以确认，如专利审查、专家鉴定、检测、评估等。

（3）科技查新与文献检索及专家评审的区别

文献检索是针对具体课题的需要，仅提供文献线索和原文，对课题不进行分析和评价。专家评审主要是依据专家本人的专业知识、实践经验，对事物的综合分析能力以及所了解的专业信息，对被评对象的创造性、先进性、新颖性、实用性等做出评价。评审专家的作用是一般科技情报人员无法替代的，但具有一定程度的主观影响。

科技查新是文献检索和情报调研相结合的情报研究工作，它以文献为基础，以文献检索和情报调研为手段，以检出结果为依据，通过综合分析，对查新项目的新颖性进行情报学审查，写出有依据、有分析、有对比、有结论的查新报告，也就是说查新是以通过检出文献的客观事实来对项目的新颖性做出结论。

因此，查新有较严格的年限、范围和程序规定，有查全、查准的严格要求，要求给出明确的结论，查新结论具有客观性和鉴证性，但其不是全面的成果评审结论。这些都是单纯的文献检索所不具备的，也有别于专家评审。

2. 科技查新的意义和作用

科技查新是信息检索的组成部分，在科研工作中有着重要的意义和作用。

（1）科技查新为科研立项提供客观依据

据统计，中国科研项目重复率达40%，而另外60%中部分重复又在20%以上，同时与国外重复也约占30%，其中大部分是国外已公开的技术，因而造成了人力、物力、财力的严重浪费。

由中国国家科技部和教育部等所组建的科技查新中心，其任务就是开展查新服务等工作。国家规定用户在科研立项前，首要的工作是全面、准确地掌握国内外的有关情报，查清国内外有关科学技术的发展水平、研究开发方向；查清该课题是否已研究开发或正在研究开发、研究开发的深度及广度、已解决和尚未解决的问题等；查清科研课题在论点、研究开发目标、技术路线、技术内容、技术指标、技术水平等方面是否具有新颖性。这样可以防止重复研究开发而造成人力、物力、财力的浪费和损失。

（2）科技查新为科技成果的鉴定、评估、验收、转化、奖励等提供客观依据

科研主管部门规定，必须在成果鉴定时进行查新，以确定成果的水平。查新资料为科技成果的鉴定、评估、验收、转化、奖励等提供客观的文献依据。查新报告还能保证科技成果的鉴定、评估、验收、转化、奖励等的科学性和可靠性。若无查新部门提供可靠的查新报告作为文献依据，只凭专家小组的专业知识和经验，难免会有不公正之处，可能会得不出确切的结论。高质量的查新，结合专家丰富的专业知识，保证了鉴定、评估、验收、转化、奖励等的权威性和科学性。

（3）科技查新为科技人员进行研究开发提供可靠而丰富的信息

查新机构一般具有丰富的信息资源和完善的计算机检索系统，能提供从一次文献到二次文献的全面服务，可检索近千个科技、经济、商业等资料的数据库，内容涉及各种学术会议和期刊的论文、技术报告、学位论文、政府出版物、科技图书、专利、标准和规范、报纸、通告等，收藏的数据最早可追溯到19世纪，最新可查到几分钟前公布的信息。据有关资料统计，这些系统包含了世界上98%以上的机读文献，基本能满足科研工作的信息需求。

（4）科技查新在技术转让、专利纠纷、技术引进中发挥重要作用

在实施技术转让时，通过查新检索，可以掌握有关技术信息，了解谈判对象情况，

了解技术先进程度，了解专利有效年限，以便有效地维护自身利益。在引进技术或引进设备时，通过查新可以对外商的资金、资信及信誉度进行了解，看其资金是不是落实，看生产的产品能不能外销。在申请专利、实施专利以及发生专利纠纷时查新，可以了解其是否具有新颖性和先进性。

3．科技查新流程

（1）查新委托

①查新委托人自我判断待查新项目是否属于查新范围。

②查新委托人根据待查新项目的专业、科学技术特点、查新目的、查新要求以及需要查证其新颖性的科学技术内容，自主选择查新机构。

③向查新机构提交在处理查新事务时所必需的科学技术资料和有关材料。

（2）查新受理

①查新机构判断待查新项目是否属于查新范围；判断查新项目所属专业是否属于本机构承担查新业务的受理范围。

②确定查新员和审核员。

③初步审查查新委托人提交的资料是否存在缺陷，是否符合查新要求；判断查新委托人提交的资料内容是否真实、准确。

④判断查新委托人提出的查新要求能否实现。

⑤确认能否满足查新委托人的时间要求。

⑥初步判别查新项目的新颖性。

⑦若接受查新委托，查新机构按照规范中关于查新合同的要求与查新委托人订立查新合同。

（3）查新检索

检索准备。查新员认真、仔细地分析查新项目的资料，查新委托人提出的查新点与查新要求；了解查新项目的科学技术特点。在检索前，还要做好以下几项工作：

①明确检索目的。根据检索目的确定主题内容的特定程度和学科范围的专指程度，使主题概念能准确地反映查新项目的核心内容。

②确定检索文献的类型和检索的专业范围、时间范围，制定周密、科学而具有良好操作性的检索策略。

③选择检索工具。在分析检索项目的基础上，根据检索目的和客观条件，选择最能满足检索要求的检索工具。手检时，根据专业对口、文种适合、收录完备、报道及时、编排合理、揭示准确的原则，选择检索工具书。机检时，在检索前根据查新项目的内容、性质和查新的要求选择合适的检索系统和数据库。

④确定检索方法和途径。根据查新项目所属专业的特点、检索要求和检索条件确定检索方法。在手检条件下，文献的检索途径就是检索工具书中的目次、正文和辅助索引提供的途径。检索工具书提供的检索途径主要有分类途径、主题途径、文献名称途径、著者途径、文献代码途径以及其他特殊途径。分类途径和主题途径是手检的主要途径。在机检条件下，为了确定检索途径，应当先弄清数据库采用的是规范化词表还是自由文本式词表，指示主题性质的代码是标准的还是任选的，提问式如何填写，再将表达检索

提问的各概念依照数据库采用的词表转换成检索语言，即主题词、分类词、关键词等。

⑤正式检索。查找时，以机检为主，手检为辅。除利用检索工具书和数据库外，必要时还需补充查找与查新项目内容相关的现刊，以防漏检。此外，还应当注意利用相关工具书，如手册、年鉴等。在得出最终检索结果之前，有时会出现查到的文献极少甚至根本没有查到文献，或者查到的文献太多的情况。因此，还需要对每次检索的结果进行检验和调整，以扩检或者缩检。

（4）完成查新报告

查新员按照下述步骤完成查新报告。

①根据检索结果和阅读的需要，索取文献原文。

②对索取得到的文献，根据查新项目的科学技术要点，分为密切相关文献和一般相关文献，并将相关文献与查新项目的科学技术要点进行比较，确定查新项目的新颖性，草拟查新报告。

③聘请查新咨询专家。在必要时，根据查新项目的所属专业和科学技术特点，以及其他实际情况，选聘若干名同行专家担任查新咨询专家。

④审核员根据行业规范、相关文献与查新项目的科学技术要点的比较结果，对查新程序和查新报告进行审核。

⑤查新员填写查新报告。

⑥查新员和审核员在查新报告上签字，加盖“科技查新专用章”。

⑦查新报告由查新机构按年度统一编号，并填写“查新完成日期”。

⑧整理查新报告附件。附件包括密切相关文献的原文的复印件、一般相关文献的文摘。查新员应当将所有附件按相关程度依次编号。

（5）提交查新报告

查新机构按查新合同规定的时间、方式和份数向查新委托人提交查新报告及其附件。

（6）文件归档

查新员按照档案管理部门的要求，及时将查新项目的资料、查新合同、查新报告及其附件、查新咨询专家的意见、查新员和审核员的工作记录等存档，及时将查新报告上传到国家查新工作数据库。

4．科技查新规范

《科技查新规范》（国科发计字［20001544号）由13部分组成。

第1部分基本术语，对查新活动中所使用的基本术语进行了定义。

第2部分基本原则，规定了查新活动应当遵循“自愿”“依法查新”和“独立、客观、公正”的基本原则。

第3部分查新委托人，规定了查新委托人的义务、行为规范、权利和法律责任。

第4部分查新机构，规定了查新机构的受理、行为规范、查新收费以及法律责任。

第5部分查新合同，规定了订立和履行查新合同的基本原则，查新合同的基本内容、形式与要求。

第6部分查新人员，规定了查新机构在委派查新员和审核员时应当遵循的回避原则，查新员和审核员应当具备的条件，查新员、审核员的职责和查新人员的责任。

第7部分查新咨询专家，规定了查新咨询专家应当具备的条件，选择查新咨询专家的原则，查新咨询专家的行为规范、职责与责任。

第8部分检索，规定了检索年限，介绍了检索方法的选择、检索策略的制定、检索结果的检验和调整。

第9部分查新报告，规定了查新报告应当包括的内容及要求。

第10部分查新争议，规定了解决查新合同争议的原则和方法。

第11部分档案，规定了查新档案应当包括的基本内容，给出了查新档案管理的基本要求。

第12部分查新程序，规定了处理查新业务的程序，查新委托和受理、检索准备、选择检索工具、确定检索方法和途径、查找、完成查新报告、提交查新报告、文件归档。

第13部分附则。

关键术语 图书馆服务类型；图书馆信息检索；数字图书馆；移动图书馆；科技查新。

核心提示

1．图书馆服务的类型主要有文献流通服务，参考咨询服务、定题服务和读者活动等内容。

2．图书馆资源主要有两种类型：传统资源和数字资源。

3．一个完整意义上的数字图书馆应该具有以下特征：①采用计算机和数据库技术进行文献资源管理和检索；②馆藏文献不仅包括文本文献，而且包括各种多媒体形式的文献；③在分布式网络环境中以信息库的形式存在。

4．移动图书馆有着移动性特点，且由于技术的发展和其依附于图书馆的丰富资源和服务体系，因此还具有实时性与主动性特点。移动图书馆在国内的发展与应用，延伸了传统图书馆的服务模式，为信息社会下高节奏生活的人们提供了一份利用短暂的闲暇时间进行阅读与利用图书馆的灵活选择。

5．科技查新检索时，应该以计算机检索为主，手工检索为辅。

思考练习

1．请叙述一下图书馆服务的主要类型。

2．新媒体环境下参考咨询有哪些特色？

3．图书馆资源主要包括哪些类型？

4．什么是分类排架法？什么是专题排架法？

5．什么是数字图书馆？请列举几种主要的数字图书馆。

6．科技查新的意义和作用是什么？

7．请简述科技查新的流程。

模块七

国内外数据库检索

学习目标

能力目标

1. 掌握常用的中文文献数据库的检索原理和检索方法
2. 掌握数据库的一般检索方法

知识目标

1. 掌握中国知网、维普数据库、万方数据库、人大复印资料数据库、超星系列数据库的功能和检索方法
2. 了解常用外文文献数据库的收录特点

知识架构

- 国内外数据库检索
  - 任务一 中国知网
  - 任务二 维普科技期刊数据库
  - 任务三 万方数据知识服务平台
  - 任务四 超星系列数据库
  - 任务五 其他中文数据库
  - 任务六 国外数据库

重点难点

- 数据库的收录重点
- 数据库的检索与检索方法
- 数据库的基本检索语法

导入案例

“新生儿先天性大疱性表皮松解症”诊断

2005年11月在云南省林业医院妇产科，一名刚出生2个小时的新生儿脐部以下出现表皮脱落现象。患儿家属认为是由医院造成的患儿烫伤，对医生提出质疑。由于医生在临床上还没有遇到过该类疾病，无法解释该现象。紧急咨询昆明医学院附属第一人民医院的有关医生，结果也没有得到满意的诊断意见。医生登陆中国知网相关的数据库进行检索。

初次检索：检索项为篇名&关键词&摘要，检索词为新生儿，检索结果为45898篇，数量太多。

二次检索：检索项仍为篇名&关键词&摘要，检索词为表皮脱落，在结果中检索，检索结果为3篇。浏览篇名后认为没有价值，需要调整检索项，把检索项改为“全文”，检索词不变，仍在初次检索的基础上进行二次检索，结果命中61篇文献。

经过浏览这61篇文献，提示可能的疾病为：新生儿红臀、新生儿尿布性皮炎、新生儿剥脱性皮炎以及新生儿先天性大疱性表皮松解症等疾病。医生凭借临床经验，排除了前三种可能，怀疑是“新生儿先天性大疱性表皮松解症”。经过再次在数据库中检索“新生儿先天性大疱性表皮松解症”相关的文章，详细了解“先天性大疱性表皮松解症”的临床表现和病理特征，对患儿进行进一步查体和化验，最后确诊为“先天性大疱性表皮松解症”并提出了相应的治疗方案，使问题得到解决，避免了一起可能发生的医疗纠纷。

任务一 中国知网

中国知网，是中国国家知识基础设施（China National Knowledge Infrastructure，CNKI），国家知识基础设施由世界银行于1998年提出。CNKI工程是以实现全社会知识资源传播共享与增值利用为目标的信息化建设项目。由清华大学、清华同方发起，始建于1999年6月，通过产业化运作，为全社会知识资源高效共享提供最丰富的知识信息资源和最有效的知识传播与数字化学习平台。

小资料

数字出版物超市

CNKI工程首次提出了数字出版物超市的概念。在超市中，有提供统一的导航，统一的元数据，统一的检索方式，统一知网节的资源平台，数字资源出版商可以在超市中一一展示其资源，同时各类读者，研究机构及行业机构等使用者可在超市中查找他们所需的信息资源，也可利用超市的平台定制资源、情报服务等资源利用，所以进入CNKI就宛如进入一个数字出版物的超市。

1．主要数据资源

中国知网CNKI全文数据库是我国第一个连续的、大规模的、集成化的多功能学术期刊全文检索系统，也是目前世界上最大的连续动态更新的中文期刊全文数据库，收录了国内八千二百多种中文期刊，以学术、技术、政策指导、高等科普及教育类为主，同时收录部分基础教育、大众科普、大众文化和文艺作品类刊物，内容覆盖自然科学、工程技术、农业、哲学、医学、人文社会科学等各个领域，全文文献总量两千二百多万篇。CNKI的网址是http://www.cnki.net，如图7-1所示。

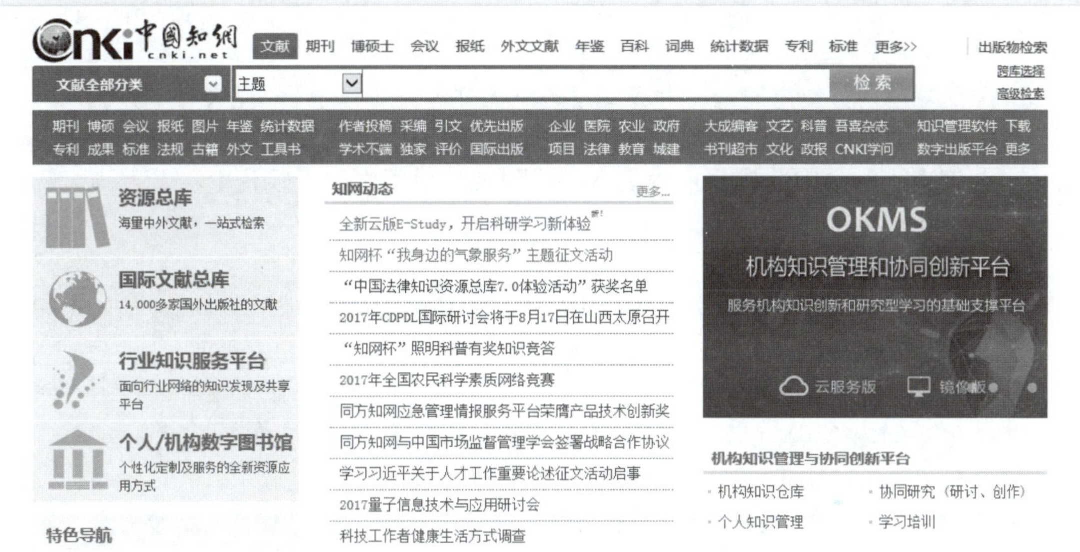

图 7-1 CNKI 主页面

（1）中国知网CNKI的分类

CNKI平台上全部期刊分为10大专辑：基础科学、工程科技I辑、工程科技II辑、农业科技、医药卫生科技、哲学与人文科学、社会科学I辑、社会科学II辑、信息科学、经济与管理科学。10大专辑下又分多个专题和子栏目，具体如下。

①基础科学

所含专题包括：自然科学理论与方法、数学、非线性科学与系统科学、力学、物理学、生物学、天文学、自然地理学和测绘学、气象学、海洋学、地质学、地球物理学、资源科学。

②工程科技I辑

所含专题包括：化学、无机化工、有机化工、燃料化工、一般化学工业、石油天然气工业、材料科学、矿业工程、金属学及金属工艺、冶金工业、轻工业手工业、一般服务业、安全科学与灾害防治、环境科学与资源利用。

③工程科技II辑

所含专题包括：工业通用技术及设备、机械工业、仪器仪表工业、航空航天科学与工程、武器工业与军事技术、铁路运输、公路与水路运输、汽车工业、船舶工业、水利水电工程、建筑科学与工程、动力工程、核科学技术、新能源、电力工业。

④农业科技

所含专题包括：农业基础科学、农业工程、农艺学、植物保护、农作物、园艺、林业、畜牧与动物医学、蚕蜂与野生动物保护、水产和渔业。

⑤医疗卫生科技

所含专题包括：医药卫生方针政策与法律法规研究、医学教育与医学边缘学科、预防医学与卫生学、中医学、中药学、中西医结合、基础医学、临床医学、感染性疾病及传染病、心血管系统疾病、呼吸系统疾病、消化系统疾病、内分泌腺及全身性疾病、外科学、泌尿科学、妇产科学、儿科学、神经病学、精神病学、肿瘤学、眼科与耳鼻咽喉科、口腔科学、皮肤病与性病、特种医学、急救医学、军事医学与卫生、药学、生物医学工程。

⑥哲学与人文科学

所含专题包括：文艺理论、世界文学、中国文学、中国语言文字、外国语言文字、音乐舞蹈、戏剧电影与电视艺术、美术书法雕塑与摄影、地理、文化、史学理论、世界历史、中国通史、中国民族与地方史志、中国古代史、中国近现代史、考古、人物传记、哲学、逻辑学、伦理学、心理学、美学、宗教。

⑦社会科学I辑

所含专题包括：马克思主义、中国共产党、政治学、中国政治与国际政治、思想政治教育、行政学及国家行政管理、政党及群众组织、军事、公安、法理、法史、宪法、行政法及地方法制、名商法、刑法、经济法、诉讼法与司法制度、国际法。

⑧社会科学II辑

所含专题包括：社会科学理论与方法、社会学及统计学、民族学、人口学与计划生育、人才学与劳动科学、教育理论与教育管理、学前教育、初等教育、中等教育、高等教育、职业教育、成人教育与特殊教育、体育。

⑨信息科学

所含专题包括：无线电电子学、电信技术、计算机硬件技术、计算机软件及计算机应用、互联网技术、自动化技术、新闻与传媒、出版、图书情报与数字图书馆、档案及博物馆。

⑩经济与管理科学

所含专题包括：经济管理与可持续发展、经济理论及经济思想史、经济体制改革、经济统计、农业经济、工业经济、交通运输经济、企业经济、旅游、文化经济、信息经济与邮政经济、服务业经济、贸易经济、财政与税收、金融、证券、保险、投资、会计、审计、市场研究与信息、管理学、领导学与决策学、科学研究管理。

（2）中国知网CNKI全文数据库特点

①海量数据的高度整合，集题录、文摘、全文文摘信息于一体，实现了一站式文摘信息检索。

②参照国内外通行的知识分类体系组织知识内容，数据库具有知识分类导航功能。

③有包括全文检索在内的众多检索入口。用户可以通过某个检索入口进入初级检索，也可以运用布尔逻辑算符等灵活组织检索提问式进行高级检索。

④具有引文连接功能，除了可以构建成相关的知识网络外，还可用于个人、机构、

论文、期刊等方面的计量与评价。

⑤全文信息完全数字化。通过免费下载的最先进的浏览器可实现期刊论文原始版面结构与样式的不失真显示与打印。

⑥数据库内的每篇论文都能获得清晰的电子出版授权。

⑦多样化的产品形式、及时的数据更新，可满足不同类型、不同行业、不同规模用户个性化的信息需求。

⑧遍布全国和海外的数据库交换服务中心，常年配备用户培训与高效技术支持。

中国知网CNKI全文数据库收录的期刊均有印刷版，电子版的速度晚于印刷版。发行方式有两种：一是以光盘形式发行，分为整库和专题库等几种不同的形式供用户按需选择；二是以网络版形式发行，提供三种类型的数据库，即题录数据库、题录摘要数据库和全文数据库。除全文数据库收费以外，其余两种均为免费服务。用户想要浏览期刊全文，必须在初次使用时首先下载和安装全文浏览器CAJViewer。

（3）中国知网CNKI全文数据库使用方式

第一种方式：主要针对个人用户。

个人用户采用流量计费：在线注册，并对账号充值；购买中国知网卡。

CNKI的使用采用免费检索和浏览题录，下载按流量计费，具体费用要视下载文献的不同而有所差异，一般是0.5元/页，具体可参见网站：http://ec.cnki.net/czzx/account/account.html公布的标准。

第二种方式：主要针对机构用户。

机构用户包库使用，有Web版、镜像站版、光盘版，按十大专辑或168个专题订购服务。

（4）中国学术文献网络总库

中国学术文献网络总库是CNKI的主要数据库之一，基本涵盖了我国主要的文献，国外数据库部分主要提供资源的统一检索。中心网站及数据库交换服务中心数据每日更新，各镜像站点数据通过互联网或卫星传送数据也可实现每日更新，专辑光盘每月更新。

各个数据库收录的文献各有特色，这里主要介绍几个常用的数据库（表7-1）。

表 7-1 《中国学术文献网络出版总库》主要文献出版情况表（数据截止到 2016 年 11 月）

数据库名称	文献出版来源	来源覆盖率	文献产出起讫	文献量（篇）	文献收全率
中国学术期刊网络出版总库	正式出版的8262种学术期刊	99%	1915	44930000	99.9%
中国博士学位论文全文数据库	430家博士培养单位	96%	1984	272284	91%
中国优秀硕士学位论文全文数据库	683 家硕士培养单位	96%	1984	2417094	96%
中国年鉴网络出版总库	正式出版的3301种29163本年鉴	96%	1912	21650991	99%
中国重要会议论文全文数据库	现有合作单位2838家，其中一级单位为657家，含国内、国际会议	95%	1953	2516830	80%
中国重要报纸全文数据库	566 种地市级以上报纸	43%	2000	13000000	100%
中国专利全文数据库（知网版）	国家知识产权局知识产权出版社	100%	1985	12850000	99.9%

续表

数据库名称	文献出版来源	来源覆盖率	文献产出起讫	文献量（篇）	文献收全率
国家标准全文数据库	中国标准出版社	90%	1950	44838	90%
中国行业标准全文数据库	30多家行业版权单位	100%	1950	19653	99.9%
中国工具书网络出版总库	集成了近200家知名出版社的8000余册工具书，类型包括语文词典、双语词典、专科辞典、百科全书、图录、表谱、传记、语录、手册等	35.3%	1973	20000000条	99.5%

①中国学术期刊网络出版总库。中国学术期刊网络出版总库（China Academic Journal Network Publishing Database，CAJD）是世界上最大的连续动态更新的中国学术期刊全文数据库，其前身是中国期刊全文数据库。

②中国博士学位论文全文数据库/中国优秀硕士学位论文全文数据库。这是国内内容最全、质量最高、出版周期最短、数据最规范、最实用的博士/硕士学位论文全文数据库，中国博士学位论文全文数据库收录430家博士培养单位的博士学位论文272284篇；内容覆盖基础科学、工程技术、农业、医学、哲学、人文、社会科学等各个领域。中国优秀硕士学位论文全文数据库收录全国683家硕士培养单位的2417094篇优秀硕士论文。

③中国重要会议论文全文数据库。该数据库的文献是由国内外会议主办单位或论文汇编单位书面授权并推荐出版的重要会议论文，是国家级的连续电子出版物专辑。重点收录1999年以来中国科协系统及国家二级以上的学会、协会、高校、科研院所、政府机关举办的重要会议以及在国内召开的国际会议上发表的文献。

④中国年鉴网络出版总库。该数据库是目前国内最大的连续更新的动态年鉴资源全文数据库。内容覆盖基本国情、地理历史、政治军事外交、法律、经济、科学技术、教育、文化体育事业、医疗卫生、社会生活、人物、统计资料、文件标准与法律法规等各个领域。

⑤中国重要报纸全文数据库。该数据库收录2000年以来中国国内重要报纸刊载的学术性、资料性文献的连续动态更新的数据库。至2016年年底，收录文献总量1300余万篇，年精选更新100万篇文献。

⑥中国专利全文数据库（知网版）。该数据库包含发明专利、实用新型专利、外观设计专利三个子库，准确地反映中国最新的专利发明。专利相关的文献、成果等信息来源于CNKI各大数据库。可以通过申请号、申请日、公开号、公开日、专利名称、摘要、分类号、申请人、发明人、优先权等检索项进行检索，并一次性下载专利说明书全文。数据来源于国家知识产权局知识产权出版社，收录年限从1985年至今。

⑦中国行业标准全文数据库。该数据库收录了现行、废止、被代替以及即将实施的行业标准，全部标准均获得权利人的合法授权。相关的链接文献、专利、成果等信息来源于CNKI各大数据库。可以通过标准号、中文标准名称、起草单位、起草人、出版单位、发布日期、中国标准分类号、国际标准分类号等检索项进行检索。

⑧国家标准全文数据库。该数据库收录了由中国标准出版社出版的，国家标准化管理委员会发布的所有国家标准，占国家标准总量的90%以上。标准的内容来源于中国标

准出版社，相关的文献、专利、成果等信息来源于CNKI各大数据库。

⑨中国工具书网络出版总库。该库收录了近200家出版社的字典、词典、百科全书、图录、表谱、手册、名录等共4000多部，含1000多万个条目，70万张图片，向人们提供精准、权威、可信的知识搜索服务。其内容涵盖自然科学与人文社科各领域。

（5）中国知网CNKI全文数据库检索方法

为方便读者使用，CNKI实行了统一的检索平台。根据每个总库的特点设置适合本总库的检索平台，平台上同时显示相关的子库信息，可以跨库检索或单库检索。

下面以中国学术文献网络出版总库为例介绍CNKI的检索方法。

首先，点击（www.cnki.net）进入中国知网的主页面，点击**资源总库**，见图7-1，进入资源总库后，选择“中国学术期刊网络出版总库”，或直接在主页面点击“期刊”。

检索系统提供了一框式检索、高级检索、专业检索、作者发文检索、句子检索等检索方式，主题、篇名、关键词……14种检索途径，以及并含、或含、不含三种逻辑组配。

①一框式检索

点击主页面，直接进入“一框式检索”界面，通过选择下拉菜单中的“主题、篇名、关键词”等检索途径，点击“检索”即可查到相关的文献。

②高级检索

点击“高级检索”。高级检索是一种比标准检索要复杂的检索方法，它的优点是查询结果冗余少，命中率高。该种检索方法可选择多个检索项，不同的检索项之间的逻辑关系有三种：并含、或含、不含；同一检索项可以实行双词组合检索，即选择一个检索项，可分别（两个输入框）输入两个检索词，按照并含、或含、不含关系进行组合。

③专业检索

点击“专业检索”。专业检索比高级检索功能更强大，但需要检索人员根据系统的检索语法编制检索式进行检索，适用于长期从事科技查新、课题检索的检索专家和对检索语法和技术十分熟悉的人员。

专业检索的检索项有专门的符号表达，如：SU=主题，TI=题名，KY=关键词，AB=摘要，FT=全文，AU=作者，FI=第一责任人，AF=机构，JN=中文刊名&英文刊名，RF=引文，YE=年，FU=基金，CLC=中图分类号，SN=ISSN，CN=统一刊号，IB=ISBN，CF=被引频次，等等。还有专门的语法，如：所有符号和英文字母都必须使用英文半角字符；“AND”“OR”“NOT”三种逻辑运算符的优先级相同；如要改变组合的顺序，请使用英文半角圆括号“（ ）”将条件括起；逻辑关系符号与（AND）、或（OR）。非（NOT）前后要空一个字节等。具体的语法在CNKI的专业检索页面上有详细的教程。

专业检索的例子：

检索式：TI=中国 and KY=生态文明 and（AU%胡+李）：检索“篇名”包括“中国”并且关键词包括“生态文明”并且作者为“李”姓和“胡”姓的所有文章。

检索式：AU =钱伟长 and（AF =清华大学 or AF =上海大学）：检索钱伟长在清华大学或上海大学时发表的文章。

④作者发文检索

点击“作者发文检索”按钮。作者发文检索是通过作者姓名、单位等信息，查找作者发表的全部文献及被引下载等情况。通过作者发文检索不仅能找到某一作者发表的文献，还可以通过对结果的分组筛选情况全方位了解作者的主要研究领域，研究成果等情况。

⑤句子检索

点击“句子检索”按钮。通过发表时间限定（时间限定提供了具体时间、最近一周、一月、半年、一年选项）和在“输入目标文献内容特征”输入框中输入的两个检索词，能够检索出限定时间内发表的，并且两个检索词在句子中同时出现的文献。获得检索结果后，可使用系统所提供的“分组分析”“学科类别分组”功能进行二次筛选，能够有效地缩小检索范围、提高检索查准率。

（6）CNKI主要检索控制条件及检索字段说明

①检索范围控制条件：用于准确控制检索目标范围和结果。缺省状态下默认为检索数据库中的全部文献。各控制条件含义如下：

发表时间：可以从下拉列表中选择最近一周（限定检索最近一周入库的文献）/最近一月/最近半年/最近一年，也可以填写具体某个日期（如从2007到2012），缺省状态下指从文献收录最早日期起至当前日期止。

文献来源：指限定文献来源的范围，如文献的出版媒体、机构或提供单位等，可直接在检索框中输入出版媒体、机构的名称关键词，也可以点击检索框后的“文献来源列表”按钮，选择列表中的文献来源。

国家及各级科研项目：指限定文献的支持基金，可直接在检索框中输入基金名称的关键词，也可以点击检索框后的“基金列表”按钮，选择列表中的支持基金。

发文作者：指限定文献的作者和作者单位。第一作者是指文章发表时，多个作者中排列于首位的作者。若要检索多个作者合著的文献，点击检索项前的“+”号，添加另一个限定发文的作者。作者项是在作者中文名、作者汉语拼音名、作者英文名中检索。

②目标文献内容特征检索项：包括全文、篇名、主题、关键词、中图分类号等，各检索字段含义如下：

全文：在文章的全文中检索。

题名：数据库中收录期刊中文章的题名。在中文篇名、英文篇名中检索。

主题：指在篇名、关键词、摘要三个检索项中检索。在中英文篇名、中英文关键词、主要关键词、中英文摘要中检索。

关键词：揭示文献内容主题的、不受规范词表控制的一个或多个语词。分两类：一类是由作者根据规则提供，编排于文章中的特定位置；另一类是由系统根据一定的运算规则从文章内容中自动提取的，称主要关键词。在中文关键词、英文关键词、主要关键词中检索。

中图分类号：直接以《中国图书馆图书分类法》为文献内容而给出的一个或若干分类号检索。

摘要：在中文摘要、英文摘要中检索。

参考文献：在文章后所列“参考文献”中综合检索，而不是按条目、题名、作者分别检索。

作者单位：指文章发表时，作者所任职的机构。以文章中规定位置出现的机构名称为准。

刊名：在中文刊名和英文刊名中检索。英文刊名中包括中文期刊的英文名称和英文期刊的名称。所有名称照录纸本期刊出版时中所用名称形式。

③扩展词推荐：当检索的文献内容特征是全文、题名或主题时，在检索框中输入一个关键词后，点击检索框后的扩展按钮，系统会推荐中心词为该检索词的一组扩展词。在其中选中一个感兴趣的词，点击确定，可将其添加到检索框中。

④词频：指检索词在相应检索项内容中出现的次数，可从下拉列表中选择。词频为空，表示至少出现1次；为3，则表示至少出现3次，以此类推。不是所有检索项都有必要支持词频控制，词频项显白（可选）表示适用词频控制；否则显灰（不可选）。

⑤匹配检索：精确表示检索结果包含与检索字/词完全相同的词语；模糊表示检索结果包含检索字/词或检索词中的词素。

⑥中英文扩展：由所输入的中文检索词自动扩展检索相应检索项的英文语词。前提条件是该检索项中同时以中英文两种文字形式提供内容。仅在选择“匹配”中的“精确”时，“中英文扩展”功能才可使用。

⑦逻辑关系有并含、或含、不含。

（7）选择数据库

CNKI可以进行单库检索，也可以进行跨库同时检索。单库检索就是只在一个数据库中检索，跨库检索是指以同一组检索条件同时检索多个结构可能相同（同构），也可能不同（异构）的数据库。跨库检索具有高效特点，但各数据库的内容不同，所建立的检索项对应关系可能存在差异，完全对应或者是部分对应，跨库检索的检索项下拉列表的名称只能从所选数据库的检索点中汇集共性的检索项，所以跨库检索项可能比某一数据库的检索项少，而且会滤掉一些数据库的特性检索项，进而影响检索结果。

一般而言，如果检索的目标明确为特定的文献类型，可以选择单库检索。根据首页上提供的数据库列表，选择与所要检索的文献类型相吻合的数据库进行检索。如，查找某学科领域某研究发展方向的论文综述，或查找某位作者发表的文章，可检索《中国期刊全文数据库》；查找某篇会议论文或某届某个主题的会议论文，可检索《中国重要会议论文集全文数据库》。

以下情况则适合跨库检索：

①希望一次性完成检索多种文献类型、多个数据库，而检索条件又完全相同。

②对数据库情况也很清楚，检索目的很明确，比如：既要检索期刊文章，又要检索学位论文、会议论文，而这些文献分别在不同的数据库中。

③对多数数据库包含哪些相关资料不是很清楚，但检索目的很明确，并且已经确定某一特定数据库不能满足检索需求。选择单库检索，只需在相应的数据库名称前的小方框内打钩即可。选择跨库检索，同时在多个数据库名称前的小方框内打钩。

（8）专辑导航

专辑导航设于各级检索页面的左侧。依据CNKI专辑分类系统而设，分10个专辑168个专题。选择专辑导航：

①可以把检索词限制在某一学科内检索，使结果更精准。点击专辑类目名称前的⊞、⊟可以展开或收起专辑类目名称。只要在类目名称前的小方框内打钩，即选择了只在该类目中检索。

②通过专辑导航可快速获得某一领域的所有文献，使不熟悉检索知识的读者也能快

速找到目标信息。

（9）检索结果

①检索结果显示

图7–2是检索主题为“智慧图书馆”的检索结果，共命中1721条记录，检索结果以相关度从强到弱排序，显示方式为列表，一页显示20条记录。

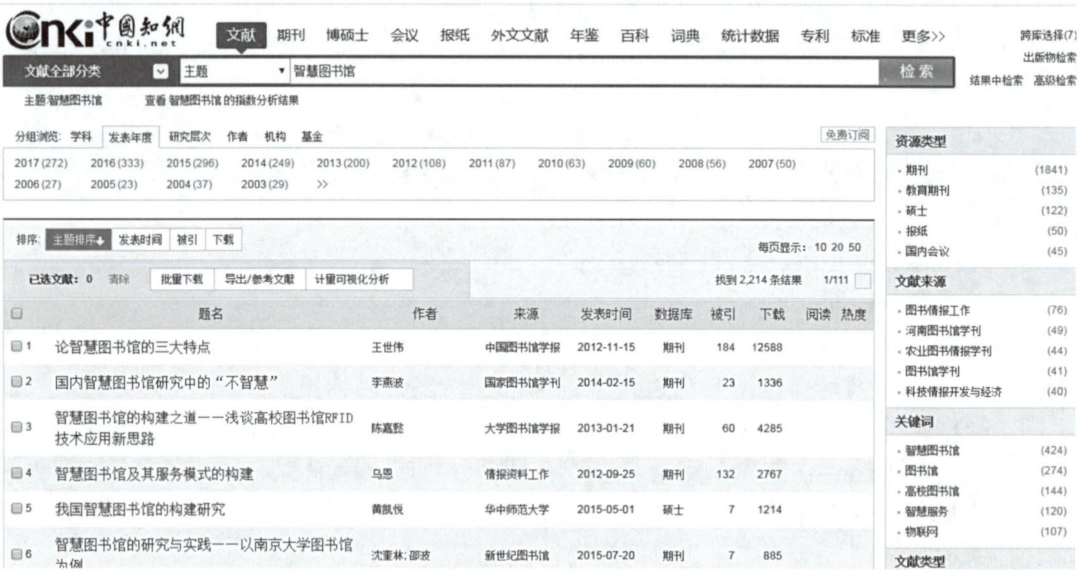

图 7–2　CNKI 检索结果页面（部分）

②检索结果分组分析

可以按学科类别、发表年度、基金、研究层次、作者、机构等方法对结果进行分组分析，也可选择不分组。右侧栏目显示来源类别、来源期刊、关键词等分组类型展开分组具体内容，每小组后括号内的数字是该组中的命中文献记录数。

③检索结果排序

数据库为检索结果提供了相关度排序以及发表时间、被引频次、下载频次等评价性排序。

④检索报告

检索报告是基于一次检索的结果提供的统计报表信息，便于从全局的角度了解检索的效果，并可继续在结果中进行筛选或重新检索。检索报告内容有：检索用户及本次检索的时间、检索输入条件、检索结果统计报表、本次检索筛选出的文献及对检索方法和结果的自我评价等。

⑤检索结果存盘

在结果列表的记录题名前的小方框内勾选，如果全选点击“全选”按钮，再点击“存盘”按钮，则检索结果就会以题录方式被保存下来。

⑥检索结果的知网节

所谓“知网节”就是知识网络节点的简称，它提供单篇文献的详细信息和扩展信息的浏览页面，不仅包含了单篇文献的详细信息，如题名、作者、机构、来源、时间、摘要等，还包含各种扩展信息的汇集点。如：知识元、参考文献、引证文献、相似文献、读者推荐文献、相关作者、相关研究机构、文献分类导航等。这些扩展信息均为动态增长，将随着CNKI资源的增加而增长变化。扩展信息通过概念相关、事实相关等方法揭示知识之间的各种关联，达到知识扩展的目的，有助于新知识的学习、发现、获取。

在检索结果页面上点击文献题名（图7-2），即进入该篇文献的知网节，如图7-3、图7-4所示。

图 7-3　CNKI 知网节——主体文献

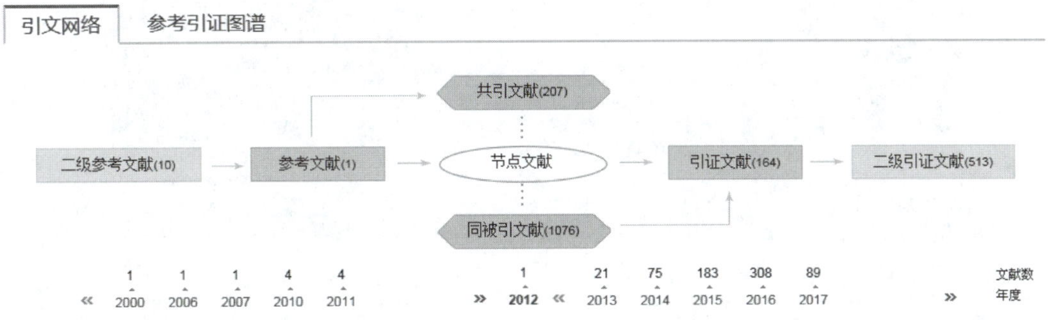

图 7-4　CNKI 知网节——文献网络图

（10）全文下载及浏览

①CAJ浏览器

CAJ浏览器是阅读编辑CNKI系列数据库文献的专用浏览器，也是一个具有智能功能的浏览器，它可以兼容CNKI格式和PDF格式文档，可以同时打开多个文档，文档内检索定位，具有加注释、直线、曲线、高亮文本、下划线、删除线等多种标注功能，复制文字制成Word文档等功能。浏览器软件可以在CNKI的主页“常用软件下载”中找出并按页面提示下载。

②全文下载浏览

只有正常登录的正式用户才可以下载保存和浏览文献全文。系统提供两种途径下载浏览全文：

★从检索结果页面，点击题名前的🖫，即可下载浏览CNKI格式（CAJ 格式）全文。

★从知网节，点击CAJ下载，PDF下载，分别下载浏览CAJ格式、PDF格式全文。

任务二 维普科技期刊数据库

1. 概述

1989年，中国科技情报研究所重庆分所数据库研究中心成立，成为我国第一家进行中文期刊数据库研究的机构。同年，自主研发并推出了《中文科技期刊篇名数据库》，以后又陆续推出了《中文科技期刊数据库》《中国科技经济新闻数据库》《VIPExam考试学习资料数据库》。

目前，维普资讯网已经成为中国主要的中文科技期刊论文搜索平台，也是全球著名的中文专业信息服务网站，以提供信息资源产品为主，同时提供信息内容管理及服务一体解决方案的综合信息服务。

维普资讯网7.0服务平台的网址是：http://qikan.cqvip.com/，主页如图7–5所示。

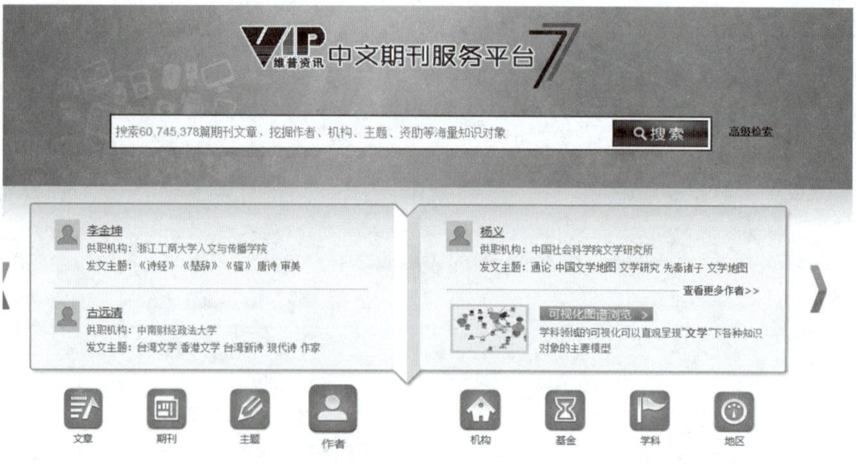

图 7–5 维普中文期刊服务平台 7.0

维普资讯的主要资源是《中文科技期刊数据库》，它收录了中国境内历年出版的中文期刊14000余种，全文5900余万篇，其中现刊9546种，分为医药卫生、农业科学、机械工程、自动化与计算机技术、化学工程、经济管理、政治法律、哲学宗教、文学艺术等35个学科大类，457个学科小类。

小资料

引文索引

引文索引是利用文献引证关系检索相关文献的索引。这个概念最早由美国学者谢泼德（Shepherd）于1873年出版的《谢泼德引文》中提出。具体地，假设有文献A和文献B，若文献B引用了文献A，就称文献A是文献B的引文（或称参考文献），文献B提供了包括文献A在内的若干引文，所以将文献B称为来源文献，来源文献包括期刊论文、会议论文、评论等。刊登来源文献的出版物称为来源出版物。

引文索引不同于一般概念上的索引，它是反映文献之间引用和被引用关系及规律的一种新型索引工具。通过引文索引，可以追溯文献之间的内在联系，找到一系列内容相关的文献以及某一研究领域、某一学术观点的发展脉络、研究动向，还可以根据某一学术概念、某一方法、某一理论出现的时间、频率等，分析出学科或领域研究的走向和规律。引文索引多用于新兴学科、交叉学科及其他复杂课题的文献检索。同时，引文分析得到的数据还可以用于评价科技文献的价值、科技人员及科研机构的工作成绩和水平。引文索引为人们提供了一种全新的文献分析和检索途径。

2. 主要数据资源

（1）中文科技期刊数据库

中文科技期刊数据库是维普资讯的主要资源。收录了中国境内历年出版的中文期刊 12000余种，全文4500余万篇，引文4000余万条，分三个版本（全文版、文摘版、引文版）和8个专辑（社会科学、自然科学、工程技术、农业科学、医药卫生、经济管理、教育科学、图书情报）定期出版发行。检索方式：文献检索、期刊检索、主题检索、作者检索、机构检索、基金检索、学科检索、地区检索以及基于这8个维度的综合检索。

（2）中文科技期刊数据库（引文版）

该库以《中文科技期刊数据库》全文版为基础开发而成，主要检索1989年以来国内8000多种重要期刊（含核心期刊）所发表论文的参考文献，是目前国内检索期刊种类最多的引文数据库。

（3）中国科学指标数据库

中国科学指标数据库（China Science Indicators System，CSI）是目前国内规模最大的基于引文评价的事实型数据库，是衡量国内科学研究绩效、跟踪国内科学发展趋势的有力工具。

（4）VERS维普考试资源系统

该库是集日常学习、考前练习、在线考试、模拟测试等功能于一体的大型教育资源数据库。

3. 使用方式

（1）个人长期用户

可采用账户支付的方式，在网站上免费注册成为用户，然后向账户充值，下载文章时，系统会提示文章的价格，经确认后系统自动从用户的个人账户中扣除相应费用，当余额不足时系统会提示充值。

（2）个人短时用户

如果只是短时需要阅读下载数据库的文章，则可用手机短信单篇支付或支付宝单篇支付方式，无须注册和登录，填入通过短信所获得的全文提取码或支付宝交易号即可快速获得文章。

（3）机构用户

学校、科研单位或企业需要长期大量地使用数据库，则可以考虑包库或镜像站服务。

（4）收费标准

“中文科技期刊数据库”中的文章，如果用手机短信单篇支付，一般为2～5元一篇。如果是维普的会员，用手机、支付宝、网上银行进行充值后支付阅读，单篇文章4页以内0.5元/页，4页以上2元/篇。

4. 检索方法

在数据库的主页提供两种检索方式：基本检索、高级检索。

（1）基本检索

点击“维普中文期刊服务平台7.0”并登陆，如图7–6所示，在平台首页的检索框直接输入检索条件进行检索，该检索条件可以是题名、刊名、关键词、作者名、机构名、基金名等字段信息。

图7–6 维普中文期刊服务平台7.0

（2）高级检索

提供向导式和检索式两种检索方式，运用逻辑组配关系，方便用户查找多个检索条件限制下的文献。

向导式检索：如需查看“雾霾治理”方面的，作者所属机构为“社会科学院”的，由“国家社会科学基金”赞助的期刊文献，则可以在高级检索—向导式检索页面做以下设置。

增加检索字段类型，并保持三个字段限制方式：

在“M=题名或关键词”类型的文本框内，输入“雾霾治理”字段；

在“S=机构”类型的文本框内，输入“社会科学院”字段；

在“I=基金资助”类型的文本框内，输入“国家社会科学基金”字段。

*注：可增加或减少检索框，进行任意检索入口“与、或、非”的逻辑组配检索。

时间限定：可筛选查看某时间范围内的期刊文献。

期刊范围：可筛选查看不同来源（类型）的期刊文献。

学科限定：可筛选查看对应学科的期刊文献。

检索式检索：读者可在检索框中直接输入字段标识和逻辑运算符来发起检索。如若系统显示未找到结果，则表示输入的检索式有错或者在该条件检索下无结果，请返回检索界面重新输入正确检索表达式或切换到其他方式获得检索内容。检索规则说明：AND代表“并且”；OR代表“或者”；NOT代表“不包含”（注意必须大写，运算符两边需空一格）。如要查找关键词为“图书馆学”或“情报学”并且作者为“范并思”的文献，其检索式为：（K=图书馆学OR K=情报学）AND A=范并思。

筛选检索结果：维普期刊7.0产品提供了基于检索结果的发文被引分析、分面聚类筛选、多种排序方式等检索优化服务，方便用户快速找到目标期刊文献，如图7–7所示。

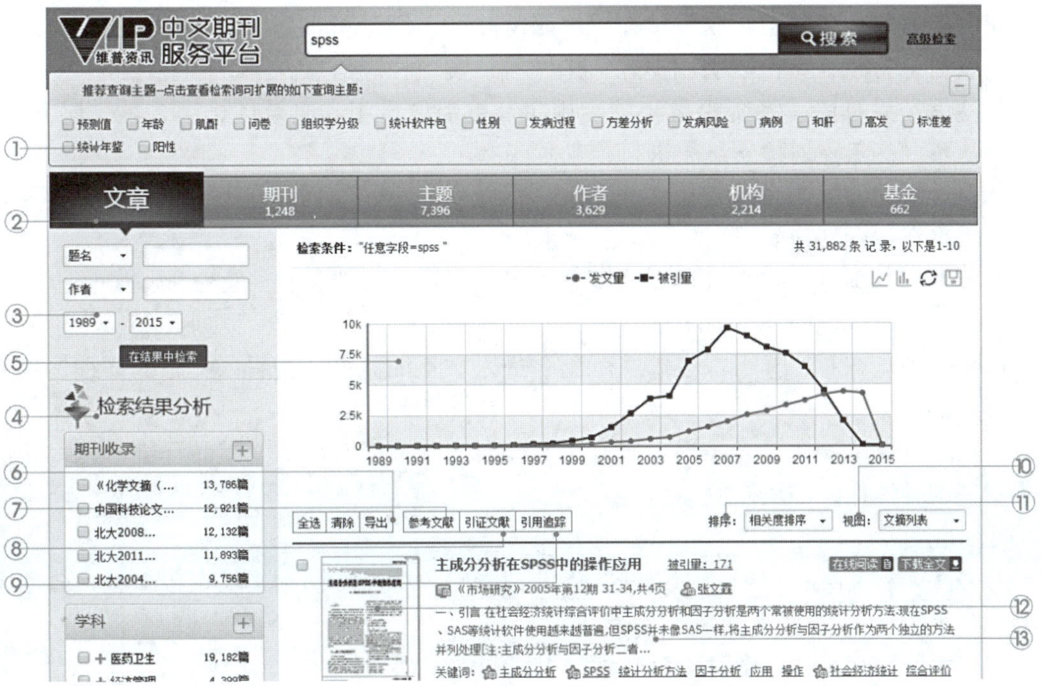

图 7–7　筛选检索结果

页面说明：

①查询主题扩展，对检索关键词进行联想式主题扩展，你可以按需勾选主题再

次检索。

②查询对象切换，系统提供“文章”“期刊”“主题”“作者”“机构”“基金”对象切换，你可以点击不同的对象模块按需查看。

③结果二次检索，系统提供基于本次检索结果下的二次检索功能，你可以先选择检索类型并输入检索词，点击“在结果中检索”，实现按需缩小或扩大检索范围，精炼检索结果。

④检索结果聚类，系统提供基于检索结果的期刊范围、所属学科、相关主题、相关机构、发文作者等分面聚类功能，你可以通过左聚类面板浏览并勾选目标分类，然后在聚类工具中查看并确定所选分类，点击“执行”后即可筛选出需要的文献资料，达到自由组配查看资源的目的。

⑤发文被引统计，系统支持对任意检索结果进行发文量、被引量年代分布统计，通过图表的形式给予展示。你可以切换图表类型或者将图表保存至本地。

⑥文献题录导出，系统支持文献题录信息的导出功能，支持的导出格式为TEXT、XML、NoteExpress、Refworks、EndNote。你可以勾选目标文献，点击“导出”按钮后选择适当的导出格式实现此功能。

⑦参考文献查看，系统支持单篇或多篇文献的参考文献查看，你可以在文献列表页勾选目标文献，点击“参考文献”按钮后，实现相应信息浏览。

⑧引证文献查看，系统支持单篇或多篇文献的引证文献查看，你可以在文献列表页勾选目标文献，点击“引证文献”按钮后，实现相应信息浏览。

⑨引用追踪分析，系统支持单篇或多篇文献的引用分析报告查看，你可以在文献列表页勾选目标文献，点击“引用追踪”按钮后，实现相应信息浏览。

⑩检索结果排序，系统提供相关度排序、被引量排序和时效性排序多种排序方式，你可以从不同侧重点对检索结果进行梳理。

⑪查看视图切换，系统支持文摘列表、标题列表、详细列表三种文献查看方式，你可以按需进行视图切换。

⑫首页信息预览，在文摘列表视图下你可以将鼠标放置在目标文献的缩略图上，系统会自动放大该区域图片，以实现文献的详情预览。

⑬文献细览查看，你可以点击文献题名进入文献细览页，查看该文献的详细信息和知识节点链接。

获取文献详情：在检索结果页面点击文献名，即可查看当前文献的详细信息，并进一步实现多种操作，如图7-8所示。

页面说明：

①关注下载文献：扫描“加关注”下的二维码，可以将期刊文献直接下载到移动设备上。

②被引情况查看：可查看该篇文献的引证文献明细。

③下载评审材料：可一键下载该篇文献用于职称评审的相关资料。

④相关对象面板：可查看与该篇文献相关的主题、作者、机构等对象。

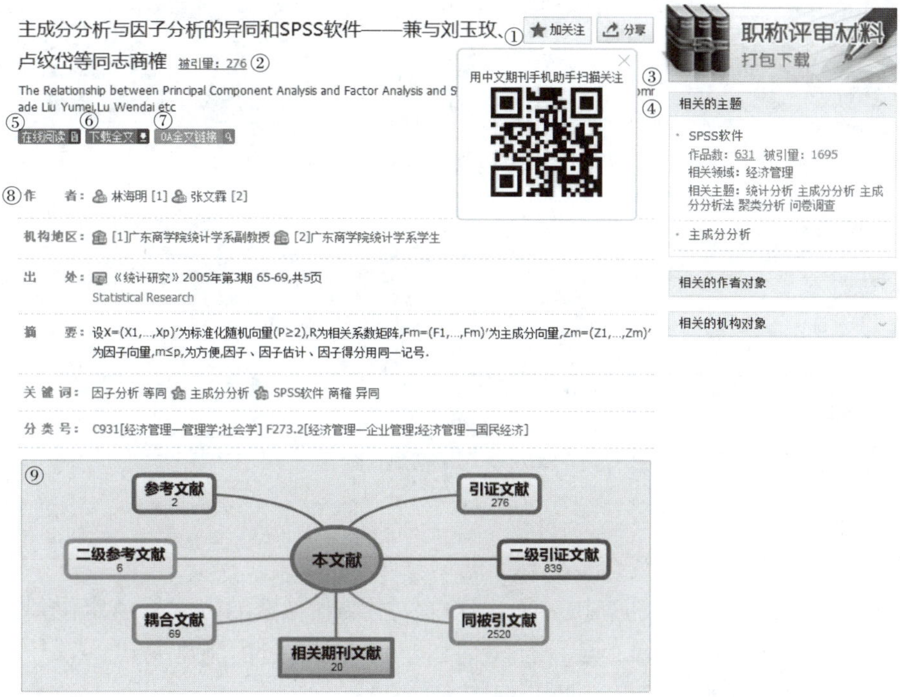

图 7-8 检索结果页面

⑤在线阅读按钮：可在线对该篇文献进行全文阅读。

⑥下载全文按钮：可将该篇文献下载保存到本地磁盘。

⑦OA全文链接：可开放获取的文献即会出现此按钮，点击按钮后链接到该本期刊的官方OA页面。

⑧细览展示面板：可获取该篇文献的详细信息，点击知识点链接即可查看相应对象内容。

⑨文献关系面板：可全方位获取该篇文献的参考引用关系，点击相关节点后即可查看详情。

5. 期刊文献导航流程介绍

（1）打开期刊导航页面

打开“维普中文期刊服务平台7.0”，点击“期刊导航”按钮，进入期刊导航页面，如图7–9所示。

页面说明：

①期刊检索面板，你可以切换检索入口，实现期刊资源的检索。

系统支持以下检索入口：“刊名”“ISSN”“CN”“主办单位”“主编”“邮发代号”，方便您按需切换。

②聚类筛选面板，系统提供核心刊导航、国内外数据库收录导航、地区导航、主题导航多种期刊聚类方式，方便你按需进行切换。

③按首字母查找，你可以通过首字母的方式查找期刊。

④按类别浏览，你可以通过学科类别的方式浏览期刊。

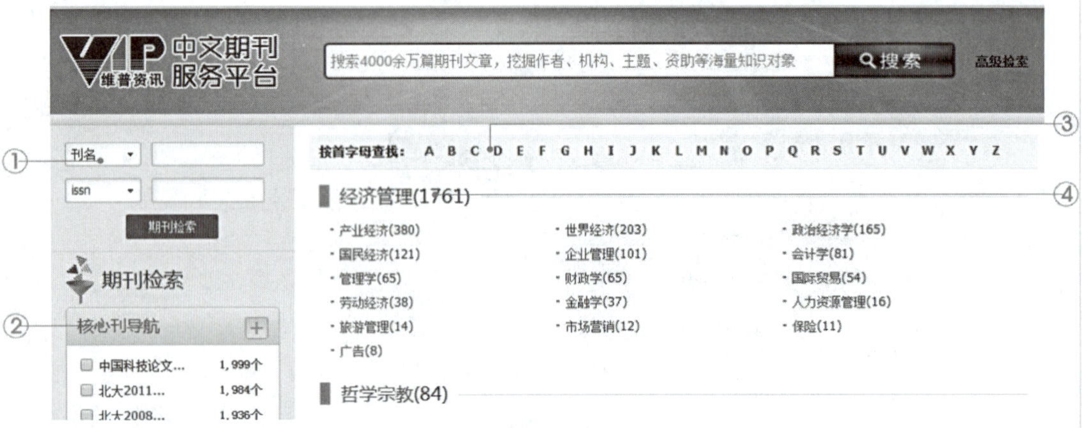

图 7-9　期刊导航页面

（2）选择查找期刊路径

期刊导航分为期刊检索查找、期刊导航浏览两种方式。

如果你已经有明确的期刊查找对象，建议你用期刊检索的方式快速定位到该刊；如果你没有明确的期刊查找对象，建议你用期刊导航的方式自由浏览期刊。

范例1：使用检索的方式找到期刊《中国矿业》。

在期刊检索面板“刊名”后的文本框内，输入“中国矿业”，点击“期刊检索”按钮；

在期刊检索结果页面，找到目标期刊“中国矿业”，点击期刊名链接，即可查看该期刊详细信息。

范例2：使用浏览的方式找到期刊《中国矿业》

在期刊导航页面右侧的学科细分列表，找到“矿业工程”分类并点击；

在期刊列表页面找到目标期刊“中国矿业”，点击期刊名链接，即可查看该期刊详细信息。

（3）获取目标期刊资源

在期刊检索结果页面，找到期刊《中国矿业》，点击刊名即可浏览详细信息，如图7–10所示。

页面说明：

①封面目录查看：点击查看期刊封面及目录信息。

②发文情况概览：查看期刊最新发文信息。

③关注下载期刊：扫描二维码即可将期刊文献下载到移动设备。

④导出分析报告：点击查看期刊计量分析报告并下载。

⑤相关标签切换：切换不同标签查看相应信息。

⑥期刊详情展示：查看期刊基本信息。

⑦期刊价值展现：查看期刊获奖及被国内外数据库收录情况。

⑧期刊数据链接：点击链接获取相应期刊数据及馆藏信息。

⑨期刊收录汇总：点击链接查看该期次期刊发表的文献信息。

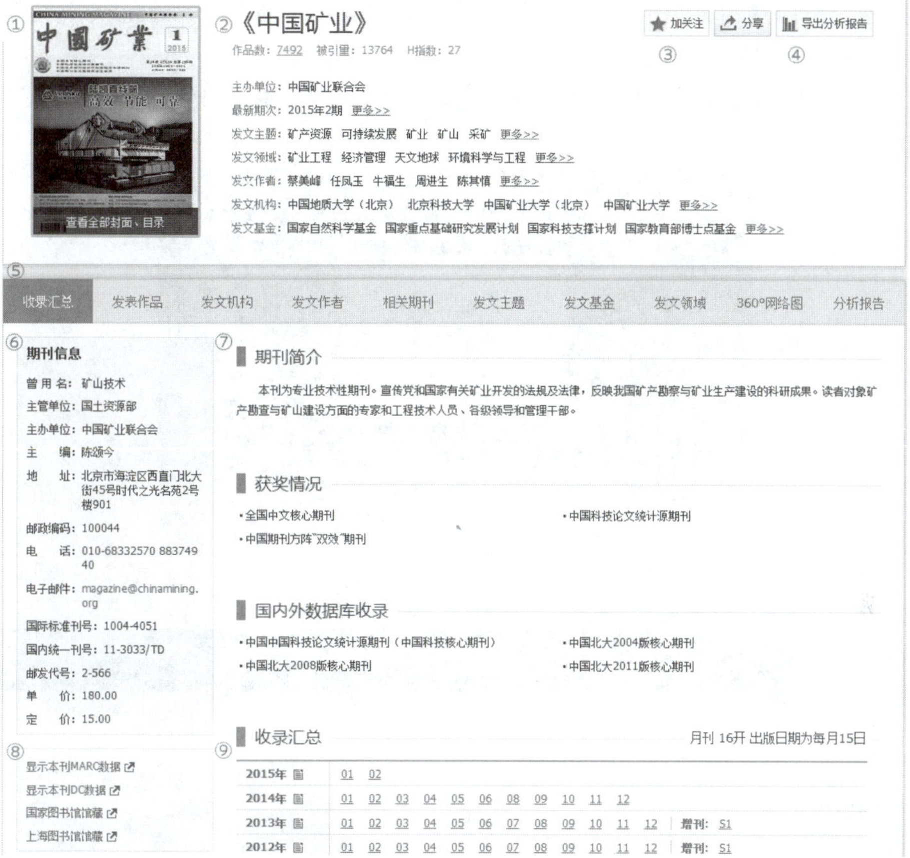

图 7-10 检索结果显示

6．期刊手机助手 APP 使用流程介绍

①扫描平台右侧的APP下载二维码，下载并安装中文期刊手机助手APP。

②取得中文期刊手机助手APP使用权限，运行中文期刊手机助手APP，通过手机号码验证，绑定已有的用户权限，见图7-11。

机构用户，可选择接入机构取得授权的IP范围内的Wi-Fi网络，通过IP判断，取得访问权限；也可以选择使用APP自带的二维码扫描功能，扫描平台PC端访问页面（http://qikan.cqvip.com/）右上方的授权二维码，取得访问权限，见图7-12。

图 7-11 用户登录和绑定页面

图 7-12 PC 端访问页面

个人用户可以通过输入自己在维普期刊平台（http://qikan.cqvip.com/）上注册的用户名、密码登录后使用。

③使用已经取得权限的APP扫描PC界面登录二维码，反向授权PC登录平台，见图7-13。

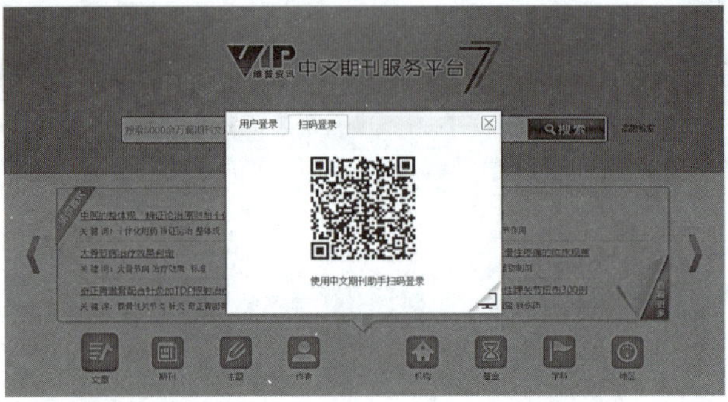

图7-13 PC端二维码登录界面

任务三 万方数据知识服务平台

小资料

数据库产业

数据库产业是现代信息产业的基础，一个国家拥有多少自己的数据库，能用数据库提供多少服务，是其现代化水平的标志之一。当今，一些发达国家纷纷建设本国的数据库产业，如美国的数据库生产商有1000多家，国产数据库4000多个，占世界数据库总量的80%，有著名的大型国际联机检索系统13个，年产值40多亿美元；欧共体有1000多个商业化数据库，联机系统50多个，欧洲的数据库产业年产值也达20亿美元；日本有从事数据库行业的机构100多家，它的信息服务系统完全商业化和产业化，年产值将近2000亿日元。而我国信息产业估计年产值还差距甚远。

1. 概述

万方数据资源系统由中国科学技术信息研究所（原名中国科学技术情报研究所，简称中信所）开发建立。中信所是我国成立最早、规模最大的国家综合性科技信息中心，长期以来一直从事信息检索与服务工作，是我国最早引进国外联机数据库的机构，也是最早成立科技信息查新站和最早自主建设联机数据库的单位。万方数据公司在发展数据库的同时，也在积极打造一个全面的知识服务平台，如图7-14所示，网址是http://www.wanfangdata.com.cn/。在这个数据平台除了可以对万方的所有数据库检索以外，还可以进行知识脉络分析、学术统计分析、论文相似性检测、电力/冶金/船舶行业的知识专题服务、编辑部专用服务、作者的投稿、论文托管等服务。

图 7–14 万方数据资源系统首页

2. 主要数据资源

（1）学术期刊数据库。总记录数为36959551条（该数据统计截止日期是2017年6月，下同），是万方数据知识服务平台的重要组成部分，收录了多种科技及人文和社会科学期刊的全文内容，其中，绝大部分是进入科技部科技论文统计源的核心期刊。

（2）学位论文数据库。总记录数为3905694条，收录了国家法定学位论文收藏机构——中国科技信息研究所提供的自1980 年以来我国自然科学领域各高等院校、研究生院及研究所的硕士研究生、博士及博士后论文。

（3）会议论文数据库。总记录数为3342338条，收录由中国科技信息研究所提供的国家级学会、协会、研究会组织召开的各种学术会议论文，每年涉及1000 余个重要的学术会议，范围涵盖自然科学、工程技术、农林、医学等多个领域。

（4）外文文献数据库。总记录数为34935471条，包括外文期刊论文和外文会议论文。外文期刊论文收录了1995年以来世界各国出版的12634种重要学术期刊，部分文献有少量回溯。外文会议论文收录了1985年以来世界各主要学协会、出版机构出版的学术会议论文，部分文献有少量回溯。

（5）专利技术数据库。总记录数为55660038条，收录了国内外的发明、实用新型及外观设计等专利，内容涉及自然科学各个学科领域。

（6）中外标准数据库。总记录数为430530条，综合了由国家技术监督局、建设部情报所、建材研究院等单位提供的相关行业的各类标准题录，包括中国标准、国际标准以及各国标准。

（7）科技成果数据库。总记录数为882166条，主要收录了国内的科技成果及国家级科技计划项目。内容由中国科技成果数据库等十几个数据库组成，内容涉及自然科学的各个学科领域。

（8）图书数据库。总记录为48352条。

（9）政策法规数据库。总记录为978874条，主要由国家信息中心提供，信息来源权威、专业，对把握国家政策有着不可替代的参考价值。收录自1949年新中国成立以来全国各种法律法规。

（10）机构数据库。总记录数为199205条，收录了国内外企业机构、科研机构、教育机构、信息机构各类信息。

（11）科技专家数据库。总记录数为12120条，收录了国内自然科学技术领域的专家名人信息，介绍了各专家的基本信息、受教育情况及其在相关研究领域内的研究内容及其所取得的进展等信息。

以上数据库资源每月更新。

3．万方数据库文献获取方法

注册登录 → 检索文献 → 支付 → 下载

注册：

（1）点击页面右上方的“免费注册”按钮，打开注册页面。

（2）填写注册信息，必填项必须完整填写，其中用户邮箱用于找回密码。

（3）阅读万方数据用户服务协议，确认无误后提交。

支付方式可分个人和机构用户，个人用户有以下三种方式：

（1）手机支付（只限中国移动用户）。

（2）万方数据“我的钱包”支付，将会拥有一个虚拟账户“我的钱包”，可以使用“我的钱包”进行即时支付。

（3）账户支付。充值和支付的具体操作方法可在主页下方的“使用帮助”下的“如何支付”和“如何充值”中找到。机构用户实行包年、包库的方法。

4．检索方法

万方数据资源首页上部是一个检索平台，可在多个数据库点击切换，如图7-15所示。

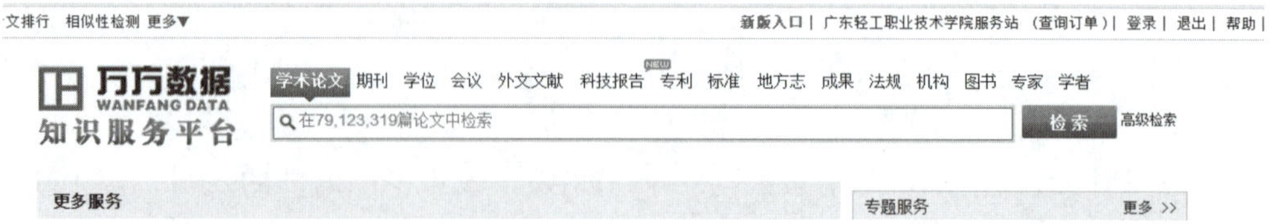

图7-15 万方数据库首页

检索时，首先要选择数据库，再选择是简单检索还是高级检索，如果是跨库检索，则先点击“跨库检索”按钮，跨库检索中只有高级检索和专业检索这两种方式。

（1）简单检索

选择好数据库后，输入检索词，如图7–15所示选择的是“学术论文”数据库，设定好检索词，点击“检索论文”按钮，即可得到结果。

（2）高级检索

选择好数据库后，点击“高级检索”按钮，即可进入高级检索界面。图7–16是学术论文数据库中的高级检索界面，有多项检索字段可选，如：主题、题名或关键词、题名、创作者等，系统默认为“全部”。

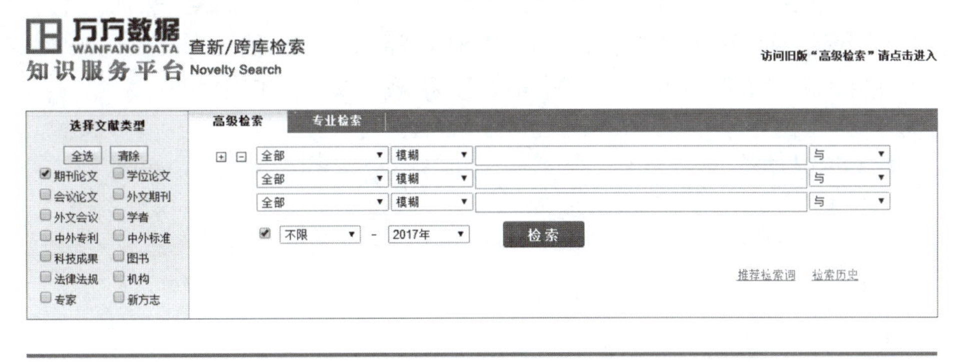

图 7–16　学术论文数据库高级检索界面

（3）专业检索

点击“专业检索”按钮，即可进入专业检索界面。直接在输入框内输入检索式，或者在高级检索中构造检索条件，由系统自动生成表达式。

例：要检索主题是信息检索，并且关键词中含有高职教育的文献，表达式是：主题：（信息检索）* 关键词：（高职教育）。

（4）跨库检索

点击“跨库检索”按钮，左边是可选的数据库，中间是检索条件输入区，可以进行高级检索或专业检索。

5. 检索结果

检索结果主要分三部分：

（1）左边是按学科、发表时间、论文类型、期刊分类等多种方式进行的分类，每一类别的右边会显示命中记录的数量，点击可看到该类文献的详细条目。分类的项目视各个数据库的不同而有差异，如成果库中就分为成果分类、鉴定年份、公布年份、省份这几类。

（2）右边的上部是二次检索的控制项，有标题、作者、关键词、起止年份等控制选项，同样是视各个数据库的不同，项目会有所差异。当一次检索结果不满意时可在此输入检索项，进行二次检索，提高检索精度。

（3）右边的下部是命中记录的介绍。对命中记录可进行相关度优先、新论文优先、经典论文优先等排序。每条记录都会有简单的介绍：论文类型、发表在哪里、作者、文摘、关键词等，且这些信息都会有链接，进一步对该内容做深入的介绍。点击论文标题可打开这篇论文的介绍。

6．全文下载及浏览

有两个入口进去：

（1）点击检索结果中每条记录最下方一行的“查看全文”“下载全文”的任一按钮，根据页面提示进行下载，同时下载阅读器。

（2）点击论文题名，可进入信息节页，如图7-17所示，可查看该篇文献的详细信息如题名、作者、机构、摘要等，还包含各种扩展信息如：参考文献、引证文献、相似文献，且这些扩展信息均为动态增长，将随着万方资源的增加而增长。这与CNKI的知网节有相似的功能。在这个页面也有“查看全文”“下载全文”的按钮点击。

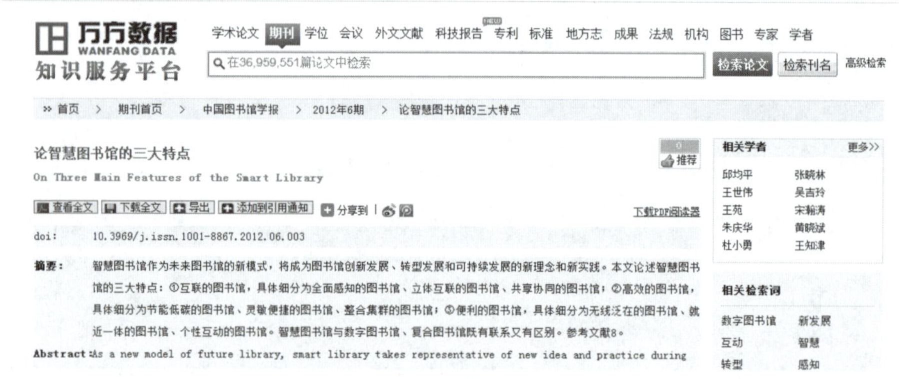

图 7-17　万方数据库信息节（部分）

（3）记录信息导出。在检索结果页或信息网页点击“导出”按钮，左边是导出内容的格式，右边是列表，再点击“复制”或“导出”按钮，就可保存到指定的文件夹（图7-18）。

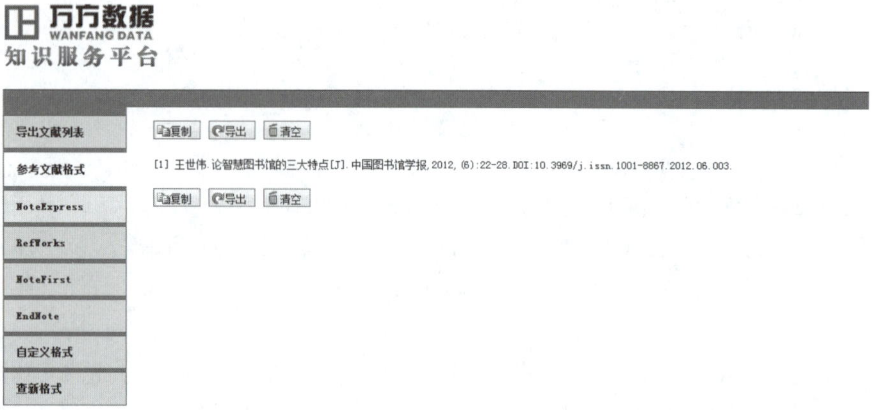

图 7-18　万方数据库题录导出——参考文献列表格式

任务四 超星系列数据库

小资料

电子图书与纸质图书之争

日益盛行的电子图书和电子阅读器大有扼杀纸质图书之势，因此有些人认为纸质图书很快就会消失。但实际的调查表明，当前和未来几年纸质图书将仍旧是美国出版市场的主导。

电子图书以成本低、信息量大、内容丰富、可检索、可复制、可图文声像结合、携带方便、易于进行各种资料处理，提高工作效率等优点，在过去的十几年间得到迅速发展。2011年12月当当网电子书内容平台正式上线，2012年2月京东商城宣布将在2月份启动电子书刊付费下载项目，此外，苏宁电器、亚马逊中国也在酝酿内容平台的上线，加上此前的云中书城、汉王书城、九月网、淘花网、大佳网以及三大电信运营商搭建的数字阅读基地，电子书的内容投送平台已达十余家，业界普遍认为，2012 年将成为数字图书领域争夺战元年。

另一方面，据美国《出版商周刊》2010年年底的报道，根据美国大学商店协会旗下校园研究部门的最新调查数据显示，电子书和电子阅读器尽管目前是大学校园的热点话题，但是74%的大学生仍然钟情于纸质图书，仅有13%的大学生在过去3个月来购买了电子书，其中大多数人表示是课程的需要；仅有8%的大学生拥有专用电子阅读器，而没有此类设备的59%的大学生表示未来几个月没有购买计划。

1. 概述

超星系列产品均由北京世纪超星信息技术发展有限责任公司投资兴建，超星公司是国内最早从事纸质资料的数字化以及制作电子出版物的公司；于2000年建成世界最大的中文数字图书馆；2000年5月超星数字图书馆被列为国家863计划中国数字图书馆示范工程；超星数字图书馆目前藏书量达到300万种，并且每年以十万种左右的速度递增，是中国目前规模最大的数字图书馆解决方案提供商和数字图书资源提供商。

2. 超星数字图书馆

超星数字图书馆以镜像站方式进入，主页如图7–19所示。

（1）检索方法

系统提供快速检索和高级检索两种方法。

①快速检索：系统默认状态是快速检索，选择“书名”“作者”“目录”“全文检索”作为检索字段，输入检索词，点击“检索”按钮即可，还可以在分类导航区限制图书所属类别，提高查准率。如果检索结果不满意，可进行二次检索。

②高级检索：点击“高级检索”按钮进入高级检索界面，如图7–20所示。

图 7–19　超星数字图书馆主页（部分）

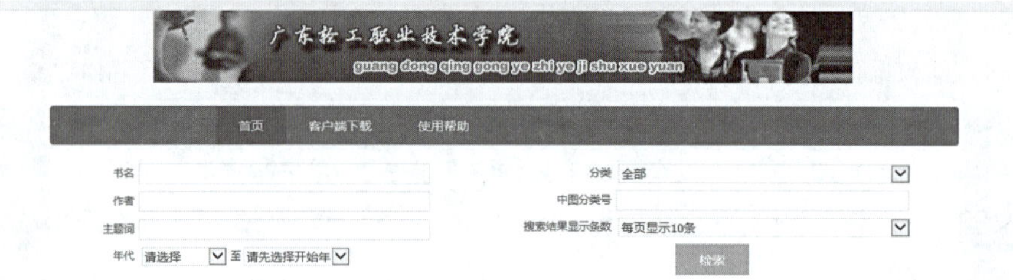

图 7–20　超星数字图书馆高级检索

高级检索提供书名、作者和主题词三种检索途径，三种途径可任意组配，还可以限制出版时间和检索范围，对检索结果可以按出版日期或书名进行升序或降序的排列。

（2）检索结果

①每页显示记录可进行10、15、20条的选择；

②结果可按列表显示或详细结果显示；

③排序可选择书名或出版日期；

④点击书名可直接在线阅读；

⑤点击分类，可直接检索相关类别的图书。

超星数字图书馆的图书检索后，可以通过阅读器阅读和网页阅读两种方式进行阅读。如果要下载电子图书，必须安装超星阅读器。

用超星阅读器除了可以打开数字图书之外，还可以：

①图书下载。可以对整本图书下载，保存到本地磁盘。

②对文字进行复制。通过点击按钮T，按行方式选取文字，或按钮T按区域选取文字，然后按着鼠标左键在页面上拖动，选中的字体变成蓝颜色，点击鼠标右键选择“复制”即可。

③对图片进行复制或另存。通过点击按钮，然后按着鼠标左键在页面上拖动，当松开左键时在弹出的菜单中选择你需要的功能即可。

④对图书进行文字识别。超星图书全文为PDF格式，点击鼠标右键弹出菜单选择“文字识别”，按着鼠标左键在页面拖动，即可将选中的文字识别出来。（注：“文字识别”功能是有错误率的，务必要与原稿校对。）

⑤对图书进行标注。在阅读图书时可以对书中的内容做标记。标注有六种工具：批注、铅笔、直线、圈、高亮、链接。

⑥自动滚屏。在阅读书籍时，可以使用滚屏功能阅读书籍。

⑦更换阅读底色。使用“更换阅读底色”功能来改变书籍阅读效果。

⑧导入文件夹。通过此功能可以将所需资料导入“我的图书馆”文件夹，从而更好地管理自己的文件。

⑨历史记录。记录用户通过超星阅览器访问过的所有资源。

⑩书评功能，可以对每本图书“发表评论”，也可以看到其他人对此书发表的评论。

3. 超星读秀知识库

超星读秀知识库是由北京世纪读秀技术有限公司自主研发，拥有自主知识产权，能够实现统一整合。统一检索的系统平台，主要服务功能包括：元数据搜索引擎平台、海量的电子文献资源保障服务、提供云服务的文献传递服务等。

读秀提供八个搜索频道：知识、图书、期刊、报纸、学位论文、会议论文、文档和电子书，根据需要在不同频道中切换，输入检索词，点击搜索按钮即可，见图7-21。

图 7-21 超星读秀中文学术搜索

（1）读秀的图书搜索

点击“图书”按钮，选择检索字段，匹配方式，输入检索词，即可点击搜索按钮，也可以进入高级检索，对作者、书名、主题词、出版社、ISBN号、分类、出版时间等项进行限制，提高检准率。图7-22是检索结果页面。

图 7–22 读秀中文学术搜索检索结果

①可对检索结果进行逻辑匹配、排序。

②可查看检索结果的文本类型、出版年代、学科、作者等分类情况；或者可查看在其他频道的检索结果情况；所有这些信息都有链接，点击可进行相关的快速查询，且信息都是动态的，会随着读秀数据库的增加而变化，以期达到一次检索即可掌握该课题（方向）的基本文献情况、学术发展脉络，为学术研究提供了依据。同义词、相关词等全方位的提示功能，可以引导用户发现潜在的检索需求。

③点击图书封面，进入图书详细信息页面。

读秀所提供的文献获取方式，包括馆藏纸书、电子书、全国其他馆藏、文献传递、网络免费书、按需印刷等，可让用户的需求最大可能地获得满足。

（2）读秀的知识搜索

读秀实现了240万种书，9亿页资料的文本化，相当于把所有图书打碎，以章节为基础重新整合成一个海量的数据库。任何一句话（诗词）、任何一幅插图（图表）都可以在读秀中找到出自哪本书的哪一页。读秀的知识搜索就是基于全文搜索技术的知识点搜索。主页的默认状态就是知识频道的搜索。

检索时同时使用两个以上或较长的搜索词（句），以便快速准确命中所需结果（因为搜索词太短、太普通，由于命中结果太多，会造成无意义的检索）。

检索到的结果太多，或者不太准确。利用左侧的聚合（类）功能，以便快速筛选；利用在结果中检索或者高级检索，以便更准确。如果检索的是默认的全部字段，则改为标题等更准确的字段条件。利用一些语法，如知识频道的time：，减号，双引号等。

检索到的结果太少，或者没有。充分利用右侧相关，看其他类型的文献是否有命中；利用提示的外文关键词、同义词、相关词，以便调整关键词再进行检索。检索方式选项默认是“精确”，如选中“模糊”，结果数量会大增；手工处理分词：去掉一两个字，或加空格，有利于命中更多结果。

（3）读秀的多面搜索

通过上面读秀图书频道和知识频道的介绍，可以看出在读秀中文学术搜索中，检索任何词时，会同时得到相关的人物、工具书、图书、期刊、报纸、会议论文、学位论文、网页、图片、视频、专利、标准等各种文献类型的资源。

4．超星百链云图书馆

百链云图书馆和读秀中文学术搜索都是超星公司旗下的新产品，是数字图书馆专业学术搜索引擎，目前已实现与700多家图书馆馆藏书目系统、电子书系统、中文期刊、外文数据库系统集成。读者可直接通过网上提交文献传递申请，并且可以实时查询申请处理情况，以在线文献传递方式获取文献传递网中其他成员单位图书馆丰富的电子文献资源。百链云图书馆目前加入的图书馆超过1123家，可利用的区域图书馆达67个，涉及的中外文数据库超过368个，中文资源传递满足率达到96%，外文资源传递满足率达到92%。

百链云图书馆检索方法分为简单检索和高级检索两种。

（1）简单检索

以期刊频道为例，在检索框中输入关键词“智慧图书馆”，然后点击“中文文献搜索”，将在海量的期刊数据资源中进行查找，见图7–23。

图 7–23　百链云图书馆简单检索页面

如果要获得外文资源，可点击“外文文献搜索”。另外，可以在搜索框下方选择：全部字段、标题、作者、刊名或关键词、作者单位和ISSN检索。

浏览检索结果，从检索结果中可以通过左侧的“年代、期刊、学科和期刊种类”来缩小搜索范围。在屏幕右侧，可以通过多面搜索功能选择其他文献类型，如图书、报纸、学位论文、会议论文等。

（2）高级检索

百链云图书馆高级检索分中外文期刊高级检索、报纸高级检索、中外文学位论文高级检索、中外文会议论文高级检索、信息咨询高级检索、专利高级检索，其具体检索方法与读秀数据库高级检索类似，在此不再赘述。

5. 超星移动图书馆

超星公司作为最大的中文电子书提供商、国内最大的学术视频和学术搜索提供商，一直致力于服务数字图书馆建设。超星移动图书馆是超星公司专门为各图书馆制作的专业移动阅读平台，用户可在手机、Pad等移动设备上自助完成个人借阅查询、馆藏查阅、图书馆最新咨询浏览，同时拥有超过百万册电子图书，海量报纸文章以及中外文献元数据供用户自由选择，为用户提供方便快捷的移动阅读服务。

（1）超星图书馆特点

①具备对已有图书馆应用系统的高度集成。超星移动图书馆不仅仅是一个孤立的软件平台，它是对性能优良的图书馆集成管理系统、OPAC系统、数字图书馆资源、一站式搜索系统、文献传递系统等应用系统服务的高度集成，系统具有强大的应用服务能力。

②拥有功能强大的一站式搜索引擎。系统应用元数据整合技术对馆内外的中外文图书、期刊、报纸、学位论文、标准、专利等各类文献进行了全面整合，在移动终端上实现了资源的一站式搜索、导航和全文获取服务。

③集成了丰富多样的海量信息资源。通过超星移动图书馆并依托云服务架构，读者可以查找和获取的内容包括电子图书、期刊论文、报纸，以及学位论文、会议论文、标准、专利等中外文文献。同时，充分考虑到手机阅读的特点，超星移动图书馆还专门提供3万多本e-pub电子图书，7800多万篇报纸全文供手机用户阅读使用。

④先进高效的云服务共享架构。系统接入文献共享云服务的区域与行业联盟已达78个，加入的图书馆已有723家；24小时内，文献传递请求的满足率：中文文献96%以上，外文文献85%以上。

⑤自由而个性化的服务体验。通过设置个人空间与图书馆OPAC系统的对接，实现了馆藏查询、续借、预约、挂失、到期提醒、热门书排行榜、咨询等自助式移动服务，并可以自由选择咨询问答、新闻发布、公告（通知）、新书推荐、借书到期提醒、热门书推荐、预约取书通知等信息交流功能。

总之，超星移动图书馆依托资源、技术优势，深入分析移动图书馆读者需求，帮助任何用户（Any user）、在任何时候（Anytime）、任何地点（Anywhere）获取任何图书馆（Any library）的任何信息资源（Any information resource），为最终实现数字图书馆的最终目标奠定坚实基础。

（2）超星图书馆使用

①下载客户端方法。读者可使用手机或移动设备访问WAP版，同时超星移动图书馆也支持各种移动终端，包括安卓手机、苹果手机、iPad、安卓Pad等，通过扫描二维码下载客户端，见图7-24。

下载之后，打开客户端，首先在客户端左上角点击♀图标，然后选择地区，找到所需单位，点击进去使用账号、密码进行登录，见图7-25。

②检索方法：馆藏查询。

第一步：点击首页“馆藏查询”，打开馆藏查询页面。

第二步：输入想要查询的图书，点击搜索。

第三步：在检索页面选择要检索的图书。

图 7-24 超星移动图书馆二维码 图 7-25 超星移动图书馆主页面

另外，通过移动图书馆选择想要续借的图书，点击续借按钮，即可成功进行续借。通过移动图书馆，还可以下载电子图书到个人书架，实现离线阅读，更有丰富的学术资源、公开课、报纸、视频等资源等可供体验。

任务五 其他中文数据库

1．中文社科引文索引数据库（CSSCI）

中文社会科学引文索引（Chinese Social Sciences Citation Index）是由南京大学中国社会科学研究评价中心开发研制的引文数据库，用来检索中文人文社会科学领域的论文收录和被引用情况，自2000年问世以来，已成为中文社会科学研究成果评估的重要指标，被誉为“中国的SSCI”。

CSSCI来源文献的确定，以全国3500多种中文学术期刊为基本范围，以刊物能反映我国社会科学各学科领域最新研究成果且学术水平较高、社会影响较大、编辑出版较为规范为基本原则，通过量化刊物的影响因子（权重占95%），兼顾学科完整性、学科规模、地区因素、人力资源因素（权重占5%），并经全国1000多名各学科专家主观评价，最终遴选出400余种重要刊物。登录方法：http://cssci.nju.edu.cn/login u.html，见图7-26。

CSSCI主要从来源文献和被引文献两个方面向用户提供信息，支持布尔逻辑和模糊检索。来源文献检索主要用来检索本索引所选用的源刊的文章作者（作者单位）、篇名、学科类别等，见图7–27。

被引文献检索主要用来查询作者、论文、期刊等被引用的情况，见图7–28。

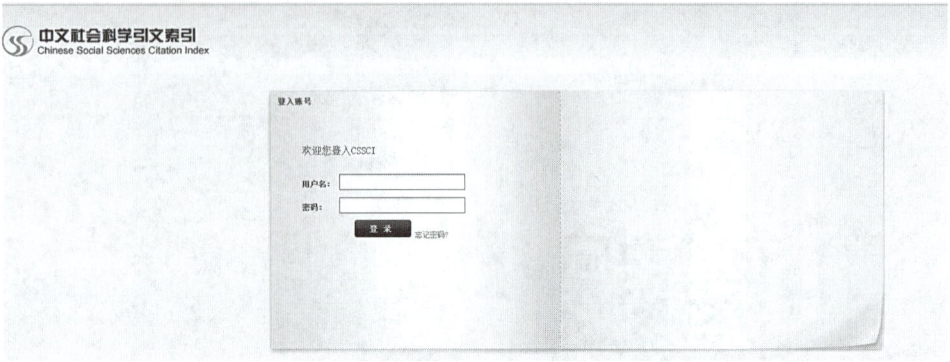

图 7–26　中文社会科学引文索引登录界面

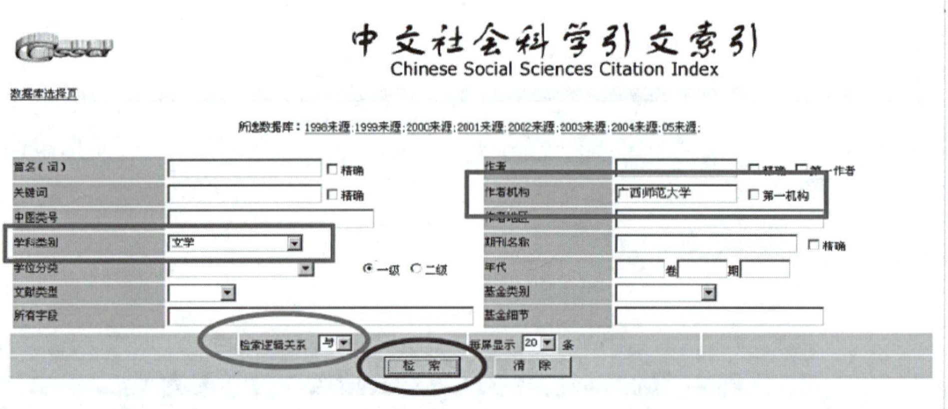

图 7–27　中文社会科学引文索引来源文献检索主界面

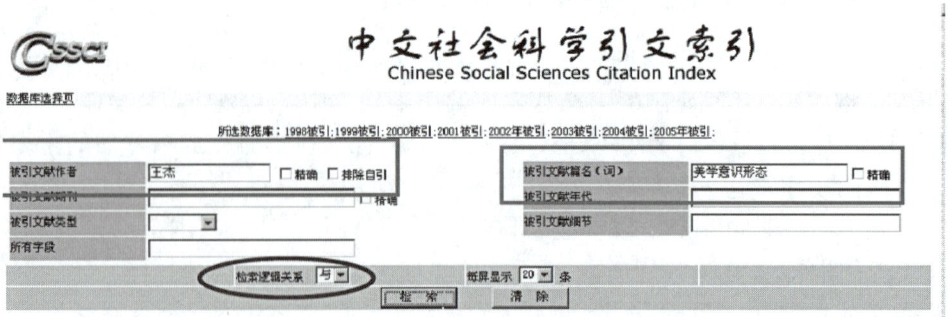

图 7–28　中文社会科学引文索引被引文献检索主界面

2．国务院发展研究中心信息网（国研网）

国务院发展研究中心信息网（以下简称国研网）是由国务院发展研究中心主管、国务院发展研究中心信息中心主办、北京国研网信息有限公司承办的大型专业性经济信息服务平台，创建于1998年3月，并于2002年7月31日正式通过ISO 9001：2000质量管理体系认证，2005年8月顺利通过ISO 9001：2000质量管理体系换证年检，是中国著名的专业性经济信息服务平台，也是中国各级政府部门、研究机构和企业等获取中国经济政策和经济运行数据的重要信息源。

登录方法：http://www.drcnet.com.cn/www/integrated/，首页如图7–29所示。

图7–29 国研网首页

3．中科VIPExam考试学习资源数据库

中科VIPExam考试学习资源数据库是由中科软股教育科技（北京）股份有限公司开发的一套集日常学习、考核考评、在线无纸化考试等功能于一体的教育资源库软件。

首先，VIPExam数据库是一个收录海量学习资源（以试卷为主要载体）的数据库。VIPExam数据库目前涵盖了外语类、计算机类、考研（含在职考研）类、公务员类、财经类、司法类、医学类、工程类、自考类、职业资格类、实用职业技能类等12大专辑1645小类热门考试科目，总题量已超过16.7万套。版权清晰透明，试题来源权威，使VIPExam数据库成为真正意义上的学习资源数据库。

其次，VIPExam数据库也是一个功能全面的“教考学”平台。数据库提供了前台应用系统（适用对象为读者）和后台管理系统（适用对象为图书馆技术人员），功能涵盖了在线无纸化考试、自建题库、交互式学习、自测练习等方方面面。

登录方法：http://10.0.5.53：8010/，首页如图7–30所示。

图 7–30　中科 VIPExam 首页

4．软件通——计算机技能自助式网络视频学习系统

“软件通”是中新金桥信息技术（北京）有限公司研发的计算机技能自助式网络视频学习系统，该产品推出市场超过十年，全国用户超过1000家，其中包括高校、职业院校、基础教育、公共图书馆等客户。

“软件通”几乎涵盖商业、创意、计算机技术领域全部职业技能软件教学视频，涉及超过120种软件，并且每年持续新增软件内容和扩充新的教学视频。

“软件通”采用微课形式，每节课程5～10分钟，讲解一个独立的知识点或技能操作案例，通过学科知识体系将知识点实现关联，更有针对性地提升学习者计算机软件应用和实际操作能力。

课程内容由精通该软件的教师或该专业精英撰写脚本并全程讲解，内容专业性强、内容完整、易于使用，符合学习者的学习习惯。

登录方法：http://zxjq.softtone.cn，首页如图7–31所示。

图 7–31　软件通检索主页

任务六 国外数据库

目前常用的综合性英文全文数据库有EBSCOhost、ProQuest系统全文数据库、AST、Elsevier、ARL、ASP、BSP、KLUWER、IEL、JSTOR、World Scientific等，书目数据库主要有CSA、INSPEC、EI Village、Web of Science、ISTP、CC等。

国外的许多英文数据库，如EBCSO、Springer、Elsevier等都在国内设立了镜像站点，国内用户可以直接登录镜像站点；没有设立镜像站点的数据库，用户可以通过数据库供应商租用的专线登录国外站点，无须支付国际网络流量费。但是，无论是国内的镜像站点还是国外站点，数据库供应商一般通过各个购买者的IP地址提供服务，如果不在指定的IP地址范围内则不能登录数据库或者不能享受全部服务。

小资料

高校外文数据库

据2010年在中山大学举办的“资源合作、共享与可持续发展研讨会暨CALIS第八届国外引进数据库培训周”发布的数据显示，2009年全国高校采购各类国外数据库的费用达到了3.2亿人民币！全国“211工程”高校用于图书馆购买电子资源的费用约占到教育费用支出的3成以上，而且未来这方面投入仍将继续增长。但这样的资金投入力度与外国相比还是存在很大差距，如美国哈佛大学购买数据库就花费了2亿美元。

由于外文数据库的需求较大，即使其价格较高，各校图书馆也不敢轻易停止购买。为使价格降下来，各高校一般组成联盟集体购买，这样比单个图书馆购买价格要低20%～30%。同时各高校对外文数据库的需求也有所差异，理工科的高校比例较大，达到了70%，而文科综合高校的比例大约在40%。

1. EBSCOhost 系统全文数据库

EBSCO是美国提供期刊、文献订购及出版服务的专业公司。

EBSCOhost是EBSCO公司三大数据库系统之一，用于数据库检索。其他两个系统是EBSCO Online和EBSCOnet，分别为电子期刊系统和期刊订购信息系统，登录地址为：http://search.ebscohost.com/，见图7-32。

BSCOhost是目前世界上收录学科比较齐全的全文数据库检索系统，收录了近万种期刊全文，其中一半以上是SCI、SSCI的来源期刊，涉及自然科学、社会科学、人文和艺术科学等各个学科领域。

BSCOhost数据库检索系统除了提供其本身拥有的数据库文献信息外，还可以通过智能链接（SmartLinks）链接到其他 EBSCO数据库或电子期刊服务系统，获取其中的全文；通过链接服务器（LinkSource）双向链接到其他知名的文献出版和发行公司的数据库中；通过定制链接（CustomLinks）链接到图书馆的OPAC系统或其他希望连接的信息源。

图 7–32 EBSCO 检索主页

BSCOhost的主要数据库有：

（1）学术期刊集成全文数据库（ASP）。

（2）商业资源全文数据库（BSP）。

（3）教育资源文摘数据库（ERIC）。

（4）动物数据库（EBSCO Animals）。

（5）医学数据库（MEDLINE）。

（6）报纸资源数据库（Newspaper Source）。

（7）职业教育全文数据库（Professional Development Collection）。

（8）历史参考数据库（History Reference Center）。

（9）世界杂志数据库（World Magazine Bank）。

（10）传媒与大众传播数据库（Communication & Mass Media Complete）。

EBSCOhost采用IP地址控制访问权限，通过国际专线提供检索服务。校园网用户检索、下载文献信息无需支付国际网络通信费用，不需要账号和口令。

2. ProQuest 系统全文数据库

ProQuest系统全文数据库是美国ProQuest Information and Learning公司（原UMI公司）的产品。

该公司与世界上9000多家出版商保持着良好合作关系，提供期刊、报纸、参考书、参考文献、书目、索引、地图集、绝版书籍、记录档案、博士论文和学者论文集等各种类型的信息服务，内容涉及商业管理、社会与人文科学、科学与技术、金融与税务、医药学等广泛领域，格式采用数字化、缩微胶片及印刷版。

该公司的亚洲服务网站为http://www.proquest.com/，主页如图7-33所示

图 7-33 ProQuest 亚洲服务网站主页

目前ProQuest系统有80多个全文数据库，大部分是期刊论文数据库，收录内容偏重学术性，其中比较著名的有：

（1）博/硕士学位论文数据库。

（2）商业信息数据库。

（3）学术研究数据库。

（4）科学期刊全文数据库。

3. SpringerLINK 全文数据库

SpringerLINK是德国施普林格（Springer Verlag）出版集团出版发行的在线学术资源平台。施普林格成立于1842年，是全球最大的科学、技术和医学图书出版商。通过与世界各地300余家学术协会和专业学会的合作，施普林格提供一系列的在线产品和服务。资源涵盖建筑和设计、天文学、生物医学、商业和管理、化学、计算机科学、地球科学和地理、经济、教育和语言、能源、工程、环境科学、食品科学和营养、法律、生命科学、材料、数学、医学、哲学、物理、心理、公共卫生、社会科学、统计学等学科领域。

SpringerLINK是居全球领先地位的、最大的、高质量的科学技术和医学类全文数据库，包括各类期刊、丛书、图书、参考工具书以及回溯文档。SpringerLINK提供超过1900种同行评议的学术期刊以及不断扩展的图书产品，包括专著、教科书、手册、地图集、参考工具书、丛书等，此外还提供实验室指南、在线回溯数据库以及更多内容。2010年SpringerLink第四代界面推出，第四代界面以大量的用户使用研究为基础，全面提升用户界面和功能，使用户在更短时间内获得更精准的检索结果和相关内容。SpringerLINK的特点是将电子图书、期刊和丛书放在同一检索平台上，既可以分类型检索，也可以跨数据库检索。

目前，我国许多图书馆都引进了SpringerLINK数据库的在线服务，SpringerLINK采用IP地址控制使用权限，登录国内镜像站点，无须支付国际网络流量费，不需要使用用户

账号和密码。大部分期刊可以免费阅读全文，但也有一些期刊尚不能获得免费的全文。

SpringerLINK的网址是：http://www.springerlink.com，主页如图7-34所示。

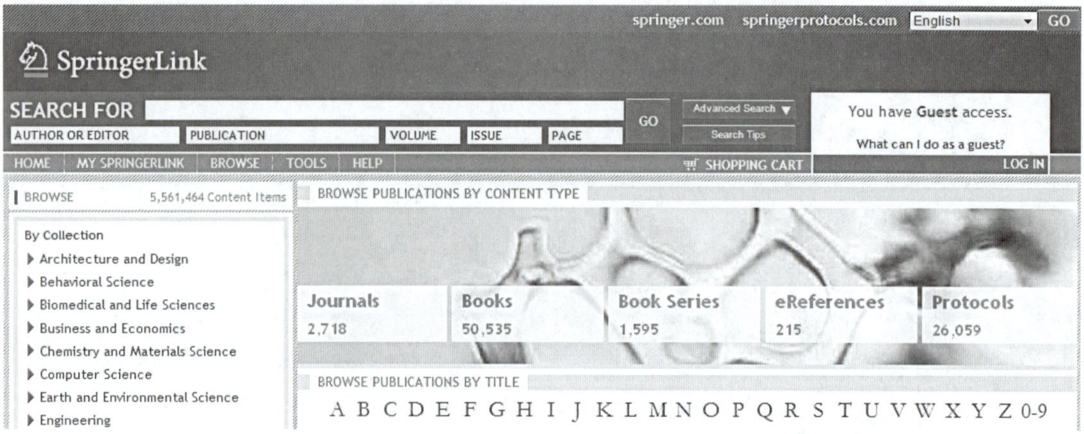

图 7-34　SpringerLINK 的主页

4. ISI Web of Knowledge 数据库

ISI Web of Knowledge是世界上著名的三大引文数据库的网络资源平台之一。

早在20世纪50年代，美国科学信息研究所（Institute for Scientific Information，ISI）相继研制了世界著名的《科学引文索引》（Science Citation Index，SCI），《社会科学引文索引》（Social Science Citation Index，SSCI）和《艺术与人文科学引文索引》（Art&Humanities Citation Index，A& HCI）。

后来ISI又创建了ISI Web of Knowledge网络数据库资源平台，它以Web of Science（WOS）为核心，凭借独特的引文检索机制和强大的交叉检索功能，有效地整合了多个重要的学术信息资源，提供自然科学、工程技术、生物医学、社会科学、艺术与人文等多个领域中高质量、可信赖的学术信息，其网址是：http://www.isiknowledge.com。

5. 工程索引（Engineering Index，EI）

美国《工程索引》创刊于1884年，报道的内容几乎覆盖了所有的工程技术领域。

《工程索引》（简称EI）收录的信息来自于50多个国家、20多种语言的5400多种期刊，1000多种国际会议录、论文集、学术专题报告，以及一些重要的工程科技图书、年鉴、标准等，内容包括文献的书目信息和文摘。EI的文摘比较简单，一般为100～200字，指明文章的目的、方法、结果和应用等方面，不涉及具体的技术资料。

El创刊至今，提供印刷版、缩微版、光盘版、网络版、Ei Village共5种产品形式。Ei Village是EI公司基于互联网发行的多种工程信息产品与服务的集成。

EI主要数据库是Compendex，它是目前全球最全面的工程领域二次文献数据库，侧重提供应用科学和工程领域的文摘索引信息，其中化工、计算机、电子与通信、应用物理、土木工程和机械工程学科所占比例最大，90%的文献是英文文献。该数据库对检索全世界范围内工程和技术文献、跟踪与评价技术新成果非常有用。

Ei Village的网址：http://www.engineeringvillage.com，首页如图7-35所示。

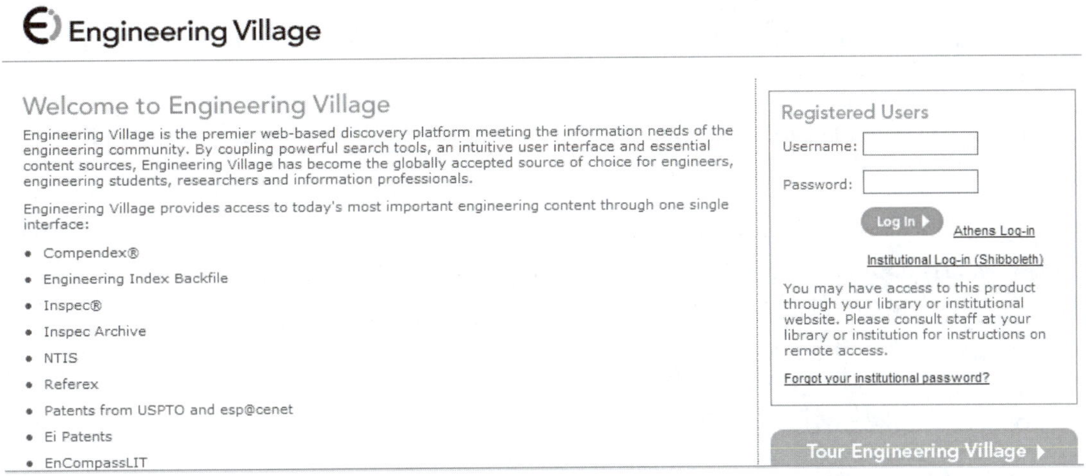

图 7-35 Ei Village 数据库首页

6. 化学文摘（Chemical Abstracts，CA）

《化学文摘》简称CA，是世界最大的化学文摘库，也是目前世界上应用最广泛，最为重要的化学、化工及相关学科的检索工具。创刊于1907年，由美国化学学会化学文摘社（Chemical Abstracts Service，CAS）编辑出版，CA报道的内容几乎涉及了化学家感兴趣的所有领域，其中除包括无机化学、有机化学、分析化学、物理化学、高分子化学外，还包括冶金学、地球化学、药物学、毒物学、环境化学、生物学以及物理学等诸多学科领域。其来源为1.4万种出版物，其中包括由150个国家和地区用约56种文字出版的期刊、会议录、技术报告、学位论文、图书等，以及26个国家和两个国际组织的专利文献。收录内容广泛，1989年CA的网址：http://www.cas.org/，首页如图7-36所示。

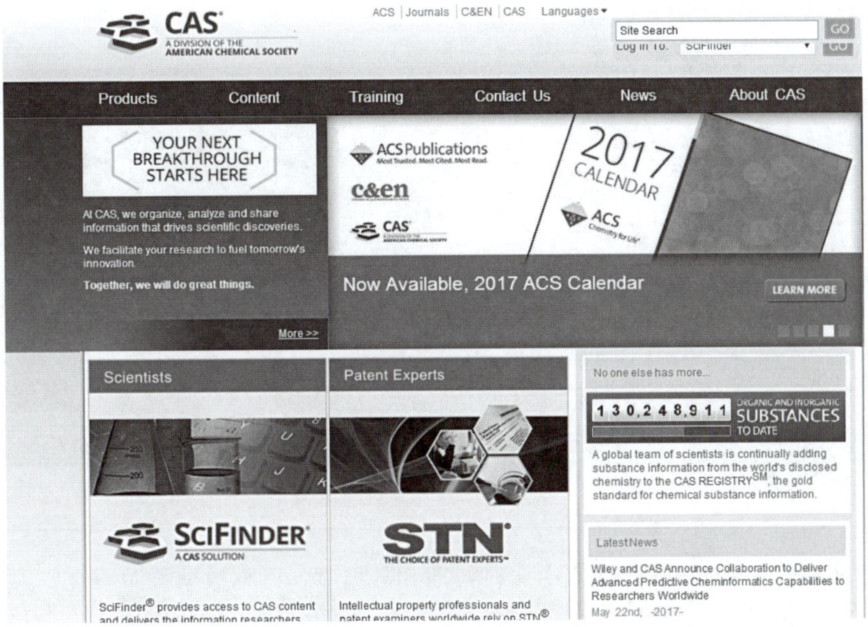

图 7-36 CA 数据库首页

7. 科技会议录索引（Index to Scientific & Technical Proceedings, ISTP）

科技会议录索引创刊于1978年，由美国科学情报研究所编辑出版，该索引收录生命科学、物理与化学科学、农业、生物和环境科学、工程技术和应用科学等学科的会议文献，包括一般性会议、座谈会、研究会、讨论会、发表会等，其中工程技术与应用科学类文献约占35%，其他涉及学科基本与SCI相同。由于该检索工具覆盖的学科范围广，收录会议文献齐全，而且检索途径多，出版速度快，已成为检索正式出版的会议文献的主要的和权威的检索工具。

8. OCLC 数据库

OCLC（Online Computer Library Center）即联机计算机图书馆中心，是世界上最大的提供文献信息服务的机构之一，作为一个非营利的组织，它以推动更多的人检索世界上的信息、实现资源共享并减少使用信息的费用为主要目的。OCLC的New Firstsearch是一个面向最终用户设计的交互式的联机信息检索系统，目前在中国主要使用New Firstsearch系统，其数据库绝大多数由一些美国的国家机构、联合会、研究院、图书馆和大公司等单位提供，并高频率地进行更新。数据库的记录中有文献信息、馆藏信息、索引、名录、全文资料等内容。资料的类型有书籍、连续出版物、报纸、杂志、胶片、计算机软件、音频资料、视频资料、乐谱等。

这些数据库被分成艺术和人文科学、工商管理和经济、教育、工程和技术、综合类、普通科学、生命科学、医学与健康、新闻和时事、公共事务和法律、社会科学等15个主题范畴。OCLC的网址：http://www.oclc.org/zh-Hans/home.html，如图7-37所示。

图 7-37 OCLC 数据库主页面

关键术语 中国知网；维普中文科技期刊数据库；万方数据资源系统；人大复印报刊资料全文数据库；超星图书；超星读秀学术搜索；简单检索；高级检索；专业检索。

ⓘ 核心提示

1．中国知网、维普中文科技期刊数据库和万方数据资源系统均是我国著名的学术期刊和专业文献全文数据库，但各有特色。中国知网收录文献种类齐全，期刊论文、学位论文、标准文献、专利、重要会议、年鉴、重要报纸等文献均有收录。其知网节通过概念相关、事实相关等方法动态揭示该课题（方向）的基本文献情况、学术，发展脉络等，为学术研究提供了大量的依据。

2．维普中文科技期刊数据库在收录科技期刊方面更齐全，其引文数据库是国内检索期刊种类最多的引文数据库。

3．万方数据资源的专家、机构数据库，知识脉络分析、学术统计分析、论文相似性检测等服务做得比较有特色。

4．超星图书是目前中国最大的网上数字图书馆。超星学术视频是目前全球最大的中文学术视频库。

5．超星学术搜索实现了本馆纸质中文图书和超星数字图书馆本地镜像图书的联合检索，同时提供图书和论文的全文检索和文献传递。

6．数据库检索一般都有简单（快速）检索、高级检索和专业检索，简单检索是在系统当前默认的字段中进行检索，高级检索是对检索条件，如出版年限、期刊范围、学科类别等进行控制，检索途径也可是多个字段匹配进行，使得检索结果更为精准。专业检索则是最准确的检索，但需要编写检索公式，使用数据库认可的运算符号、代码和语法（每个数据库会有差异），所以对检索人员有较高的专业检索技能要求。

7．数据库一般都有二次检索功能。当一次检索不满意时，可通过缩小或扩大检索条件，在检索结果的基础上再次检索，以求得到所需资料。

8．检索途径一般有题名、关键词、摘要、参考文献、分类号、作者（第一作者）、作者单位、刊名等，各数据库再视其特点添加或减少某些检索项，如学位论文数据库会增加导师、论文号项。

9．数据库提供的服务分个人用户和机构用户，个人用户通过在其网站上注册、付款得到相关信息服务，机构用户实行包库或包专题，用IP地址进行控制。

思考练习

1．什么是简单检索、高级检索、专业检索和二次检索，它们分别适用于哪种情况？

2．CNKI、维普、万方、超星读秀中文学术搜索这四个中文数据库在资源收藏上分别有什么特色？

3．指出CNKI、维普、万方、超星图书和超星读秀的使用方式。

4．指出有哪些常用的外文数据库及它们的资源特色。

5．分别利用CNKI、维普、万方、超星读秀检索某位任课教师2010年以来发表的文章，并指出哪些是发表在核心期刊上的。

6．在CNKI中检索2017年发表的主题中包含“数字图书馆”，但不包含“进展”“综述”“述评”的期刊文章，并通过知网节查看其中一篇的参考文献、相似文献、同行关注文献、相关作者文献等资料。

7．在维普数据库中查找管理学的期刊收录了多少种，其中核心期刊是多少种。

8．在维普数据库中检索《广东史志》的国内统一刊号、刊期、主办（管）单位、创办时间。

9．指出超星数字图书馆中收录了几本安妮宝贝的书，指出《告别薇安》一书的出版社和出版时间，下载此书，并把书中“上海冬天”和“午夜飞行”两篇短文的第一段进行采集，做成一个Word文档。

10．利用本模块所讲的国内主要中文数据库，检索与你所学专业相关的文献资料。

模块八

特种文献检索

学习目标

能力目标

1. 了解专利文献的特点和种类
2. 了解标准文献的特点和类型
3. 了解商标文献的特点和类型

知识目标

1. 掌握专利、标准、商标文献信息检索获取方法
2. 掌握专利、标准、商标文献的发展和应用

知识架构

特种文献检索

- 任务一 专利文献检索
- 任务二 标准文献检索

重点难点

- 专利信息类型
- 标准信息类型
- 商标信息类型

导入案例

拖把挤干器侵权案

【案情】

美国勒博美商业产品有限责任公司（下称请求人）曾于2001年7月通过广州市工商管理部门向广州市某公司（下称被请求人）提出停止侵犯请求人“拖把挤干器”和“拖把桶”两项专利权的要求，被请求人于2001年7月8日向请求人作出了书面承诺停止侵权行为，但其后仍然销售侵权产品。

请求人于是向广州市知识产权局提出处理被请求人侵犯其名称为“拖把挤干器”（专利号95303241.8）和“拖把桶”（专利号96303047.7）两项外观设计专利权的请求，广州市知识产权局在2001年12月4日依法受理并于2001年12月11日向被请求人送达了答辩通知书和请求书副本，同时对被请求人的经营场所进行了现场勘验，发现其正在销售上述两种被控涉嫌侵权产品，并且仓库中还有大量的存货，广州市知识产权局依法提取了上述两种被控涉嫌侵权产品样品并对库存的涉嫌侵权产品数量进行登记。被请求人在收到请求书副本后没有向市局进行书面答辩。

广州市知识产权局在2002年1月25日对本案进行口头审理，在口审过程中，被请求人称其已向国家知识产权局专利复审委员会（下称复审委）提出申请宣告上述两项外观设计专利权无效的请求，请求广州市知识产权局中止本案处理，广州市知识产权局经对被请求人提出申请宣告上述两项外观设计专利权无效的理由和证据进行审查，认为被请求人提出中止处理的理由明显不能成立，因此，广州市知识产权局根据《专利法实施细则》第八十二条第二款的有关规定，作出对本案不予中止处理决定，并通知双方当事人。

【处理及结果】

广州市知识产权局经审理后查明，被请求人销售上述两种被控涉嫌侵权产品与上述两项外观设计专利公报上记载的外观设计专利产品图片进行对比，两者属于同类产品，两者的外观形状、图案相近似，其不同点只是两种被控涉嫌侵权产品的次要部分和比例与上述两项外观设计专利略有不同，但从整体观察上进行对比属于相近似。市局认为被请求人销售上述两种被控涉嫌侵权产品的行为依照《专利法》的有关规定构成侵权，于是2002年3月14日根据《专利法》等有关法律、法规、规章作出【2002】第16号处理决定：（1）责令被请求人立即停止侵权行为；（2）销毁库存侵权产品。

被请求人对广州市知识产权局的处理决定不服，于是向广州市中级人民法院提起了行政诉讼，市中院经审理后，2003年1月16日一审判决维持市局的处理决定。被请求人不服，于是向广东省高级人民法院提起了行政上诉，省高院经审理后，于2003年4月29日作出终审判决，维持广州市中级人民法院的一审判决并驳回了被请求人的诉讼请求。期间，复审委于2003年3月12日作出第4869号无效宣告请求审查决定书，驳回被请求人的无效宣告请求，维持了96303047.7号外观设计专利权有效。

请求人将广州市知识产权局作出的处理决定依法向广州市中级人民法院提起了要求被请求人赔偿经济损失的民事诉讼，目前，市中院已一审判决被请求人向请求人支付经济损失赔偿金人民币30万元。据了解，被请求人不服一审判决已向广东省高级人民法院提起上诉。

特种文献包括专利文献、标准文献、会议文献、科技报告和学位论文等。它们有不同于图书、期刊等常规文献的文献特点，拥有常规文献不可取代的价值。

特种文献有特有的检索标识、检索工具，因此，在信息检索方法方面，它们也有不同于常规文献的检索特点。它们在传递科技信息方面发挥的作用往往比常规文献还要大。

任务一 专利文献检索

专利文献是一种重要的特种文献，本任务将介绍专利的相关知识、专利文献的利用和专利文献的检索方法等内容。

1. 专利相关知识

（1）专利（patent）含义

专利一词在日常使用中往往有多种含义。在不同的场合，它有不同的含义。有时它指的是专利权，有时它指的是取得专利权的发明创造，有时它指的是专利文献。综上所述专利通常包括三个含义：专利权（patent right），专利技术（patent technology）和专利文献（patent document/literature）。

专利权是专利的核心，亦称独占权、垄断权。专利权是指一个国家授予创造发明人在一定时间内对该发明创造的独占实施权，包括以生产经营为目的专利产品的制造、使用和销售。专利权人在法律保护下享有一定期限的生产、使用或销售专利产品的独占权，他人未经专利权人许可，不得享受这种权利，否则就是侵权，要受到法律制裁。

专利权既是一种工业产权，又是一种知识产权。专利从法律上来说是一种知识产权。知识产权是一种无形产品的财产权。知识产权分为两部分，即“著作权”和“工业产权”。专利权和商标权属于工业产权。

专利权受法律保护，但这种保护是以专利技术的公开为前提，同时受地域性和时效性的制约。一项发明的专利权只能授予一次，一旦授予了专利权，任何单位或者个人未经专利权人许可，在规定的时间与地域内都不得实施其专利，即不得以生产经营为目的，制造、使用、销售、进口其专利产品，或者依照该专利方法直接获得的产品。但在一个国家依照其本国专利法授予的专利权，仅在该国法律管辖的范围有效，对其他国家没有任何约束力。若想在其他国家受到保护，则需另行申请并得到批准。专利权人对其发明创造拥有法律赋予的专利权，只有在法律规定的时间内有效。期限届满后，专利权人对其发明创造就不再享有专利权，此专利成为人类共同的财产，谁都可以无偿使用。

（2）专利类型

专利可分为：发明专利、实用新型专利、外观设计专利。

发明专利是指对产品、方法或其改进所提出的新的技术方案。发明专利保护期为20年。实用新型专利是指对产品的形状、构造或其结合所提出的适于实用的新技术方案。实用新型专利保护期为10年。外观设计专利是指对产品的形状、图案或其结合以及色彩与形状、图案的结合所做出的富有美感并适于工业上应用的新设计。外观设计专利保护期为10年。

（3）专利技术特征

授予专利权的发明和实用新型，应当具备新颖性、创造性和实用性。

①新颖性。新颖性是指在申请日以前没有同样的发明或者实用新型在国内外出版物上公开发表过、在国内公开使用过或者以其他方式为公众所知，也没有同样的发明或者实用新型由他人向国务院专利行政部门提出过申请，并且记载在申请日以后公布的专利申请文件中。

依据专利法的规定，申请专利的发明创造在申请日以前六个月内，有下列情形之一的，不丧失新颖性：在中国政府主办或者承认的国际展览会上首次展出的；在规定的学术会议或者技术会议上首次发表的；他人未经申请人同意而泄露其内容的。

②创造性。创造性是指同申请日以前已有的技术相比，该发明有突出的实质性特点和显著的进步，该实用新型有实质性特点和进步。

③实用性。实用性是指该发明或者实用新型能够制造或者使用，并且能够产生积极效果。

依据专利法的规定，对下列各项，不授予专利权：

科学发现；智力活动的规则和方法；疾病的诊断和治疗方法；动物和植物品种；用原子核变换方法获得的物质。但对于动物和植物的生产方法，可以依照专利法规定授予专利权。

（4）专利利用

专利文献中主要含有技术情报、经济情报和法律情报。技术情报可以反映某项课题的最新技术方案，而且涉及广泛的应用科学技术领域，是提供技术情报的最佳情报源。经济情报可以反映潜在的技术市场和经济势力范围。法律情报可以反映专利的各种法律状态。具体来讲，对专利文献的利用如下：

①科技利用：是科研人员寻找科研课题、寻找技术缺口、掌握国外科技水平、拓展思路、开展技术创新的主要情报资料，也是新产品试制，技术更新换代的依据。使用专利文献可以避免人力、物力、财力的重复浪费。

②经贸利用：是进出口贸易必不可少的情报资料。进行技术贸易时，首先要通过查阅专利来比较、分析、研究各国、各公司的技术水平、市场范围和竞争能力，评价外商所持项目的虚实、法律状态和经济价值等，这样，可以争取主动，避免盲目引进，也可以避免在出口贸易中侵犯他人专利权，损害国家声誉情况的发生，减少不必要的经济损失。

③技术使用利用：通过查阅专利公报等可以了解是否有许可证转让者及受让人，以便开展许可证贸易，使买方能取得技术优势，迅速发展生产。专利权有时间和地域的限制，可以帮助我们避开专利权的制约，寻找可以免费使用的技术。

④专利申请利用：申请专利前通过查阅专利文献以判断自己的发明是否具有新颖性

和创造性等。

⑤专利审查利用：实行专利制度的国家，为审查、确定新的技术发明申请是否符合专利条件必须查阅专利文献。

（5）专利法律状态

检索专利文献是为了利用专利技术，而利用任何一项专利技术都必须注意其法律状态。

小资料

什么叫专利法律状态？

指一项专利或专利申请当前所处的法律状态，在不同法律阶段具有特定的法律意义。了解专利的法律状态，就能充分了解一项专利申请是否授权、授权专利是否有效、专利权人是否变更，以及其他相关的专利法律信息等。在专利申请阶段，专利法律状态一般包括：专利申请公开、实质审查、驳回、撤回、视为撤回、视为放弃等状态；在专利授权后，专利法律状态一般包括：授权、转让和继承、无效宣告、终止、恢复、强制许可等状态。只有授权后没有被宣告无效、没有因欠费终止、没有因期限届满终止的才是有效专利。

专利的申请采用书面请求原则、先申请与先发明原则和单一性原则。专利局依照法律规定的程序对专利申请进行审查。目前专利审查形式有三种：形式审查制、实质审查制、早期公开延迟审查制。经审查符合条件的，受理申请或授予专利权。

在专利申请、审查、公告的不同阶段，专利处于不同的法律状态：专利公开，专利授权，专利撤销（驳回、无效），专利变更，专利续展，专利放弃或终止，专利撤回，专利强制许可，专利继承与转让。中国专利审查采用早期公开延迟审查制。

举例：中国发明专利的申请审批程序

专利申请——初步审查（合格）——公布专利申请（自申请日或优先权日起18个月内予以公布）——实质审查（3年内）——授权公告（自审定公告日起3个月内无异议）授予专利权。

（6）专利分类（国际专利分类表）

分类检索途径是专利检索的重要途径。目前世界多数国家都采用国际专利分类法对专利进行分类，国际专利分类法主要的分类工具就是《国际专利分类表》。

《国际专利分类表》（International Patent Classification，简称IPC），1968年9月1日公布第1版，每5年修订一次，到2015年公布实施第十版。它采用功能和应用相结合的分类原则，按发明的技术主题设置类目，对统一专利的技术内容，为专利信息的分类、检索和利用提供了极大的方便，已成为世界各国专利分类的重要工具。

《IPC》以等级的形式将技术内容按部、分部、大类、小类、大组、小组逐级分类，组成一个完整的分类系统。

《IPC》设有8个部。按8个部分册出版，加上使用指南共9个分册。部的标识符号用大写字母A–H表示。各部内容如下：

A部——人类生活必需（农、轻、医）。B部——作业；运输。C部——化学；冶金。D部——纺织；造纸。E部——固定建筑物。F部——机械工程；照明；采暖；武器；爆破。G部——物理。H部——电学。

大类，是部下的细分类目。它由有关部号加上数字组成。如：A21 焙烤，食用面团。

小类，是大类下的细分类目。它由大类类号后加大写的英文字母组成。如：A21B 食品烤炉、焙烤用机械或设备。

大组，每个小类下又细分为若干大组。大组组号由小类类号加上数字组成，如：A21B1 食品烤炉。

小组，是大组下的细分类目。小组组号由大组组号后跟一个“/”加上数字组成，如：A21B1/02以加热装置为特征的食品烤炉。

综上所述，一个完整的IPC类号由代表部、大类、小类、大组、小组的符号组成。其样例如下：

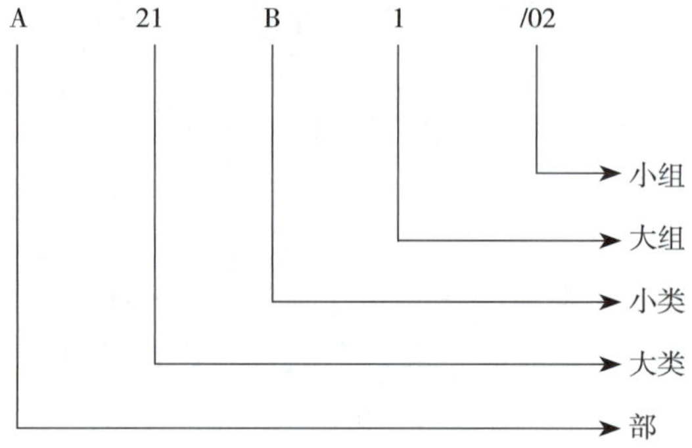

《IPC》只用于发明专利和实用新型专利的分类与检索。外观设计专利的分类与检索须使用《国际外观设计专利分类表》。外观设计分类号是由阿拉伯数字、大写英文字母和短横线相互组合而成的。最前面的两位数表示大类号，加上第一个短横线后的两位数表示小类号，加上第二个短横线后的字母数字组合表示产品目录号。其样例如下：

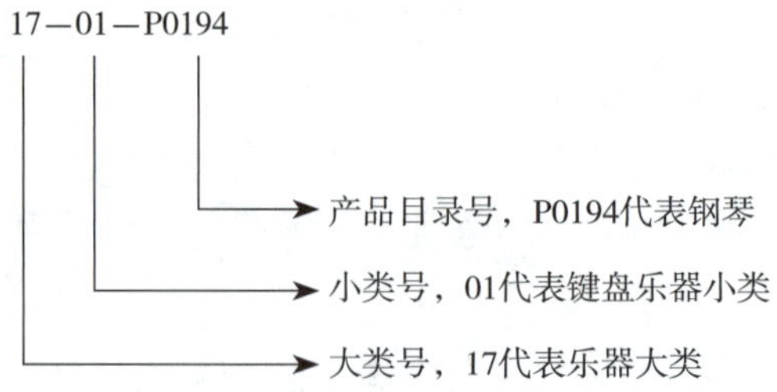

（7）专利文献体系

专利文献体系包括：专利说明书、专利公报、专利索引、专利文摘、专利文献光盘、专利文献数据库等。具体说：每周出版的发明专利、实用新型专利和外观设计专利三种公报；每季度出版的《专利索引》，分三册：《国际专利分类号索引》分册、《申请人、专利权人索引》分册、《申请号、专利号索引》分册；每年出版的年度累积索引，分两册：《分类年度索引》《申请人、专利权人年度索引》；发明和实用新型两种专利文摘；专利文献光盘；专利数据库等。

◆专利文献编号

申请号，专利局受理某件专利申请的同时给予该专利申请的编号，采用八位数编码，前两位数代表申请的年份，第三位数代表不同的专利类型，“1”表示发明专利，“2”表示实用新型，“3”表示外观设计专利，后五位为当年各项专利申请的流水号，最后加小数点及一位计算机校验码。例：99104538.6。（自2003年10月1日起，专利申请号采用12位数编码，前4位数代表申请的年份，后7位数为当年专利申请的流水号）

专利号，专利编号与申请号的数码相同，仅在前面加“ZL”，例：ZL 01214062.7公开/公告号，按文献流水号排序，均采用七位数编号，前面加国别代码（如中国CN），第一位数字用来区分3种不同专利。“1”表示发明专利，“2”表示实用新型，“3”表示外观设计专利。后六位数字表示当年的各种专利文献的流水号，流水号后标的英文字母表示各种专利说明书的类别或该专利的法律状态。（自2004年7月1日起，专利文献流水号采用9位数编号，后8位数为当年专利文献的流水号）

A——发明专利申请公开，例如：CN 1348826A

C——发明专利授权公告，例如：CN 1084638C

Y——实用新型专利授权，例如：CN 2475414Y

D——外观设计专利授权公告，例如：CN 3100661D

◆专利说明书

专利说明书是专利文献的核心，其主要作用一是公开技术信息；二是限定专利权的范围。任何专利信息用户在检索专利文献时，最终要获取的也是这种全文出版的专利文件。目前各国专利说明书的内容已逐渐趋于一致，并形成了固定的格式，一般可由三部分组成：标头部分（扉页）、正文部分和权利要求部分。

①标头部分。专利文献著录项目部分，包括专利申请人（或专利权人）、申请日期、申请公开日期、审查公告日期、批准专利的授权日期、发明创造的名称、发明技术内容的摘要，以及具有代表性的附图或化学公式等，对享有优先权的申请，还有优先权的申请日、申请号及申请国等内容。为便于识别各著录项目，便于计算机处理和检索，各著录事项前标有巴黎联盟专利局情报检索国际合作委员会（ICIREPAT）制定的国际标准代码INID（Internationally Agreed Numbers for the Identification of Data），由括号及两位数字构成，现列举部分编号如下：

[11]文献号（或专利号）；[21]专利申请号；[22]专利申请日期；[30]国际优先权案项目；[31]优先申请号；[32]优先申请日期；[33]优先申请国家；[40]公布日期；[51]国际专利分类号（$Int.cl^7$，右上角的阿拉伯数字表示《国际专利分类表》的版本）；[71]申请人姓名（或公司名称）；[72]发明人姓名。

②正文部分。发明创造的全部技术信息通过正文部分公布于世，是技术信息的集中反映，也是解决技术问题的关键部分，正文部分内容一般可划分为五个方面：

前言：发明背景介绍或专利权人介绍；同类专利存在的问题；专利要解决的问题及其优点；专利内容：对原料、制造条件等的解释；实例：包括使用设备、原料制备、配方、生产条件、结果等。

③权利要求部分。一般将发明内容概括成若干条，第一条概括介绍专利主要内容，后几条阐述具体内容。它确定专利技术要保护的具体特征和范围，是法律信息的集中反映，也是处理专利纠纷的法律依据。有的专利说明书还附有必要的简图和检索报告。实际上，专利在申请、审查到专利权授予的过程中，说明书要经过几次修改，专利局在审查批准的过程中对几个不同版本的说明书都要编辑出版，主要有《发明专利申请公开说明书》（形式审查后）、《发明专利说明书》（经公告或授权，有重大修改后）和《实用新型专利说明书》（有重大修改后）。用户可根据各种公报或索引提供的公开号或公告号向收藏单位索取专利说明书。

（8）专利文献检索

专利文献检索工具主要有：专利公报（文摘），包括专利说明书摘要、辅助索引及有关信息；专利索引，包括分类索引、专利权人索引、专利号索引等。专利检索途径主要有：专利分类检索途径、专利权人检索途径和专利号检索途径等。

2．中国专利文献

中国专利文献体系同样包括：专利说明书、专利公报、专利索引、专利文摘、专利文献光盘、专利文献数据库等。

（1）中国专利公报

主要有以下三种：《发明专利公报》《实用新型专利公报》和《外观设计专利公报》。目前，三种公报均为周刊，每星期三出版一期，它们的内容主要有三部分。

①公开及授权公告部分。这部分内容包括发明专利申请公开，发明专利、实用新型专利和外观设计专利授权公告。以文摘形式记载发明专利申请公开及三种专利申请授权公告。文摘均按IPC号顺序编排，发明专利申请公开和三种专利授权公告包括IPC号、申请号、文献号（公开或公告号）、优先权数据、申请人及其地址、发明人、专利代理机构、发明名称、说明书摘要等；外观设计专利授权公告以图片描述及著录项组成。以发明专利申请公开为例：

[51]Int.cl^7 G06F12/14；[11]公开号 CN 1425988A；[21]申请号 03102226.X；[22]申请日 2003.1.30；[43]公开日 2002.6.25；[71]申请人 王淳 地址 300203　天津市河西区南昌路28号；[72]发明人 王淳；[74]专利代理机构 天津市北洋有限责任专利代理事务所 代理人 李素兰；[54]发明名称 具有写保护功能的硬盘及其实现方式；[57]摘要 一种具有写保护功能的硬盘及其实现方式，该硬盘为在普通硬盘上增加了物理写保护功能，由…。

②专利事务部分。记载了与专利申请审查及专利法律状态有关事项，如申请撤回、专利权终止、专利权继承或转让等。

③索引部分。发明专利公报包括申请公开索引和授权公告索引，实用新型专利及外观设计专利公报仅有授权公告索引。申请公开索引包括IPC–公开号、申请号–公开号、专利权人–公开号及公开号–申请号对照表索引；授权公告号索引包括IPC–授权公告号、专利号–授权公告号、专利权人–授权公告号及授权公告号对照表索引，便于用户从多途径快速检索到所需专利文献。

（2）中国专利索引

由《分类号索引》《申请人/专利权人索引》和《申请号/专利号索引》三个分册组

成，检索者可按所掌握的线索选择不同的索引类别，获得专利国际专利分类号、发明名称、授权公告号、申请号、专利号、申请人（或专利权人）以及专利公报的卷、期等信息，从而可进一步追踪专利公报或专利说明书。

《分类号索引》将发明、实用新型专利和外观设计专利分别根据IPC 号或国际外观设计分类号顺序编排，分类号相同情况下，按申请号（或专利号）递增顺序排列。其内容依次为IPC号（或外观设计分类号）、公开号（或授权公告号）、申请号（或专利号）、申请人（或专利权人）、专利名称、刊登该专利信息的专利公报的卷、期，其样例如下：

国际专利分类号	授权公告号	专利号 ZL	专利权人	实用新型名称	卷期号
A61M 16/01	CN 2303646Y	97223320.2	张水纯	多功能麻醉管道装置	15–02

《申请人、专利权人索引》以申请人或专利权人姓名或译名的汉语拼音字母顺序进行编排，为了方便查找，以阿拉伯数字或英文字母等非汉语字起首的，均集中安排在该部分内容的最前面；日文汉字及计算机用以外的汉字起首的，均放在该部分内容的最后面。索引按发明专利申请公开、发明专利权授予、实用新型专利和外观设计专利授予四个部分，其样例如下：

专利权人	国际专利分类号	授权公告号	专利号 ZL	实用新型名称	卷期号
曲焕臣	A63B 31/04	CN 2306036Y	97226967.3	仿生手套	15–05

《申请号/专利号索引》以申请号或专利号的顺序编排，其样例如下（发明专利申请公开）：

申请号	国际专利分类号	公开号	申请人	发明名称	卷期号
95197005.4	C07C 211/27	CN 1220658A	NPS药物有限公司	钙受体活性化合物	15–25

（3）中国专利检索方法

《中国专利索引》和《专利公报》可单独使用，也可配合使用，检索途径及检索步骤分别如表8–1、表8–2、表8–3所示。

表 8–1 从分类途径检索（从产品入手）

	检索步骤			使用工具
1	确定分类号			国际专利分类表
2	从分类号查		公开号 授权公告号	分类年度索引 专利公报的分类索引
3	从	公开号 授权公告号	查文摘	专利公报的文摘部分
4	从	公开号 授权公告号	查说明书	

表 8-2　从申请人（专利权人）途径检索（从公司名，人名入手）

	检索步骤			使用工具
1	从	申请人名称 专利权人	查公开号 查授权公告号	申请人、专利权人年度索引 专利公报申请人、专利权人索引
2	从	公开号 授权公告号	查文摘	专利公报的文摘部分
3	从	公开号 授权公告号	查说明书	

表 8-3　从专利号途径检索（从已知产品的专利号入手）

	检索步骤	使用工具
1	从专利号查授权公告号	中国专利索引 申请（专利）号或公开（告）号对照表
2	从授权公告号查文摘	专利公报的文摘部分
3	从授权公告号查说明书	

（4）中国专利文献的网上检索

专利检索除了用传统手工检索工具和方法进行，还可以通过专利网络检索来检索专利信息的线索，再结合传统的检索工具和专利说明书来获得专利的全部信息。下面结合专利网络检索的实例进行说明。

专利全文数据库：

中国知识产权局：http://www.sipo.gov.cn

中国专利信息中心：http://www.cnpat.com.cn（IPC检索）

中国专利技术网：http://www.zlfm.com/

中国发明专利技术信息网：http://www.1st.com.cn/

专利文摘数据库：

中国知识产权网：http://www.cnipr.com

易信网（北京市经济信息中心主办）：http://www.exin.net

外国专利检索：

欧洲专利数据库：http://ep.espacenet.com/

美国专利商标局：http://www.uspto.gov/

日本专利数据库：http://www.ipdl.ncipi.go.jp/homepg_e.ipdl

加拿大专利数据库：http://patents1.ic.gc.ca/intro-e.html

世界知识产权组织专利数据库：http://www.wipo.int/

IBM知识产权信息网：http://www.patents.ibm.com/

中国知识产权网（http://www.cnipr.com/）由国家知识产权局知识产权出版社主办。网站推出了中国专利的网上专利说明书全文检索阅览系统，该系统可在线浏览、检索自1985年以来在中国公开的专利信息。中国专利检索主页如图8-1所示。

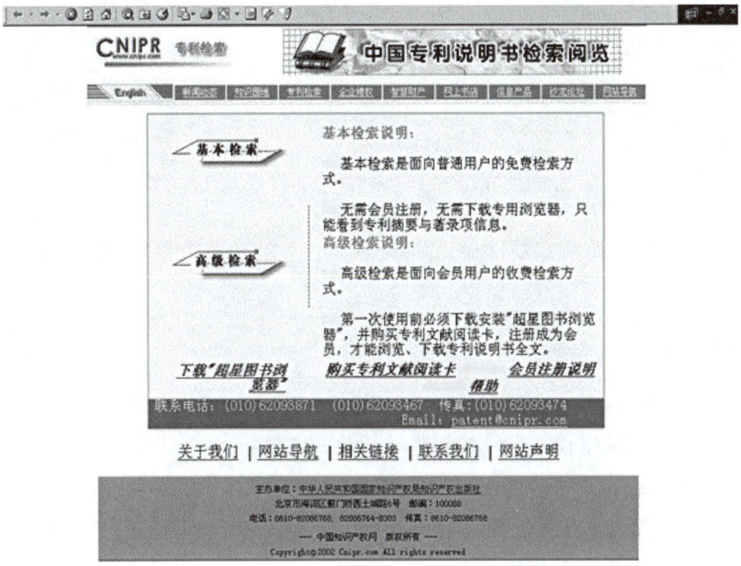

图 8-1　中国专利检索主页

中国专利检索系统为用户提供两种检索方式："基本检索"和"高级检索"。"高级检索"是面向会员用户的收费检索方式。下面以基本检索方式为例讲解专利信息的检索。"基本检索"是为了普及和推广专利信息技术面向普通用户的免费检索方式，在检索系统页面上点击"基本检索"，出现基本检索页面（图8-2）。

选择屏幕左侧导航栏专利类别，可以选择全部专利，也可以分别选择发明公开、实用新型和外观设计。这样，系统将只在选择的专利库内按检索要求查询并显示检索结果。

选择每页显示记录数。点击屏幕右侧第二个下拉箭头，会出现检索结果每页显示记录数列表（20，100）。

选择检索途径，输入检索表达式。基本检索提供了专利名称、申请（专利）号、公开（公告）日、公开（公告）号、申请日、申请（专利权）人、发明人、代理人、分类号、摘要、申请人地址及专利优先权12个检索途径。检索时，可单独使用一个检索途径，也可多个检索途径配合使用。如果输入的检索内容不完整，系统将进行模糊检索（系统将自动在输入字符的前面或后面加上模糊符号"%"）。点击"确定"键，即可向检索系统发送检索提问。

浏览检索结果。点击"确定"按钮后，屏幕显示检索结果（图8-3）。检索结果显示屏分上、下两部分。上部的第一行标明了根据用户检索条件查到的专利的总的记录数。接下来是每条专利的记录号、申请号和专利名称。点击不同的专利名称，则显示该专利的详细内容。

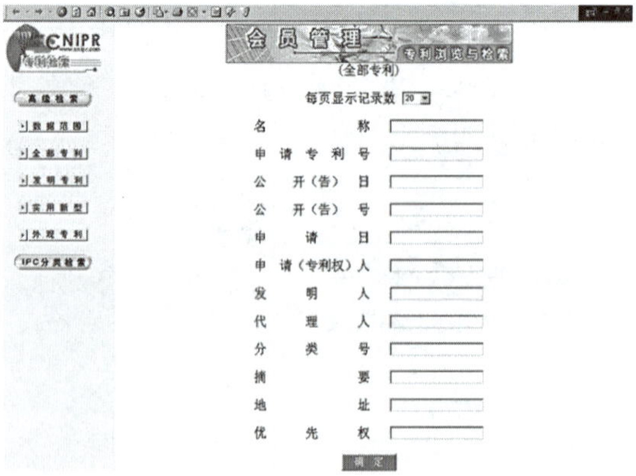

图 8-2　中国专利检索基本检索页面

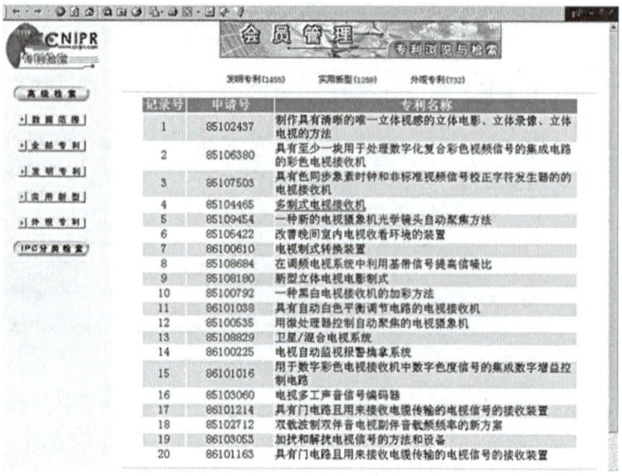

图 8-3　中国专利检索系统检索结果显示

3．外国专利文献

（1）美国专利商标局专利数据库（http://www.uspto.gov/patft/）

由美国专利商标局提供的网上免费的专利全文数据库。收录了1976年1月1日至今的美国专利授予及2001年3月15日以后的美国专利申请，数据库每周更新一次。专利授予数据库和专利申请数据库的检索方式基本相同，均包括快速检索、高级检索和专利号检索，检索结果以“专利号+发明名称”形式显示。

（2）欧洲专利、PCT及世界各国专利数据库（http://ep.espacenet.com/）

从1998年年中开始，欧洲专利局EPO的esp@cenet开始向Internet用户提供免费的专利服务。服务的具体内容包括检索最近两年内由欧洲专利局和欧洲专利组织成员国出版的专利、世界知识产权组织WIPO出版的PCT专利的著录信息以及专利的全文扫描图像、1920年以来的世界各国专利的信息检索，其中1970年以后所收集的专利都有英文的标题和摘要可供检索。这些专利的全文扫描图像数据分别存储在相应的专利机构，格式为PDF，可用Adobe公司的免费浏览软件Acrobat Reader浏览。从esp@cenet检索专利信息可以从欧洲专利局的站点进行，也可以从欧洲专利组织各成员国的站点进行，各成员国的站点可支持本国的官方语种。

小资料

什么是PCT?

专利合作条约（patent cooperation treaty, pct），是继保护工业产权巴黎公约之后专利领域的最重要的国际条约，是国际专利制度发展史上的又一个里程碑。该条约于1970年6月19日由35个国家在华盛顿签订。1978年6月1日开始实施，现有成员60多个，由总部设在日内瓦的世界知识产权组织管辖。PCT主要涉及专利申请的提交、检索及审查，以及其中包括的技术信息的传播的合作性和合理性的一个条约。PCT不对“国际专利授权”：授予专利的任务和责任仍然只能由寻求专利保护的各个国家的专利局或行使其职权的机构掌握（指定局）。PCT并非与巴黎公约竞争，事实上是其补充。它是在巴黎公约下只对巴黎公约成员国开放的一个特殊协议。

（3）IBM知识产权网IPN（The IBM Intellectual Property Network）

可检索到世界范围内专利信息，覆盖了美国专利申请（United States Patents-Applications）、美国专利许可（Uniled States Patents-Granted）、Derwent世界专利索引（Derwent World Patents Index）、欧洲专利申请（European Patents-Applications）、欧洲专利许可（European Patents-Granted）、INPADOC家族与法律状态（INPADOC Family and Legal Status）、日本专利索引（Patent Abstracts of Japan）、瑞士专利（Switzerland）和世界知识产权组织PCT出版物（WIPO PCT Publications）等内容。

（4）Derwent专利数据库（http://www.derwent.com）

由英国Derwent公司出版，有700多万条数据，覆盖37个国家和两个国际专利组织，内容为英文的著录项目、数据和摘要。有国际专利拷贝服务，向用户提供世界上各主要机构发布的专利说明书。

（5）The Shadow Patent Office（SPO）

它是著名的EDS（Electronic Data Systems）的一部分。1998年12月31日改为http://www.nsnto.gov，提供美国专利全文数据库的检索服务。数据库收集了自1972 年1月以来美国专利商标局公布的所有专利文件。该检索特色之一是提供一种基于上下文的检索方法来查询专利信息，其结果要比用关键词得到的结果更为准确。

4. 德温特专利文献检索简介

德温特公司出版物简介：德温特出版有限公司（Derwent Publication Ltd.）是英国一家专门用英文报道和检索世界各主要国家专利情报的出版公司。德温特专利文献是出版的各种检索专利文献的连续性出版物的总称，出版美、法等12种分国专利文摘。

《世界专利索引》（WPI）是德温特公司主要出版物，以WPI索引周报（WPI Gazette）、WPI文摘周报（WPI Alerting Abstracts Bulletin）形式出版。索引周报因以题录的形式报道，故也称为“题录周报”。

（1）索引周报（题录周报）

包括四大分册：P：综合分册（General）、Q：机械分册（Mechanical）、Ch（A-M）分册：化工分册（Chemical）、R（S-X）：电气分册（Electrical）。具体内容如下：

P：综合分册（General）报道农业、食品、轻工、医药和一般的工业加工工艺与设备以及光学、摄影等方面专利。

Q：机械分册（Mechanical）报道运输、建筑、机械工程与元件、动力机械、照明、加热等方面专利。

Ch（A-M）：化工分册（Chemical）报道一般化学与化学工程、聚合物、药品、农业、食品、化妆品、洗涤剂、纺织、造纸、印刷、涂层、照相、燃料、太阳能、爆炸物、耐火材料、硅酸盐及冶金等方面专利。

R（S-X）：电气分册（Electrical）报道仪器仪表、计算机和自动控制、测试技术、电工和电子元器件、电力工程和通信等方面专利。

（2）文摘周报

德温特世界专利文献中的文摘部分有分类本和分国本两种，分别按照分类或国家报道世界专利文献。中国较常用的是分类文摘。德温特公司出版的分类文摘也是周刊，中国习惯称之为文摘周报。文摘周报有以下三个系列，均以“Alerting Abstracts Bulletin Classified”的名称出版：①综合与机械文摘；② 化学文摘；③电气文摘。具体内容如下：

综合与机械文摘（General& Mechanical Patent Index，简称GMPI）与题录周报的P分册和 Q分册相配套，GMPI中与P分册相对应的有P1-P3、P4-P8、Q1-Q4、Q5-Q8四个分册。

化学文摘（Chemical Patents Index，简称CPI）与题录周报Ch分册相配套，CPI有A分册（PLASDOC，聚合物）；B分册（FARMDOC，药物）；Section C（AGDOC，农业、肥料）~Section M（METALLURGY，冶金）十二个分册。

电气文摘（Electrical Patents Index，简称EPI）与题录周报R分册相配套，EPI有ST、UV、WX三个分册。

（3）德温特文献特点

①变专利文献分散状况为集中状况。基本做到了全世界主要国家的专利集中。科学工作者可以在这里查找到所需要的任一主题、众多国家的专利文献。

②统一专利文献语种。统一使用英语，改变了原有专利文献的多语种状况，使检索中的语言障碍得到一定的解决。

③统一专利检索语言。使用单一检索语言，改变了检索各国专利都必须知道其专利检索语言的状况。例如，要检索日本的专利，就要知道日本专利检索语言（日本特许、新案集报分类法等），否则就难以充分使用日本专利。

④基本解决了全面识别专利重复的问题。

⑤主体文摘与各种索引配合得当，检索方法灵活，便利。

⑥结构科学，分国与分学科相互照应。

⑦著录格式固定、统一，内容丰富，文摘质量较高。

任务二 标准文献检索

标准文献是按照规定程序编制并经过一个公认的权威机构（主要机关）批准的，供在一定范围内广泛而多次使用，包括一整套在特定活动领域必须执行的规格、定额、规划、要求的技术文件。通常统称为“标准”。标准文献的制定要通过起草、提出、批准、发布等，并规定出实施时间与范围。

★标准文献是记录技术标准及其他具有标准性质的文件的文献形式。

★标准号是标准文献的外形特征，是区分标准文献的重要标志，也是查找标准文献的重要入口。

★标准文献有利于企业或生产实现经营管理统一化、制度化、科学化。

★标准文献反映的是当前的技术水平，国外先进的标准可以为我们提高工艺技术水平、开发新产品提供参照。另外，标准文献还可以为进口设备的检验、装配、维修和配置零部件提供参考。

因此，标准文献可以说是重要的情报资源，它为整个社会提供了协调统一的标准规范，起到了解决混乱和矛盾的整序作用。

1．标准文献种类与特点

标准文献的分类可按其使用范围、内容和性质、成熟程度来划分。

（1）按使用范围，可划分为：

国际标准，指国际通用的标准，如ISO、IEC等；

区域标准，指世界某一地区通过的标准，如“全欧标准”等；

国家标准，由国家标准化机构批准颁布的标准，我国的国家标准号是GB；

专业标准，根据某专业范围统一的需要，由专业主管机构和专业标准化机构批准发布的标准；

部门标准，由某个部门和企业单位等制定的适用于本部门的标准，如“部标准”“企业标准”等；

基础标准，在一定范围内，普遍使用或具有指导意义的标准。

（2）按内容及性质，可划分为：

技术标准和管理标准。技术标准包括基础标准、产品标准、方法标准、安全与环境保护标准；管理标准包括技术管理标准、生产组织标准、经济管理标准、行政管理标准、业务管理标准、工作标准。

（3）按成熟程度，可划分为：

正式标准和试行标准（或称作强制性标准和推荐性标准）。

标准文献的主要特点：①有固定的代号和专门的编写格式。按照我国管理标准的有关部门的规定，我国标准的代号一般用两个大写汉语拼音字母表示，标准的编号结构采用标准代号＋发布标准顺序号＋发布年代号（即发布年份的后两位数字）的形式。如：GB/T 2602–2002，ISO 11342：1998等。②时效性强，具有法律约束力，要求人们自觉遵守。③数量多，篇幅小，文字简练，通常一件标准只解决一个问题。④新陈代谢频繁，各种标准都将随着科学技术的发展而不断地修订和补充。

标准号的构成一般为：标准代号+顺序号+制（修）订年代。

2．中国标准文献类型

我国标准一般分为以下几种类型：

（1）国家标准。根据我国“国家标准管理办法”规定，强制性国家标准用“GB”为代号，推荐性国家标准用“GB / T”为代号。

（2）部（行业、专业）标准。根据我国“行业标准管理办法”规定，强制性行业标准的代号，用行业名称的两个汉语拼音字母表示；推荐性行业标准的代号，则在该拼音字母后加斜线“ / ”加“T”表示。指导性技术文件，用部（行业、专业）标准代号为分子，以“Z”为分母表示。

（3）企业标准。根据我国“企业标准管理办法”规定，企业标准的代号，用“Q”加斜线“ / ”加企业的数字代号表示。

（4）地方标准。自从我国“地方标准管理办法”颁布后，强制性地方标准的代号用“DB”加省、市、自治区代码前两位数加斜线“／”表示；推荐性地方标准的代号在斜线后再加上“T”表示。此前，地方标准的代号用“Q”前加省、市、自治区简称汉字表示。

3．中国标准文献检索

互联网与数字经济的蓬勃发展，改变了使用者检索我国各类标准的方式与手段，当前主要利用标准文献数据库进行检索，如中外标准库等。常用的标准文献网站如表8–4所示。

表 8–4　提供标准文献的网站

	国内标准化相关站点	
中国技术监督局情报所 www.cssn.net.cn	中国质量信息网 www.cqi.gov.cn	中国电子标准化与质量信息网 www.cesi.ac.cn
中国工程技术标准信息网（GJB） www.std.cetin.net.cn	中国ISO www.chinaiso.com	服装标准 www.sh.col.com.cn:624/fushi/f/f.htm
国家质量技术监督局标准化司 www.csbts.cn.net	中国标准化与信息分类编码所 www.csicci.gov.cn	河北技术监督信息网 www.tsb.heb.gov.cn
环保法律法规和标准汇编 www.xjwlptt.net.cn/xjepb/epb-law.htm	机械标准化与CAD fjwww.guangzhou.gd.cn/elewolf	通信标准与质量信息网 www.ptsn.cn.net
建筑法规及标准 zg169.net/winnings/standard/standard.htm	台湾标准局 www.moea.gov.tw/nbs/nbs.htm	煤炭标准 www.coalinfo.ac.cn
中国环保法规与标准 www.cei.gov.cn/cnenvir/fgbz/fgbz.htm	中国标准化协会 www.chinaiso.com	中国仪器仪表信息网 www.itet.com.cn
无线通信标准研究组 www.cwts.org	深圳技术监督局 www.szbts.gov.cn	船舶标准件计算机设计 sscad.363.net
《中国标准化》杂志 www.chinainfo.cn.net/periodical/zgbzh/index.htm	中国建筑标准设计研究所 www.building.com.cn	中国环境与健康网 www.hygiene.cn.net

表 8–5　《中国标准文献分类法》大类标识符号及类目表

符号	类名	符号	类名	符号	类名
A	综合	J	机械	S	铁路
B	农业、林业	K	电工	T	车辆
C	医药、卫生、劳动保护	L	电子元器件与信息技术	U	船舶
				V	航空、航天
D	矿业	M	通信、广播	W	纺织
E	石油	N	仪器、仪表	X	食品
F	能源、核技术	P	工程建设	Y	轻工、文化与生活用品
G	化工	Q	建材		
H	冶金	R	公路、水路运输	Z	环境保护

表 8-6 化工类标准文献类目表（二级类目）

分类号	类名	分类号	类名
G 00/09	化工综合	G 43	橡胶密封件
G 10/14	无机化工原料	G 44	医用和食品工业用橡胶制品
G 15/19	有机化工原料	G 45	乳胶制品
G 20/29	化肥、农药	G 46	胶辊
G 30/39	合成材料	G 47	其他橡胶制品
G 31	合成树脂、塑料基础标准与通用方法	G 48	再生胶
		G 49	炭黑
G 32	合成树脂、塑料	G 50/59	涂料、颜料、漆料
G 33	塑料制品	G 60/69	化学试剂
G 34	合成橡胶基础标准与通用方法	G 70/79	化学助剂、表面活性剂、催化剂、水质和处理剂、分子筛
G 35	合成橡胶		
G 38	胶黏剂基础标准与通用方法	G 80/85	信息用化学品
G 39	胶黏剂	G 90/99	化工机械与设备
G 40/49	橡胶制品	G 93	化工设备
G 40	橡胶制品综合	G 94	搪玻璃、化工陶瓷、不透性石墨设备
G 41	轮胎		
G 42	胶管、带、布、板	G 95	橡胶塑料用机械

（1）中国标准文献检索工具

①《中国国家标准汇编》。《中国国家标准汇编》是一部大型综合性国家标准全集，按国家标准号顺序编排。收录我国公开发行的全部现行国家标准。自1995年出版了标准汇编第196分册起，汇编分册的出版已大致与国家标准单行本的出版同步，即当年汇编出版上一年度制、修订发布的国家标准。修订的国家标准汇编本的正书名、版本形式与《中国国家标准汇编》相同，视篇幅分设若干册，但不占总的分册号，仅在封面和书脊上注明“19××年修订-1，-2，-3，…”等字样，作为对《中国国家标准汇编》的补充。修订的国家标准汇编本的各分册中的标准，仍按顺序号由小到大排列（不连续）。读者查阅某一年全部“制定”和“修订”的各分册，即可获得该年度全部国家标准的信息。例如，2000年制、修订的国家标准已汇入：《中国国家标准汇编》第262～276分册和2000年修订-1册～2000年修订-10册。

②《中国国家标准分类汇编》。《中国国家标准分类汇编》也是一部大型国家标准全集，收集全部现行国家标准。与《中国国家标准汇编》不同的是，它是按《中国标准文献分类法》一级类分卷（有些一级类合卷出版），每卷按二级类号顺序分若干分册，每个二级类内按标准顺序号排列。

汇编共有15卷，即综合卷（A）；农业、林业卷（B）；医药、卫生、劳动保护，环境保护卷（C，Z）；矿业卷（D）；石油，能源、核技术卷（E，F）；化工卷（G）；冶金卷（H）；机械卷（J）；电工卷（K）；电子元器件与信息技术卷（L）；通信、广播，仪器、仪表卷（M，N）；工程建设，建材卷（P，Q）；公路、水路运输，铁路，车辆，船舶卷（R，S，T，U）；食品卷（X）；纺织，轻工、文化与生活用品卷（W，Y）。各卷是独立的，出版的先后并不按一级类的拉丁字母顺序。

每一分册中附有“本分册国家标准的使用性质和采用程度表”，表中根据《国家标准清理整顿公告》注明每个标准的实用性质，对于调整为行业标准的国家标准，在汇编中仍然收入。其中的“采用程度”一栏指出了该国家标准采用国际标准或国外先进标准的程度，便于读者了解该国家标准与国际标准或国外先进标准的关系，便于企业了解依据该国家标准生产的产品的质量水平，有利于在国际市场上展开贸易和竞争。此外，每卷各分册中均附有该卷（类）“二级类分册分布表”及“各分册内容介绍表”。

③《中华人民共和国国家标准目录总汇》。由国家质量技术监督局编，中国标准出版社每年出版一次。自1999年版起，每年上半年出版新版，载入截止到上一年度批准发布的全部现行国家标准信息，同时补充载入国家标准清理整顿、复审、补充、修改和更正等相关信息。

该目录正文部分按《中国标准文献分类法》（CCS）编排。在该书目录中列出了CCS大类的代号（字母）及正文所在页码；在正文中的每大类前，设页列出该大类的二级类目分类号及类名；在正文部分后，附有国家标准顺序号索引。目录及正文部分的“标准名称”一栏为英汉对照。

④《中华人民共和国国家标准目录》。为国家标准中英文对照年度目录，收编了该年度批准、发布的所有国家标准及其分类、采用标准、发布日期、修订日期、实施日期、代替标准等信息，按《中国标准文献分类法》的专业分类顺序编排，中文目录在前，英文目录在后，书后附有中英文目录标准顺序号索引。

⑤《中国标准化年鉴》。由中华人民共和国国家技术监督局编辑出版，1985年创刊，每年出一册。收录我国前一年标准化事业的现状、批准发布的国家标准分类目录及标准号索引，为英汉对照。

⑥《国家标准目录和行业标准目录》。收录了上一年度公开发布的国家标准，目录按分类和顺序号两种方式编排。

（2）中国标准文献检索途径

我国标准文献检索，主要通过分类途径和标准号途径。检索方法如图8-4所示。

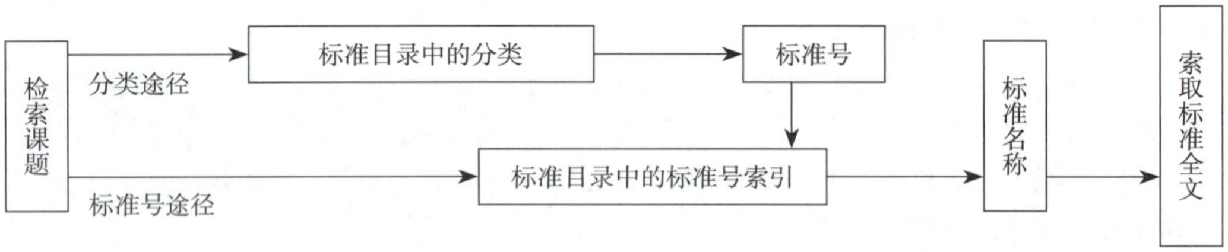

图 8-4 标准检索方法途径

（3）介绍几个中国标准文献网站

①中国标准服务网（http://www.cssn.net.cn）。网站设有标准查询、标准服务、标准出版物、标准化与质量论坛、WTO/TBT中国技术法规、合格评定、标准与企业、站点转接等栏目。可查询中国国家标准、国际标准、发达国家的标准。标准数据库有多项可供查询的数据，如：标准号、主题词，国际标准分类号、采用关系等。中国国家标准数据直接从国家质量技术监督局标准化司获取，国外标准数据从国外标准组织获取，确保信息

的完整性和权威性。

小资料

WTO是什么？

1994年4月15日在摩洛哥的马拉喀什市举行的关贸总协定乌拉圭回合部长会议决定成立更具全球性的世界贸易组织（简称“世贸组织”，World Trade Organization —— WTO），以取代成立于1947年的关贸总协定（GATT）。

2011年12月，世界贸易组织正式宣布批准俄罗斯成员身份。2001年12月11日中国正式加入WTO。世界贸易组织总部设在瑞士日内瓦。世贸组织的第一任总干事是意大利前外贸部长雷纳托·鲁杰罗，第二任总干事是新西兰前总理麦克·穆尔，第三任总干事是泰国前副总理兼商业部长素帕猜，第四任总干事是欧盟前贸易谈判代表帕斯卡尔·拉米。

世界贸易组织（WTO）的标志

②国家标准化管理委员会网（http://www.sac.gov.cn）。网站设有标准化动态、标准目录、国标修改通知、采用国际标准、法律法规、中国标准化管理、中国标准化机构、国际标准、标准化知识等30多个大栏目。

小资料

什么TBT?

TBT是《技术性贸易壁垒协议》(Agreement on Technical Barriers to Trade）的简称。TBT是世界贸易组织管辖的一项多边贸易协议，是在关贸总协定东京回合同名协议的基础上修改和补充的。它由前言和15条及3个附件组成。主要条款有：总则、技术法规和标准、符合技术法规和标准、信息和援助、机构、磋商和争端解决、最后条款。协议适用于所有产品，包括工业品和农产品，但涉及卫生与植物卫生措施，由《实施卫生与植物卫生措施协议》进行规范，政府采购实体制定的采购规则不受本协议的约束。

协议对成员中央政府机构、地方政府机构、非政府机构在制定、采用和实施技术法规、标准或合格评定程序分别做出了规定和不同的要求。协议的宗旨是，规范各成员实施技术性贸易法规与措施的行为，指导成员制定、采用和实施合理的技术性贸易措施，鼓励采用国际标准和合格评定程序，保证包括包装、标记和标签在内的各项技术法规、标准和是否符合技术法规和标准的评定程序不会对国际贸易造成不必要的障碍，减少和消除贸易中的技术性贸易壁垒。

③中国国家标准咨询服务网（http://www.chinagb.org）。该网站会员登录后直接可进入查询中心，非会员用户也能浏览部分国家标准和标准书目。

4. 国外标准信息检索

采用国际标准将有利于提高我国产品的质量，增强产品在国际市场上的竞争力，有利于产品升级换代，通用互换，促进企业的设备改造和设备更新，提高经济效益。

（1）国外标准文献分类

德国、意大利、丹麦、荷兰等国采用国际十进分类法，以数字作为分类标记。美国材料与试验协会标准（ASTM）、德国压力容器委员会标准（AD）、墨西哥国家标准（NOM）等采用字母分类法，以字母作为分类标记。日本、俄罗斯等国同我国一样采用字母数字混合分类法。

小资料

什么是国际十进分类法？

国际十进分类法，即UDC（Universal Decimal Classification），又称为通用十进制分类法，是世界上规模最大、用户最多、影响最广泛的一部文献资料分类法。原由比利时人P.-M.-G.奥特莱和H.-M.拉封丹在《杜威十进分类法》第6版的基础上编成。1899年起陆续以分册形式出版法文本（第一册为《物理科学卡片目录手册》），1905年汇编成《世界书目手册》，1927年的法文增订版改名为《国际十进分类法》。后由国际文献联合会（FID）统一主持对它的修订工作。近百年来，UDC已被世界上几十个国家的10多万个图书馆和情报机构采用。UDC目前已成为名副其实的国际通用文献分类法。

（2）国外标准文献检索

世界主要工业国都编辑出版有本国标准文献及其检索工具，如美国国家标准学会（American National Standards Institute，简称ANSI）出版的《美国国家标准目录》（《ANSI Catalogue》）、英国标准学会（British Standards Institution，简称BSI）出版的《英国标准目录》、德国标准化学会（Deutsches Institut fur Normung，简称DIN）出版的《德国标准目录》、法国标准化协会（Association Francaise de Normalisation，简称AFNOR）出版的《法国标准目录》、日本工业标准调查会（Japanese Industrial Standard，简称JIS）出版的《日本标准目录》。

其中，多数检索工具我国都有中译本。

（3）国外区域标准文献

随着世界区域经济体的形成，区域标准化日趋发展。区域标准化是指世界某一地理区域内有关国家、团体共同参与开展的标准化活动。已成立标准化组织并制定标准的有：欧洲标准化委员会（CEN）制定的欧洲标准（EN）、欧洲电信标准学会（ETSI）制定的欧洲电信标准（ETS）、泛美技术标准委员会（COPANT）制定的泛美标准（PAS）、非洲地区标准化组织（ARSO）制定的非洲地区标准（ARS）、阿拉伯标准化与计量组织（ASMO）制定的阿拉伯标准（ASMO）。其他标准化组织还有：欧洲电工标准化委员会（CENELEC）、太平洋地区标准大会（PASC）等。

(4)国外行业统一标准文献

目前，世界各国大多采用国际标准，其主要有国际标准化组织制定的ISO标准、国际电工委员会制定的IEC标准和国际电信联盟制定的ITU标准。

1)国际标准ISO检索。

①概况。ISO国际标准是国际标准化组织(International Organization for Standardization，ISO)颁布的标准。ISO成立于1947年，是世界上最大的国际标准化机构，目前已有成员国100多个，任务是制定国际标准，协调世界范围内的标准化工作，促进标准的开发及有关活动，在全球实现交流和合作，它负责除电工领域外的一切国际标准化工作。ISO的所有标准每隔5年将重新审定一次，使用时应注意使用最新版本。ISO的出版物有：

ISO Memento《ISO年刊》；ISO Bulletin《ISO通报》；ISO NEWS《ISO新闻》；General Information on ISO Member Bodies《ISO成员团体综合情报》；Application of ISO Standards in National Standards《ISO标准在各国国标中的应用》；Information on ISO Technical Committees《ISO技术委员会情报》。

②ISO标准识别。国际标准化组织制定的正式标准和标准草案，其标准号均由代号、序号及制定年份三部分组成。

正式标准：国际标准ISO+序号+制(修)订年份。凡1972年以后发布的国际标准，均以ISO作代号，如ISO 6507/1-1982。

标准草案：ISO/DIS+序号+制定年份。指经中央秘书处登记后发至各个成员国进行酝酿，最后付诸表决的标准草案，如ISO/DIS 7396-1984。

③ISO标准手工检索。ISO Catalogue《国际标准目录》：该目录每年出版一次，由每年2月出版，报道上一年12月月底为止的全部现行标准。目录的正文部分是分类目录，其分类号均冠以“TC”字母代号。每条标准的著录项目包括标准号、版次、页数、英文篇名和法文篇名。检索途径有：主题途径检索、标准号途径检索及分类途径检索。此外，该目录还有中译本，由中国标准出版社翻译出版，其著录项目有标准号和标准名称。

ISO Draft International Standards《国际标准草案目录》：该目录主要用于检索标准草案。

④ISO标准网络检索。ISO网址为：http://www.iso.ch，主页提供以下主要超链接：ISO介绍，ISO各国成员，ISO技术工作，标准和世界贸易，ISO分类，ISO 9000和ISO14000，新闻，世界标准服务网络，ISO服务等。

2)国际电工标准IEC检索。

①概况。IEC标准是由国际电工委员会(International Electrotechnical Commission，IEC)统一制定的。IEC成立于1906年，1947年曾合并于ISO，目前IEC 与ISO 相互独立工作，并列为两大国际性标准化组织。IEC 专门负责研究和制定电工电子技术方面的国际标准，包括综合性基础标准，电工设备标准，电工材料标准，日用电器标准，仪器仪表及工业自动化标准，安全标准等。IEC 设有79个技术委员会(TC)和27个分委员会(SC)。1975年以前IEC 公布的为推荐标准，1975年以后为IEC 国际标准。

IEC的出版物有：

Report on Activity《活动报告》；IEC Bulletin《IEC通报》；IEC Handbook《IEC手册》；Catalogue of Publications《出版物目录》。

②IEC标准识别。IEC标准的结构形式有：

IEC 230-1966：IEC——标准代号；230——顺序号；1966——年代。

IEC 68-2-1-1974：IEC——标准代号；68——顺序号；2-1——该标准的第二部分的第一部分。

IEC 249-1A-1970：IEC——标准代号；249——顺序号；1——该标准的第一部分；A——补充标准。

③IEC标准手工检索。Catalogue of IEC Publications《国际电工委员会出版物目录》。该目录由国际电工委员会每年年初以英法对照文本形式编辑出版。报道IEC 78个技术委员会（TC）、国际无线电干扰特别委员会（C.I.S.P.R.）、IEC电子元器件质量评定体系（IECQ）及IEC电气设备安全标准合格检验体系（IECEE）指定的标准目录。

该目录正文之前有目录表，按TC号顺序排列，TC号后列出标准名称和页码，即可在正文中找到相应的标准。正文部分是“IEC 出版物序号表”（Numerical List of IEC Publications），按IEC出版物序号编排，每条标准均列出IEC标准序号、标准名称、所属技术委员会的TC号和内容简介。正文后附有主题索引以进行主题检索，主题索引中著录标准号和说明语，利用主题索引，可先查出IEC标准号，再利用“IEC 出版物序号表”查出标准的名称和内容。《IEC国际电工标准目录》有中译本。

IEC Yearbook（国际电工委员会年鉴）。实际是IEC标准的分类目录，按TC号大小顺序排列，每条标准仅著录标准号、制（修）订年份和标准名称，无内容简介。

④IEC标准网络检索。网址为：http://www.iec.ch，该主页主要提供以下超链接：IEC内容→一般信息，IEC成员，重要的IEC国际标准；新闻→新闻工具，新闻出版物的超链接，文件，样板，会议信息；公共信息→时事通讯，新闻发布，介绍，工作年度报告；技术委员会信息中心→提供技术委员会的有关信息；查询→查询IEC数据库；顾客服务中心→服务中心，标准及文件订购；IEC Web 存储→IEC目录的检索、订购和下载；常见问题与反馈等。

（5）国外主要国家标准文献

1）美国国家标准（ANSI）及其检索。

①概况。标准号形式是：ANSI→分类号→序号→年代，共有标准1万多件。

小资料

什么是ANSI?

ANSI成立于1918年，原名是美国工程标准委员会（American Engineering Standards Committee，AESC），1928年改名为美国标准协会（American Standards Association，ASA），1966年改名为美国标准学会（American Standards Institute，USASI），1969年正

式改为现名美国国家标准学会（American National Standards Institute，ANSI）。ANSI是国际标准化委员会（ISO）和国际电工委员会（IEC）5个常任理事成员之一，4个理事局成员之一，参加79%的ISO/TC的活动，参加89%的IEC/TC活动。ANSI 是泛美技术标准委员会（COPANT）和太平洋地区标准会议（PASC）的成员。

②ANSI手工检索。检索工具为 ANSI Catalogue《美国国家标准目录（年刊）》，每年年初以英文版本形式出版，每隔两个月出一次目录补充本。该目录由三部分组成：

主题索引。列出有关标准，均按产品名称字母顺序排列，其后列出美国国家标准号；分类索引。为ANSI制定的标准的分类索引；序号索引。为经ANSI采用的各专业标准的序号索引。

ANSI Catalogue有中译本，参考1977年版美国国家标准原文目录及馆藏资料编译而成。

③ANSI光盘检索——《美国标准光盘数据库》。通过世界标准索引光盘（Worldwide Standards Index）可以获取美国主要标准组织的重要文摘数据，并可买到录入CD-ROM的全文本标准文件。该服务每60天更新一次，其服务信息来自美国的60 多个主要的标准组织。

④ANSI联机检索——Standard & Specifications《标准与规格》数据库。由美国国家标准协会提供，在DIALOG系统中运行，其覆盖时间范围从1950年到现在。数据库类型为书目型，每月更新一次，报道美国政府收藏的目录和工业标准、规格等。

⑤ANSI网络检索。网址为：http://www.ansi.org/，提供美国国家标准系统网络、查询、索引、数据库、新闻、服务等超链接。

2）英国标准（BS）及其检索。

①概况。BS是英国标准学会（简称BSI）制定的，标准编号方法是 BS—序号年代，现有标准11000多件。标准不分类，目录按专业出版，共分40种专业目录。

小资料

什么是BSI?

英国标准协会（BSI）成立于1901年，当时称为英国工程标准委员会。经过100多年的发展，现已成为举世闻名的，集标准研发、标准技术信息提供、产品测试、体系认证和商检服务五大互补性业务于一体的国际标准服务提供商，面向全球提供服务。BSI目前在世界110个国家和地区设有办事处或办公室。作为全球权威的标准研发和国际认证评审服务提供商，BSI倡导制定了世界上流行的ISO 9000系列管理标准，在全球多个国家拥有注册客户，注册标准涵盖质量、环境、健康和安全、信息安全、电信和食品安全等几乎所有领域。

②BS手工检索。检索工具为BSI Catalogue《英国标准学会出版物目录》，该目录由三部分组成：

标准序号目录。按标准号顺序编排（除航天专业标准按专业分类外），其著录项目有标准号、制（修）订年份、标准名称、内容简介及其对应的ISO或IEC标准等；主题索引。提供主题检索途径，主题词后著有标准号；SO标准和IEC标准与BS标准的对照表。按ISO或IEC标准顺序号排列，其后列出相对应的BS标准。有中译本，由上海市标准情报所编译。

③BS网络检索。网址为：http://www.bsi.org.uk/，提供以下主要的超链接：管理系统登记，产品试验和证明，标准，视察服务，训练，检索，商业伙伴，标准目录，英国标准在线。

3）日本工业标准及检索。

①概况。日本工业标准（简称JIS）为国家标准，由日本工业标准调查会（JISC）制订，范围几乎包括日本所有工业领域的标准，还包括药品、化肥、农药、畜产品、水产品及农林产品的标准。标准的编号方法是JIS-字母类号-数字类号-序号年代，共有标准8000多件。

②JIS检索。

《JIS标准总目录》，该目录是日本工业标准的主要检索工具，每年出版一次，报道当年3月底以前出版的日本工业标准，包括分类目录和主题索引两部分。

分类目录按专业分为17个大类，类号用英文大写字母（A，B，C，D，E，F，G，H，K，L，M，P，R，S，T，W，Z）表示，大类下再分小类，用两位数表示。

主题索引按日文字母五十音图顺序排列，其后列出有关标准的全称及JIS标准号。

《JIS标准年鉴》，年鉴中的主题索引按英文主题词的字母顺序排列，用英文主题词查检JIS标准。

（6）国外其他标准检索工具简介

1）《世界工业标准速检手册》。

由美国材料实验学会（ASTM）科学文献中心（SDC）出版，该手册分为五大部分：材料篇、化学篇、机械篇、电气电器篇和电气、电子安全篇。五大部分涉及美国、英国、德国、法国、日本以及国际标准化组织和国际电工委员会的ASTM、AGMA、ASME、AWS、ISA、NEMA、IEEE、SAV、UL、VED、UTE等国家标准和学会标准53000个，涉及产品约1900种。该手册的索引别具一格，便于对工业标准进行横向比较，用户只要知道产品名或标准序号，便可从中查出某种工业标准，并能在同一页上看到上述五个国家的相应标准。

2）ISO KWIC INDEX OF INTERNATIONAL STANDARDS。

该索引是ISO情报中心编辑出版的一本检索工具，收录了24个国际标准化组织制定的7600件标准，其中包括ISO 标准5000件，IEC标准1500件和其他特殊领域的标准1100件，该索引每两年更新一次。

3）《世界标准光盘数据库》。

美国IHS（Information Handling Services）公司推出的世界标准 CD-ROM（只读光盘）数据库收集了世界上近400个主要标准组织的标准。90%以上的常用工业标准配有文摘，多数能提供全文本。该数据库每60天更新一次，提供最新发布的最新版本的信息，可用英语、法语和德语等语种进行查询，也可通过主题、文献号、标准制定组织或关键词查询。

4）网上查询国外标准信息的主要网站。

①IEEE Standards（IEEE标准主页）http://standards.ieee.org/。

②International Labour Organization（ILO）（国际劳工组织）http://www.ilo.org/。

③The National Standards System Network（NSSN）（美国国家标准系统网络）http://www.nssn.org/。

④Standards Council of Canada（SCC）（加拿大标准委员会）http://www.scc.ca/。

⑤Standards Australia On-line（Web上的澳大利亚标准）http://www.standards.com.au/。

⑥Standards New Zealand（新西兰标准组织）http://www.standards.co.nz/。

⑦National Standards Authority of Ireland（NSAI）（爱尔兰国家标准局）http://www.nsai.ie/。

⑧Standards and Metrology Institute of Republic of Slovenia（SMIS）（斯洛文尼亚共和国标准与计量所）http://www.usm.mzt.si/。

⑨Department of Standards Malaysia（DSM）（马来西亚标准和工业研究所）http://www.sirim.my/。

⑩Saudi Arabian Standards Organization（SASO）（沙特阿拉伯标准组织）http://www.saso.org/。

5）其他查询国外专业化标准信息的主要网站如表8-7、表8-8、表8-9、表8-10所示。

表 8-7 国际性标准化组织网站

BIPM 国际计量局	ICRP 国际辐射防护委员会	IWTO 国际毛纺组织
BISFA国际人造纤维标准局	ICRU 国际辐射单位与测量委员会	OIE 国际动物流行病学局
CAC 食品法规委员会	IDF 国际乳品业联合会	OIML 国际法定计量组织
CCSDS 太空数据系统咨询委员会	IEC 国际电工委员会	OIV 国际葡萄与葡萄酒局
CIB 国际建筑结构研究革新委员会	IETF国际互联网工程师作业规程	RILEM国际材料与结构研究试验所联合会
CIE 国际照明委员会	IFLA国际图书馆及馆员联合会	UIC 国际铁路联合会
CIMAC 国际燃气轮机委员会	IGU 国际气体联盟	UNESCO 联合国教科文组织
FDI 世界口腔联盟	IIR 国际制冷学会	WCO 世界关税组织
FID 国际信息文档联盟	ILO 国际劳工组织	WHO 国际卫生组织
IAEA 国际原子能机构	IMO 国际海事组织	WIPO 国际知识产权组织
IATA 国际航空运输协会	ISO 国际标准化组织	WMO 世界气象组织
ICAO 国际民航组织	ISTA 国际种子测试协会	WTO 世界贸易组织
ICC 国际谷物科技协会	ITU 国际电讯联盟	EIA 世界电气工业协会
ICID 国际水利委员会	IUPAC 国际提纯及化学应用联盟	

表 8-8 区域性标准化组织网站

欧洲标准化委员会（CEN）
欧洲电工标准化委员会（CENELEC）
泛美标准化委员会（COPANT）
欧洲电讯标准化协会（ETSI）

表 8-9 国外专业标准站点

ASTM-美国材料试验协会	ASME-美国机械工程师协会	JIS F-日本船舶标准协会
AWS-美国焊接协会	IEEE-美国电气电子工程师学会	JIS C-日本工业标准
UL-美国保险商试验所	NFPA-美国全国防火协会	计算机标准
IPC-美国印刷电路学会	NTS-挪威技术标准协会	世界电视标准
DSTAN-英国国防部标准化局	KGBA-美国种山羊繁殖协会	

表 8-10 其他标准化相关站点

世界标准查询	世界标准服务网	全球标准资源
标准出版商（IHS）		

关键术语 专利文献；标准文献；商标文献。

核心提示

1．特种文献包括专利文献、标准文献、商标文献等。

2．专利有时指专利权（patent right），有时指取得专利权的发明创造（patent technology），有时指专利文献（patent document/literature）。

3．专利可分为：发明专利（代码1）、实用新型专利（代码2）、外观设计专利（代码3）。

4．专利文献体系包括：专利说明书、专利公报、专利索引、专利文摘、专利文献光盘、专利文献数据库等。

5．德温特专利文献是各种检索专利文献连续性出版物的总称，出版美、苏、法等12种分国专利文摘。

6．标准文献是按照规定程序编制并经过一个公认的权威机构批准的，供在一定范围内广泛而多次使用，包括一整套在特定活动领域必须执行的规格、定额、规划、要求的技术文件。通常统称为“标准”。

7. 标准文献可划分为国际标准；区域标准；国家标准；专业标准；部门标准；基础标准；技术标准；管理标准；正式标准；试行标准等。

8. 中国标准文献采用专用分类法——《中国标准文献分类法》（简称《中标法》）分类。其类目的设置以专业划分为主，适当结合学科分类。序列采取从总到分，从一般到具体的逻辑系统。类目结构采用二级编制形式，一级类目以专业为主，共划分为24个大类，以字母作为标识符号；二级类目采取非严格等级制的列类方法，以便充分利用类号、保持各类文献量的相对平衡，用阿拉伯数字作为标记符号。

9. 世界各国采用的国际标准主要有国际标准化组织制定的ISO标准、国际电工委员会制定的IEC标准和国际电信联盟制定的ITU标准。

思考练习

（专利）

1. 专利的三个技术特征是什么？
2. 中国专利的主要检索刊物有哪些？
3. 中国专利的检索网络主要有哪些？
4. 分别用手工检索方式和网络检索方式检索与本专业有关的一项发明专利。
5. 用网络检索方式检索一项外观设计专利。
6. 德温特专利文献包括哪些具体的刊物？
7. 查出多人踩踏自行车、防盗箱包、冷暖式空调帽、防近视课桌主题（选一）的专利一、两件，并查其是否有同族专利。

（标准）

1. 简述标准文献的作用及检索标准文献的意义。
2. 标准文献有哪些特征？
3. 我国标准文献的分类依据是什么？
4. 哪种标准文献可检索到我国国家标准的全文？
5. 请列举检索我国标准文献的访问网址。
6. 检索与本专业有关的我国国家标准。
7. 查出肉制品、汽车起重机、污染物排放、电子数据交换主题（选一）国际、国内、行业标准各一件。

模块九

信息检索案例解析

学习目标

能力目标

1. 掌握各种学科问题信息检索方法及过程
2. 掌握各种数据库的检索使用方法

知识目标

1. 了解各种学科知识基本原理
2. 了解国内外各种数据库基本功能

知识架构

- 信息检索案例解析
  - 任务一 文科案例
  - 任务二 工学案例
  - 任务三 理学案例
  - 任务四 商学案例

任务一 文科案例

案例 大学生信用卡消费行为研究

学位论文定题之前，可以与指导教师讨论你的课题思想及设想。请老师对课题进行修正并拟定课题，通过检索文献来明确研究方向。在检索时应着重参考学术品质较高的期刊论文、会议论文、研究报告、学位论文，重要专著等。以下以“大学生信用卡消费行为研究”为主题进行案例分析。

（1）课题分析

通过分析课题背景，明确检索目的、课题的主题或主要内容、课题涉及的学科范围、所需信息的数量、语种、年代范围、类型等具体指标。课题分析的结果是要明确检索的主题内容、提取主题概念、确定中文和英文检索词，同时注意挖掘隐含的主题概念，将表达同一概念的同义词一一列出，并确定主题词之间的逻辑关系。

①课题背景

2004年广东发展银行发行首张大学生信用卡，至今已有多家商业银行推出学生信用卡业务，信用卡消费已成为当代大学生的一项主要消费方式。本课题将以大学生为研究对象，在国内外信用卡使用行为相关研究的基础上，研究大学生的消费观念、信用卡使用行为及其影响因素。

②通过搜索引擎预检课题

通过百度搜索，发现很多与课题相关的文献，包括大学生信用消费行为特征研究、消费行为的问卷调查、消费心理研究或者某地大学生信用卡消费行为研究。文献目录如下所示：

[1] 大学生信用卡消费市场开发策略探析，百度文库（2012-04-28）

[2] 大学生使用信用卡消费状况的浅析，《商情》2014年第23期（2014-05-01）

[3] 关于大学生信用卡消费现状及消费调查，百度文库（2011-06-27）

[4] 大学生信用卡消费行为研究调查问卷（2011-05-29）

[5] 大学生信用卡消费行为研究——以珠江三角洲地区大学生为例，《现代商业》（2011-05-25）

……

文献[6]与我们拟定的课题名称几乎完全一样，是不是就说明我们这个课题已经没有研究的必要了呢？答案恰好相反，这是一个热门的课题，从2004年至今，这个课题在不断地得到讨论和研究，不仅是对大学生消费观念的探讨，也是对银行信用卡管理体制趋于完善提出建议，还可以从不同地区（包括国外大学）大学生对信用卡的消费行为中，发现不同结构、制度下的大学生在消费观念上存在的差异，映射出家庭环境、同辈群体、社会消费环境等各种社会因素对大学生消费观念的影响。所以，我们要进一步修改课题的名称，确定从某一个角度进行深入分析。

③提炼检索词，编写检索式

通过预检索结果对比，可以试着编写如下检索式：（高校or大学生）and（银行卡or

信用卡）and消费。

（2）选择数据库（先中文，后外文）

选择数据库需要考虑是否所有与检索课题相关的资源都要进行检索，选择哪些学科的信息资源，特别注意跨学科的问题。选择哪些语种的信息资源，中文还是外文或是两个兼顾，还要考虑信息资源覆盖的年限等因素。

对于该课题，需要检索综合性的数据库，要覆盖人文、金融等学科，且检索顺序是先中文数据库后外文数据库，文献类型以期刊、学位论文、会议信息为主。由于我国对在校大学生推出信用卡业务时间不长，所以可以选定所有年限，文献量不会太多。

①选择三大中文数据库进行检索

a．维普数据库

检索条件：出版时间为1989年至今的全部期刊

检索式：（R=高校 OR R=大学生）AND（R=银行卡 OR R=信用卡）

检索出文献17760篇。

选取其中部分密切相关的文献如下：

[1] 陆媛．大学生信用卡消费与理财教育［J］．黑龙江高教研究，2010（7）：144-146.

[2] 韩德昌．人口统计特征、社会环境因素与中国大学生信用卡持有关系研究［J］．上海金融，2007（11）：79-83.

[3] 于建原．信用卡使用对中国大学生冲动性购买行为影响研究［J］．金融理论与实践，2007（11）：36-39.

[4] 唐若水．债台高筑的美国大学生［J］．社会，1998（3）：36-37.

[5] 刘甜，高宇翔，任艳，等．浅析内蒙古地区大学生信用卡使用情况及消费倾向——基于呼和浩特六所高校的调查［J］．中国外资，2014（2）：147-148.

[6] 柯晔洲．大学生信用卡消费行为研究——以珠江三角洲地区大学生为例［J］．现代商业，2011（5）：44-46.

[7] 赵文婧．大学生信用卡研究文献综述［J］．云南财经大学学报：社会科学版，2010（3）：63-65.

[8] 段凤梅．大学生信用卡现状调查分析［J］．经营者：学术版，2013（7）：53.

[9] 李文．大学生信用卡消费现状分析与对策研究［J］．商场现代化，2013（17）：46.

[10] 乔磊．美国大学生毕业后为何成债奴［J］．看世界，2012（1）：87.

[11] 刘笑瑜．我国大学生信用卡透支消费问题分析［J］．北方经贸，2011（12）：66-67.

[12] 谢超．对大学生信用卡使用状况调查研究［J］．致富时代，2010（8）：10.

[13] 李勃．对大学生信用卡消费问题的思考［J］．大众商务，2009（7）：138.

[14] 袁以沫．美国大学生信用卡使用现状［J］．考试周刊，2011（51）：13-14.

[15] 盖晓薇．中国大学生信用卡现状分析［J］．大众商务，2009（3）：39.

[16] 范闽．大学生信用卡消费的实证研究［J］．华南理工大学学报：社会科学版，2009，11（1）：52-56.

b．万方数据库

进入万方数据库主站，因为学术论文包括期刊、会议和学位论文三种文献类型，所以我们选择在“期刊论文”中检索（高校or大学生）（银行卡or信用卡），共查得文献381篇，见图9–1。

学科分类涉及经济、文化、科学、教育、体育、工业技术、政治、法律、医药、卫生等领域，所以我们再次限定学科分类在“经济类”中查找：（高校or大学生）（银行卡or信用卡）分类号：“F*”，共检出197篇文献，见图9–2。

在维普数据库中查得的期刊文献，以及万方数据库中查得的期刊、会议、学位论文文献中，去除风险管理、信用卡诚信分析和发卡市场管理方面的文献，新增一些相关文献如下：

［1］朱会振．大学生信用卡的现状、问题及发展分析［J］．中国信用卡（专业），2007（12）：39–43.

［2］李姣骄．北京市大学生信用卡市场现状分析——以学院路各高校为例［J］．现代商业，2008（8）：91–92.

［3］陆星蕾．浅谈大学生信用卡使用的现状与对策［J］．当代经济，2009（5）：106–108.

［4］于建原，谢丹．信用卡使用对中国大学生冲动性购买行为影响研究［J］．金融理论与实践，2007（11）：36–39.

［5］韩德昌，王大海．人口统计特征、社会环境因素与中国大学生信用卡持有关系研究［J］．上海金融，2007（11）：79–83.

［6］李秀明，牛瑾瑜．2009年北京高校大学生信用卡使用状况调查报告［J］．中国市场，2010（19）：131–132.

［7］周静华，刘玉峰．大学生信用卡市场及其影响探析［J］．现代商贸工业，2009，21（10）：156–157.

［8］王美丽．大学生信用卡市场现状调研分析及优化探究——以郑州市某高校为例［J］．商场现代化，2011（10）：66–67.

［9］黎莉．大学生信用卡持卡者人口统计特征与消费金额关系研究［J］．商场现代化，2008（12）：162.

［10］钟青．大学生信用卡需求状况研究［J］．行政事业资产与财务，2011（8）：9–10.

c．中国知网

由于相同的检索条件所查文献与维普、万方雷同，这里不再详述。

通过在三大中文数据库中检索，对相关文献进行归类分析，发现所查文献主要分为大学生信用卡消费（使用）行为研究、大学生信用卡风险管理、诚信管理、发卡市场研究、信用卡（冲动）购买行为分析，以及某地（内蒙古、珠三角、北京、成都、广州、上海）为例的信用卡使用或管理分析几个方面，少量文献会涉及人口特征与消费行为的研究，由于本课题是一项毕业论文的设计，所以我们重点检索学位论文，对万方的以下学位论文进行分析：

［1］谢丹．信用卡使用对中国大学生冲动性购买行为影响研究［D］．成都：西南财经大学，2007.

［2］陈燕．大学生信用卡个人信用评价体系研究［D］．西安：西安科技大学，2009.

［3］毛琳．成都市大学生信用卡使用行为研究［D］．成都：西南财经大学，2008.

［4］耿军军．大学生信用卡客户潜在价值影响因素研究——基于中国东部地区大学

图 9-1 万方数据库期刊论文检索结果

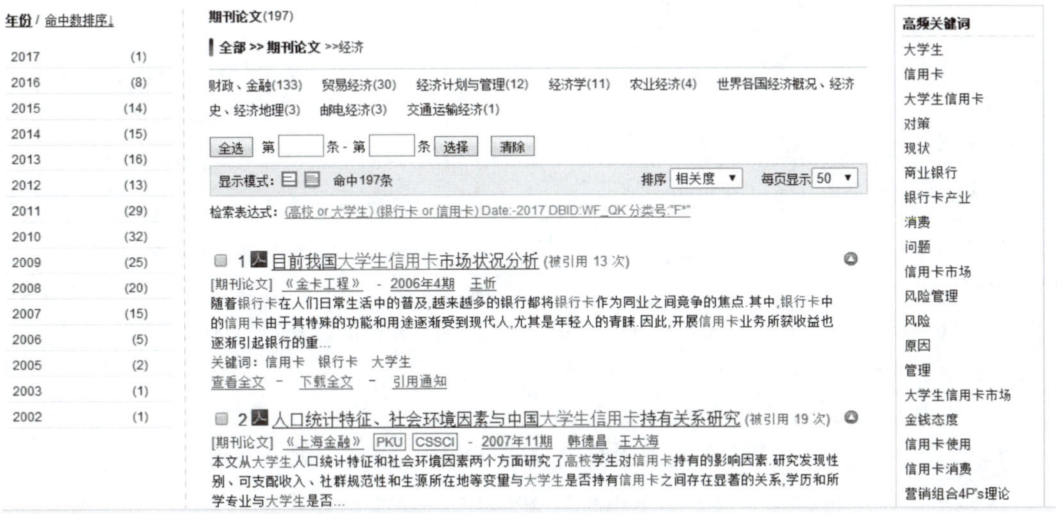

图 9-2 万方期刊经济类检索结果

生的分析［D］. 杭州：浙江大学，2007.

［5］唐大海. 北京市大学生信用卡使用行为研究［D］. 北京：北京大学，2010.

［6］董萍. 大学生信用卡使用行为研究［D］. 广州：暨南大学，2007.

［7］虞晨洁. 中国大学生信用卡申办动机研究——以上海大学生为例［D］. 上海：东华大学，2007.

［8］李菡. 广州大学生银行信用卡使用行为与属性偏好研究［D］. 广州：华南理工大学，2007.

②调整检索策略，修改论文课题

检索就是不断试错的过程，根据反馈的检索结果，反复对检索式进行调整，直到得到满意的结果。结合所查结果修改我们的研究课题，对大学生信用卡的消费行为研究，可以结合消费观念或消费人群特质进行分析。修改课题为：大学生信用卡消费观念与消费行为的研究。

检索式：（高校or大学生）and（银行卡or信用卡or消费卡）and（消费观or观念or理念）

除了上述文献，我们还发现一篇密切相关的学位论文：

［1］瞿小敏. 大学生消费观念与消费行为的关系研究——基于信用卡消费［D］. 上海：上海财经大学，2011.

可以从万方数据库中查找并下载全文进行阅读，也可以阅读这篇文献后面的参考文献。

③外文文献检索

在查找中文数据库的时候，结合文献的中英文对照，我们选择并编写英文检索式，这里要注意考虑外文文献的缩写和简写，利用无限截词技术提高文献的查全率。另外，选择的收录范围要广或者包含社科、商业类的数据库，重点检索期刊、会议和学位论文三种文献类型，所以选择Web of Science 中的SSCI、EBSCO、ELSEVIER和PQDT数据库。

检索式：主题检索：（univ* or college or student*）and "credit card"，检出如下相关文献：

［1］Effects of social demographic attributes，knowledge about credit cards and perceived lifestyle outcomes on credit card usage

作者：Wickramasinghe，Vathsala；Gurugamage，Anurudh

INTERNATIONAL JOURINAL OF CONSUMER STUDIES 卷：36 期：1 页：80–89 出版年：JAN 2012

［2］Effects of gender on credit card usage among university students in Turkey

作者：Ucal，Mehem；O'Neil，Mary Lou；Cankaya，Serkan

AFRICAN JOURNAL OF BUSINESS MANAGEMENT 卷：5 期：22 页：9023–9030 出版年：SEP 30 2011

［3］Demographics，attitude，personality and credit card features correlate with credit card debt：A view from China

作者：Wang，Lili；Lu，wei；Malhotra，Naresh K

JOURNAL OF ECONOMICPSYCHOLOGY 卷：32 期：1 页：179–193 出版年：FEB 2011

［4］The role of parents in college students'financial behaviors and attitudes

作者：Norvilitis，Jill M；MacLean，Michael G

JOURNAL OF ECONOMIC PSYCHOLOGY 卷：31 期：1 页：55–63 出版年：FEB 2010

［5］Buying behavior，social support and credit card indebtedness of college students

作者：Wang，Jeff. Xiao，Jing J

INTERNATIONAL JOURNAL OF CONSUMER STUDIES 卷：33 期：1 页：2–10 出版年：JAN 2009

［6］The role of time preference and credit card usage in compulsive buying behaviour

作者：Norum，Pamela S

INTERNATIONAL JOURNAL OF CONSUMER STUDIES 卷：32 期：3 页：269–275 出版年：MAY 2008

［7］Personality factors，money attitudes，financial knowledge，and credit card debt in college students

作者：Norvilitis，JM；Merwin，MM；Osberg，TM，等

JOURNAL OF APPUED SOCIAL PSYCHOLOGY 卷：36 期：6 页：1395–1413 出版年：JUN 2006

［8］Relationship of credit attitude and debt to self–esteem and locus of controI in college–age consumers

作者：Pinto，MB；Mansfield，PM；Parente，DH

PSYCHOLOGICAL REPORTS 卷：94 期：3 页：1405–1418 子辑：2 出版年：JUN 2004

［9］Factors influencing levels of credit–card debt in college students

作者：Norvilitis，JM；Szablicki，PB；Wilson，SD

JOURNAL OF APPLIED SOCIAL PSYCHOLOGY 卷：33 期：5 页：935–947 出版年：MAY 2003

［10］College students'credit card debt and the role of parental involvement：Implications for public policy

作者：Palmer，TS；Pinto，MB；Parente，DH

JOURNAL OF PUBLIC POLICY & MARKETING 卷：20 期：1 页：105–113 出版年：SPR 2001

［11］Are college students at greater risk of credit card abuse?Age，gender，materialism and parental influence on consumer response to credit cards

作者：Limbu，Yam B；Huhmann，Bruce A；Xu，Bing.

Journal of Financial Services Marketing. Jul2012，V01. 17 Issue 2，p148–162. 15p. 3Charts，1 Graph.

［12］Money attitudes，credit card use，and compulsive buying among american college students

作者：Roberts，Jamews A；Jones，Eli

Journal of Consumer Affairs. Winter2001，V01. 35 Issue 2，p213–240. 28p. 5Diagrams，5 Charts.

除了上述查得的部分相关文献，我们还可以参考万方数据库中查得的学位论文的英文参考文献，或者某篇文献的引文和施引文献。

（3）小结

对于毕业课题的确定，除了与导师商讨之外，还要很好地利用数据库对该课题进行充分、全面的调研。首先在搜索引擎中理解课题的发展，再制定搜索策略在相应的数据库中进行检索，对所查文献要归类分析，哪些课题已经有了大量的文献源，哪些课题中又指出了较新的研究方向。重点检索学位论文并很好地利用相关学位论文后的参考文献进行追溯检索。在对中文文献了解的情况下再检索外文文献，检索条件要根据实际情况做出调整，而不是对中文检索式的简单翻译，要抓住核心检索词并权衡查全率和查准率。

任务二 工学案例

案例 变频恒压供水系统的研究与应用

（1）课题背景

小区供水系统建设涉及供水的稳定性，也对用户的生活产生极其重要的影响。传统的小区供水方式有：恒速泵加压供水、气压罐供水、水塔高位水箱供水、液力耦合器和电池滑差离合器调速供水、单片机变频调速供水等，但传统供水方式的系统的供水效率比较低。当今供水系统正在向自动化程度高、节能程度高的目标发展，由于恒压调速系统稳定性较好、节能效果好，节省了大量的人力、物力和财力，因此在空气压缩机、水泵和制冷压缩机等消耗能力比较高的设备上得到了广泛的应用，尤其是在居民生活用水，城乡工业用水等变频恒压供水系统中。但我国的泵站在经济合理性、现代科学技术水平以及供水系统的制作标准等方面与国外领先的水平相比较，还有很大差距。变频器与带有PID的PLC经过一定的连接组合的控制系统使用的费用较低、使用的编程语言简单易懂，最重要的是系统具有较高的可靠性能、可以抵御外界恶劣环境等诸多优点。恒压供水控制使系统的稳定性大大提高，并且能有效地实现供水系统的统一监控；与此同时，这种系统节能性良好，这个特点在能源日益缺乏的今天显得尤为重要。

（2）检索目的

通过全面检索了解国内外关于“变频恒压供水系统”的研究概况。

（3）检索步骤

因为是对某一领域研究概况的了解，所以检索一定要全面，尤其不能漏掉重要的相关文献。首先选择合适的数据库，其次要制定合理的检索策略，针对初步检索结果修改检索策略直至检索结果基本符合要求，也就是在查全率和查准率之间取得平衡，检索结果不过多也不过少，然后对检索结果进行筛选、分析、下载，利用文献管理软件管理文献，必要时下载全文阅读。

第一步：选择数据库。

数据库的选择要根据课题具体分析，因为要了解国内外研究概况，所以中外文都需要检索。其实，即便只是了解国内的研究概况，外文检索也是必不可少的，因为中国科研工作者有质量的文章大多都是以外文形式发表在外文期刊上。

一般来说中文的万方数据库、维普数据库和中国知网都是必须要选择的，因为这三个数据库都是综合性质的，适合任何学科。除了检索期刊论文之外，对于这个课题涉及的研究领域是很有可能申请专利的，所以专利的检索不可忽视，虽然万方数据库中收录了很多专利，但为了保证尽量查全，这里选择国家知识产权局来检索。

对于外文数据库的选择，为了保证查全率，从文摘数据库开始检索，目前最常用的数据库是Engineering Village（工程、应用科学领域文献检索平台）、Web of Science（科学引文索引数据库）、Sci Finder（CA化学文摘网络版数据库）等，就本课题来说，和化学没有关系，所以只要检索Engineering Village（工程、应用科学领域文献检索平台）就可以达到检索目的。全文数据库可以部分选择，但是欧洲知识产权局是必选数据库，因为它收录了世界各地的专利，同时可以免费下载全文。

因此，对于本课题选择的数据库是：万方数据库、维普数据库、中国知网、国家知识产权局、Engineering Village、欧洲知识产权局。

第二步：检索策略和检索结果。

①万方数据库

确定核心检索词：变频恒压供水系统

检索式：（变频and恒压and供水）2225篇 （变频and恒压and供水and系统）1986篇

检索结果过多，需要调整检索策略，选择题目检索字段，减少检索结果，同时检索结果的相关性也相应提高。于是将检索策略改变为：题目：（变频and恒压and供水and系统）检索到文献808篇，其中期刊论文710篇、学位论文51篇，会议论文45篇，另外2篇是翻译的外文文献，见图9-3。简单浏览题目和文摘后，选择如下文献进行进一步阅读。

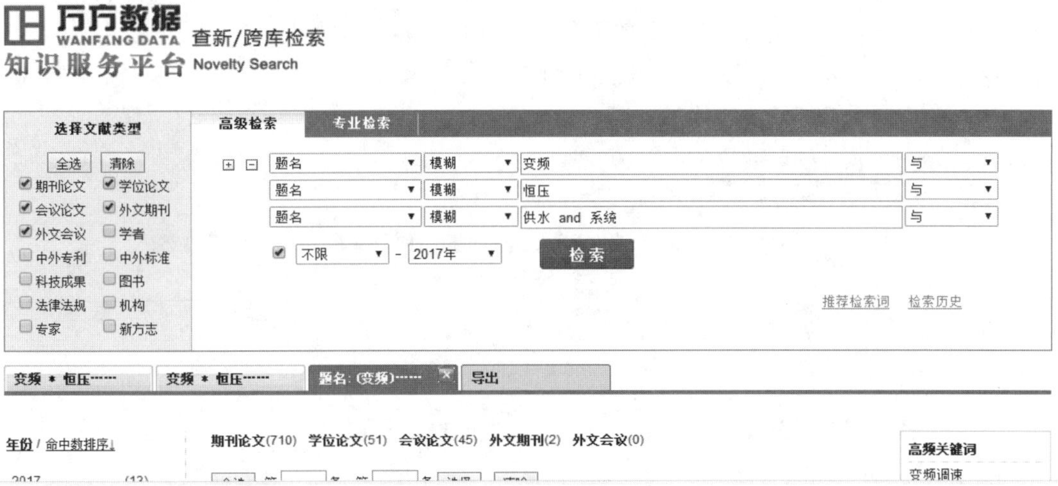

图 9-3 万方题名检索结果

[1] 王兵. 基于PLC控制的变频恒压供水系统的研究 [D]. 青岛：青岛大学，2012.

[2] 陈彦涛. 基于PLC的恒压变频供水系统的研制 [D]. 镇江：江苏大学，2008.

[3] 杨伟新，张晓森，徐彦铎，等. 基于PLC的恒压供水系统设计 [J]. 机械研究与应用，2012（2）.

[4] 包世健，江金兰. 基于组态和PLC控制的恒压变频供水系统设计 [J]. 企业技术开发，2012（12）.

[5] 陈天华，王辛. 基于PLC的恒压变频工厂供水系统设计 [J]. 制造业自动化，2013（13）.

选择的这些论文基本集中在基于PLC的恒压变频供水系统的研究上，阅读学位论文的目的在于了解论文本身的内容，同时还可以通过阅读学位论文的综述对研究概况有深入的了解。

②维普数据库

检索式：题名或关键词：变频*恒压*供水*系统，其他检索条件设为默认，检索到文献1035篇，显然文献量过大，而且有很大一部分文献是和万方的检索结果重复的，于是将检索条件限定为2016年出版的核心期刊，检索出3篇文献，选择全部3篇文献，浏览文献后阅读全文：

[1] 杨辉，王洋洋，陆荣秀. 变频恒压供水系统启动过程优化. 控制工程，2016（11）：1639–1645.

[2] 毛金炼，刘刚，张进，史凤华. 核岛除盐水分配系统变频恒压供水方案探究. 给水排水，2016（S2）：36–38.

[3] 郭荣，张国钧. 基于PLC的综合供水系统设计. 给水排水，2016（09）：128–131.

③中国知网（CNKI）

在中国知网中用同样的检索策略检索，检索出来的文献与维普和万方中的检索结果是基本一致的，所以不再选择文献阅读。

④专利文献检索

检索中文专利我们一般在两个数据库之间选择，万方数据库中的专利文献库和国家知识产权局的中国专利数据库，用如下的检索策略在两个数据库中分别检索。

专利名称：变频and恒压and供水and系统

万方数据库检索到文献394篇，见图9–4。

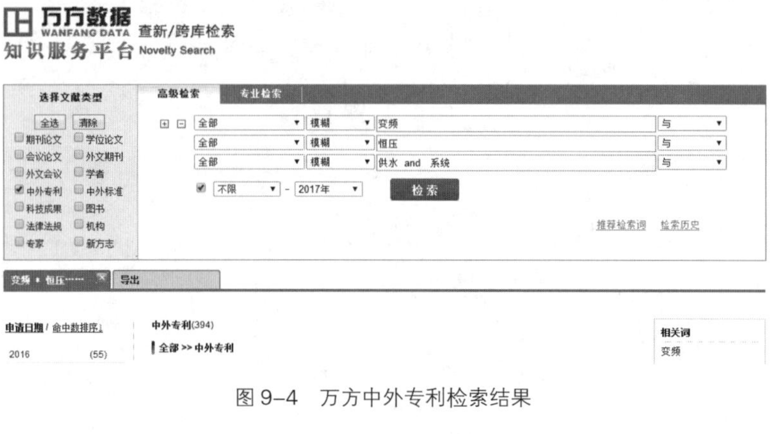

图 9–4 万方中外专利检索结果

中国国家知识产权局检索到文献519篇。

于是选择国家知识产权局的检索结果进行筛选，确定阅读以下专利。

[1]申请号：CN201611144089.4 申请日：2016.12.13 公开（公告）号：CN106638809A 公开（公告）日：2017.05.10 IPC分类号：E03B11/16；E03B7/07

发明名称：一种恒压变频水泵多路供水控制系统

申请（专利权）人：杭州信多达电器有限公司；发明人：徐风飞；程山增；何来；谢俊

[2]申请号：CN201610792647.1 申请日：2016.08.31 公开（公告）号：CN106438311A 公开（公告）日：2017.02.22 IPC分类号：F04B49/06；F04B49/20；F04B49/10

发明名称：用于变频恒压供水水泵的智能控制器及其控制方法

申请（专利权）人：德尔保定智能流体有限公司；发明人：陈根全

[3]申请号：CN201510688830.2 申请日：2015.10.21 公开（公告）号：CN106609745A 公开（公告）日：2017.05.03 IPC分类号：F04B49/06 ；F04B23/04

发明名称：一种双变频恒压供水控制系统和控制方法

申请（专利权）人：上海连成（集团）有限公司；发明人：彭安群；张锡淼

[4]申请号：CN201410000475 申请日：2014.01.02 公开（公告）号：CN103696456A 公开（公告）日：2014.04.02 IPC分类号：E03B1／02

发明名称：物联网信号传输变频恒压供水系统及变频恒压供水方法

申请（专利权）人：上海上源泵业制造有限公司；发明人：胡孝恩；刘玉新；王迪；吴昌辉

[5]申请号：CN201310410410 申请日：2013.09.10 公开（公告）号：CNl03485386A 公开（公告）日：2014.01.01 IPC分类号：E03B1／00

发明名称：一种基于灰色关联法的变频恒压供水系统控制方法

申请（专利权）人：温州大学；发明人：李峰平；彭志辉；赵军平；周余庆；薛伟；胡雪林

[6]申请号：CN201310409794 申请日：2013.09.10 公开（公告）号：CN103556677A 公开（公告）日：2014.02.05 IPC分类号：E03B11／06；E03B7／07；E03B11／16

发明名称：一种高效变频恒压供水系统的控制方法

申请（专利权）人：台州神能电器有限公司；发明人：赵军平；彭志辉；李峰平；胡雪林

[7]申请号：CN201320544940 申请日：2013.09.03 公开（公告）号：CN203531054U 公开（公告）日：2014.04.09 IPC分类号：E03B11／16

发明名称：智能变频恒压供水控制系统

申请（专利权）人：武汉邦信汇通设备自动化有限公司；发明人：范正义

[8]申请号：CN201210145685 申请日：2012.05.11 公开（公告）号：CN103388350A 公开（公告）日：2013.11.13 IPC分类号：E03B11／16

发明名称：基于PLC的变频恒压供水系统

申请（专利权）人：四川优的科技有限公司；发明人：林锋

⑤Engineering Village

检索式：(((variable NEAR/3 frequency) or (frequencyNEAR/3 changer) or (frequency NEAR/3 changed) or (frequency NEAR/3changing) or (frequency NEAR/3 change) or (frequency NEAR/3convert) or (frequencyNEAR/3converting) or (frequency NEAR/3conversion)) and ((constant NEAR/3 pressure) or (constant NEAR/3voltage)) and water) wn KY

共检索到56篇文献，在外文检索的时候最主要的是要注意考虑同义词，在上面的检索式中考虑到同义词，并合理使用位置算符保证文献的查全率，因为位置算符和表示词组的双引号都不能与截词符号同时使用，所以在这个检索式中没有使用截词符号，当然适当的时候我们可以使用词根算符。

因为前面已经检索过中文数据库，所以在这里，我们初步筛选后保留以下外文文献进行阅读。

[1] Title：Frequency conversion constant pressure water supply system controlled by a fuzzy controller

Authors：Liu Song；Li Han Yi

Source title：Advanced Materials Research. Volume：694—697；2013；Pages：532—537

[2] Title：Analysis of the energy efficiency of frequency-changing water supply by secondary pressurizing in residence community

Authors：Li Yafeng；Zhang Xiaoning；Chen Wentong

Source title：Advanced Materials Research. Volume：243—249；2011；Pages：4778—4782

[3] Title：The variable frequency and speed regulation constant pressure water supply system based on PLC and fuzzy control

Authors：Peng Xiaohong；Xiao Laisheng；Liu Guodong；Mo Zhi

Source title：2009 International Conference on Measuring Technology and Mechatronics Automation，ICMTMA 2009；Volume：1；2009；Pages：910—913

[4] Title：Energy-saving applying study of fuzzy control in the variable frequency and constant pressure water supply system

Authors：Hu Yao Bin；Wang YuLin；Hu LiangBin；Wei Peng

Source title：Advanced Materials Research. Volume：591—593；2012；Pages：1307—1310

[5] Title：The design of Variable frequency and constant pressure water supply system based on fuzzy control

Authors：Wang Yu Lin；Hu YaoBin；Wei Peng；Jiang Yan；Xie Jing

source title：Advanced Materials Research. Volume：591—593；2012；Pages：1247—1250

[6] Title：Constant pressure water supply system design based on PLC & frequency converter

Authors：Ma YongIi；Zhao Zhiying

Source title：Advanced Materials Research. Volume：347—353；2012；Pages：394—397

[7] Title：The Variable-frequency speed governing and constant pressure water supply system based on PID fuzzy control algorithm

Authors：Wang RuiLan

Source title：Advanced Materials Research. Volume：433—440；2012；Pages：2585—2591

[8] Title：Design and implementation of a variable frequency regulatory system for water supply

Authors：Chan，David T.W.；Li，Wujiu

Source title：Proceedings of the Intersociety Energy Conversion Engineering Conference. Volume：3；1996；Pages：2095—2098

从检索的情况来看，比较特殊，因为这些文献的作者都是中国人，由此恰恰说明要了解国内的研究概况还是应该检索外文数据库的。

⑥欧洲专利数据库

欧洲专利数据库收录了世界各国的专利，而上面检索的一些其他数据库中不包含专利文献，所以很有必要检索一下欧洲专利数据库。

选择如下的检索式：title or abstract：（“variable frequency” or “frequency chang*” or “frequency conver*”）and（“constant pressure” or “constant voltage” and water）。因为该数据库检索式不能超过10个单词，因此应分两次检索，共检索到专利373篇，因为检索结果过多，将检索式限定在题目中检索，同时提高了专利的相关性，于是检索到专利88篇，全部是中国专利，因此不再摘录在此。

（4）结论

从这个案例我们可以看出，分析课题选择合适的数据库是非常重要的，另外要在检索过程中不断地根据实际情况修正检索策略，而且国内科研人员的确有大量的文献是用英文发表的，了解国内研究概况，也不能忽略外文数据库的检索。

任务三 理学案例

案例 氟虫酰胺的合成路线研究

（1）研究内容

氟虫酰胺又名氟虫双酰胺，通用名称为flubendiamide，是1998年日本农药公司与德国拜耳公司从邻苯二甲酰胺类化合物中发现的，其不同于传统的杀虫剂，为鱼尼丁受体激活剂。使用氟虫酰胺后，鳞翅目幼虫的典型症状是身体逐渐萎缩，相似的症状可以在经鱼尼丁处理后的害虫身上看到。而鱼尼丁是一个钙离子释放通道调节器，钙离子释放通道在肌肉收缩中充当关键的作用，这表明杀虫剂氟虫酰胺的作用过程中涉及像鱼尼丁这样敏感的钙离子释放通道机制。氟虫酰胺对除虫菊酯类、苯甲酰脲类有机磷类、氨基甲酸酯类已产生抗性的小菜蛾3龄幼虫具有很好的活性。氟虫酰胺对几乎所有的鳞翅目类害虫均具有很好的活性，EC50值在1.0mg/L以下，对鳞翅目之外的害虫活性并不高。

（2）分析课题

①课题包含的主要概念

a．氟虫酰胺是课题的核心概念，合成氟虫酰胺是具体研究方向。

研究是比较泛指的词，数据库中所收录的文献，除了报道性的内容外，几乎99.9%

的文献都是研究文献，所以研究一定不能作为检索词。

b．概念间的关系

合成与氟虫酰胺之间的关系是逻辑与

②概念对应的检索词

通过百度百科或者相关研究文献获取表达概念的同义词。如通过搜索引擎，获得关于氟虫酰胺的以下信息：氟虫酰胺，又名氟虫双酰胺，通用名称为flubendiamide。

所以，表达课题概念的中英文检索词如下：

概念	中文检索词	英文检索词
氟虫酰胺	氟虫酰胺or氟虫双酰胺	Flubendiamide
合成	合成or制备or形成	Preparation or synthesis or formation

而对于化合物而言，又存在着一些特有的化学分子式、结构式以及物质登记号等特征，这些也将成为其检索词。

氟虫酰胺的化学结构见图9-5。

分子式：$C_{23}H_{22}F_7IN_2O_4S$

登记号：［272451-65-7］

本检索的目的是开题，所以检索的主要目的是查全。在阅读及筛选文献的过程中必须注重领域专家的综述论文。

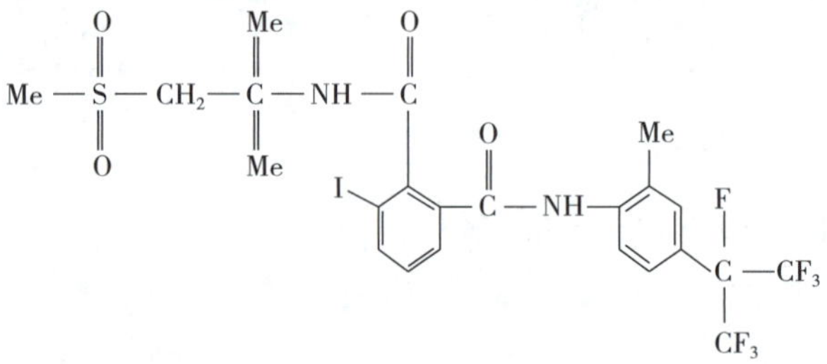

图 9-5　氟虫酰胺的化学结构

③选择数据库

数据库的选择原则是由核心数据库到辅助数据库，由文摘型数据库到全文数据库，由专业数据库到综合数据库。该课题属于化学领域，核心数据库为SciFinder，所以以SciFinder 为主，其他数据库为辅。将SciFinder中未查到的，而在其他数据库中找到的相关文献补充到SciFinder数据库中查得的相关文献中。

a．SciFinder

SciFinder提供了多种检索途径，包括主题检索、化学物质检索及反应检索，在检索的时候可通过物质的结构式、分子式、登记号、化学物质名称等物质的特征数据进行检索。经试验，通过登记号、结构式和分子式检索途径的检索结果是相同的，但其检索结果会与使用化学物质名称的检索结果有所不同，所以在此数据库中检索需通过三种途径检索：一是物质结构式、登记号或者是分子式；二是通过化学物质名称检索；三是利用反应检索中的反应结构进行检索。

✱利用反应检索中的反应结构进行检索

由于查找的是合成路线，所以首先采用Explore Reactions，用登记号调出结构式，并作为产物进行检索，见图9-6。

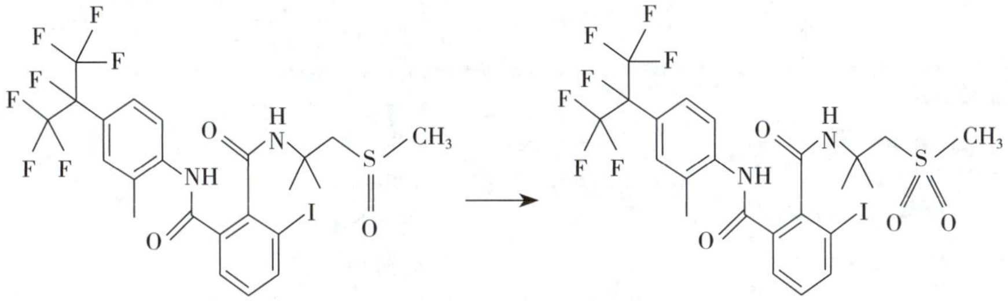

图 9-6　反应式

✱在SciFinder中利用登记号检索

具体步骤如下。

第一步，选择SUBSTANCES 中的Substances Identifier ，输入物质的登记号，见图9-7。

第二步，得到该物质的结构式，见图9-8。

点击“Analyze by ”中的“Preparation”，得到与该结构式相关的文献结果，见图9-9。

第三步，点击“~726”，如图9-10所示。

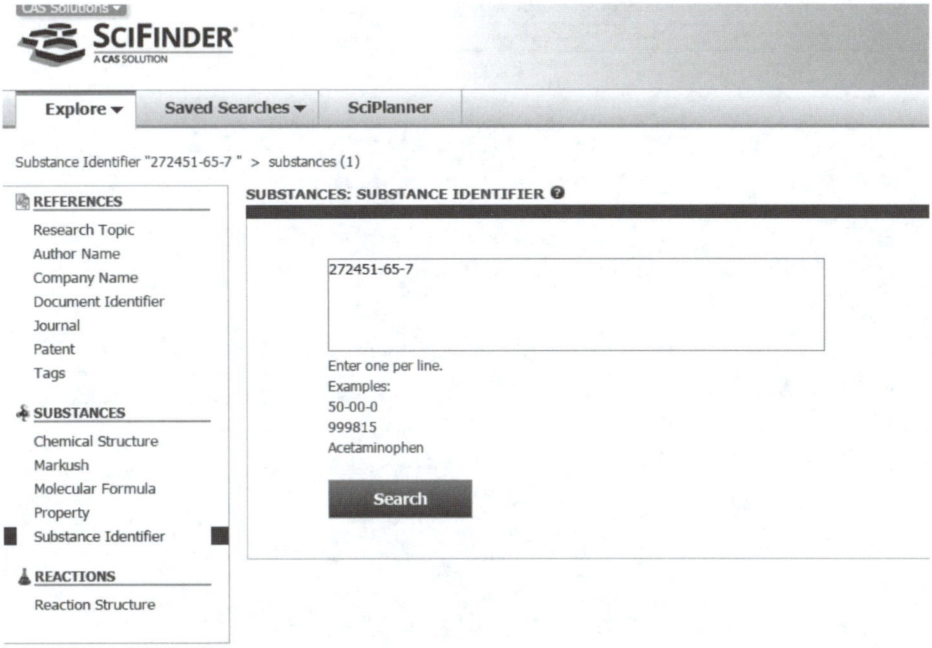

图 9-7　输入物质的登记号

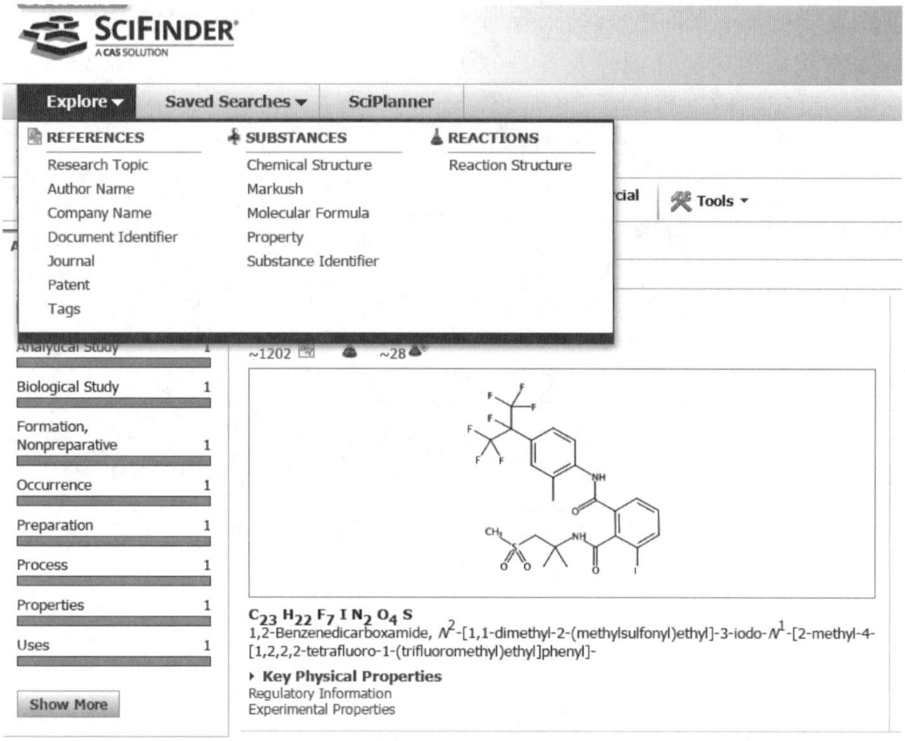

图 9–8　得到该物质的结构式

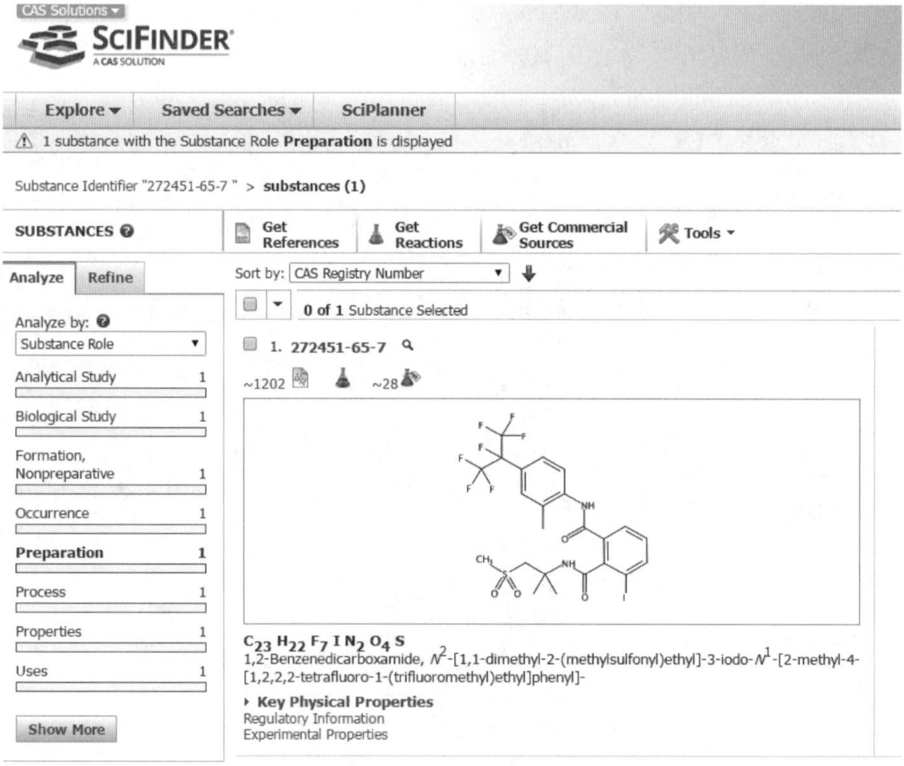

图 9–9　点击“Analyze by”中的“Preparation”

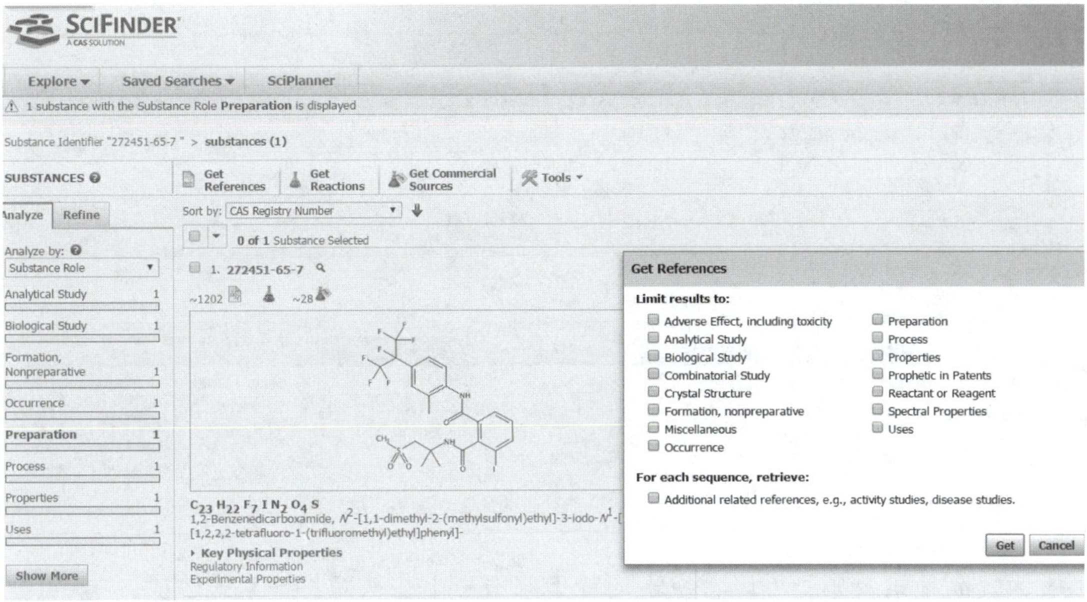

图 9-10　点击“~726”

选择其中的Preparation和Process，点击“Get”按钮，得到一些文献，从中筛选出有关氟虫酰胺制备的论文。

✱利用Research Topic 进行检索：synthesis of flubendiamide，从中筛选得到5篇相关文献。

b. 万方数据资源系统

选择万方数据资源系统的查新/跨库检索，检索时需进行字段的选择，如果不进行字段的选择，系统会将这些检索词在题目、作者、作者单位、出处、文摘及关键词字段中进行检索。由于万方的匹配是字匹配，且自动切分检索，所以在检索的时候会出现很多不相关的文献。

如在不特别选择字段的情况下，直接输入：“氟虫酰胺”or“氟虫双酰胺”，那么检索结果为2108条，检索结果是按照相关性排序的，所以最初看到的文献相关性还是不错的，而后面相关性就非常差，那些文献中并没有出现氟虫酰胺或氟虫双酰胺这些关键词，而是出现了包含在氟虫酰胺或者氟虫双酰胺中的一些字，这些字分散出现在题目、文摘、关键词等字段中，与检索意图完全不相关，造成检索效率较低，如图9-11所示。

图 9–11 低效率的检索结果

为提高检索效率，可以将检索词置于双引号中，从而将检索式改成："氟虫酰胺" + "氟虫双酰胺"，命中的文献大大减少，检索效率和检索的准确性大大提高。但使用该检索式，发现氟虫酰胺虽然出现在文献中，但是相关性也不是非常好。

为了进一步提高查准率，可以将检索词限制在字段中，如题名或关键词：（"氟虫酰胺" + "氟虫双酰胺"），文献量减少到296条，从中筛选相关文献，大大提高检索效率。

在筛选文献的时候要注意以下几个问题：物质所属大类，即物质的上位概念：氟虫酰胺是林苯二甲酰胺类杀虫剂，所以这类文献不能漏选。合成该物质的中间体：合成该物质中间体的文献也需要进行保留，有时候在写中间体合成的过程中也会提到合成该物质的路线。还有一篇文献如"一锅法合成3–碘代邻苯二甲酸"，从题目和文摘看起来与氟虫酰胺或者氟虫双酰胺没有关系，氟虫双酰胺出现在关键词中，但从原文看，3–碘代邻苯二甲酸是合成氟虫双酰胺的中间体。错别字：有时数据库中会有错字出现，如氟早酰胺的合成工艺研究，实际上是氟虫酰胺的合成工艺研究，此类文献不要漏掉。中间体的合成不会包含产品的合成路线，但产品的合成路线可能会有中间体合成路线的信息，所以在筛选文献的时候要注意。注意综述性的论文以及学位论文，因为学位论文的前部分一定是综述。

综上所述，我们共筛选出20篇相关文献。

c．维普中文科技数据库

维普中文科技数据库虽说实现的是字匹配检索，但检索准确率还是很高的。选用其中的传统检索，选择题名或关键词，输入：（氟虫酰胺+氟虫双酰胺）*（制备+合成+形成），检索即可。

d．CNKI中国期刊全文库

选择专业检索：TI=（"氟虫酰胺" + "氟虫双酰胺"）or KY=（"氟虫酰胺" + "氟虫双酰胺"），检索到56篇文献。

e. 学术搜索引擎

✱中文学术搜索——读秀

检索式："氟虫酰胺" + "氟虫双酰胺"，未检索到相关文献。

✱Google 学术搜索

检索式：氟虫酰胺+氟虫双酰胺，共检索到文献6620篇。由于文献太多，检索式变成：（氟虫酰胺or氟虫双酰胺）and（合成or制备or制造），共检索到264篇文献，结果没有发现相关文献，且结果中有些文献中的氟虫酰胺与氟虫双酰胺并非以词组或者专业术语形式出现，造成检索的准确率比较差，如图9–12所示。

[PDF] 氟虫腈的应用和风险研究进展
徐广春，顾中言，杨玉清，徐德进，许小龙，石伟山 - 现代农药, 2008 - ipp.jaas.ac.cn
摘要: 氟虫腈是一种新型高效的杀虫剂, 在世界范围内得到广泛使用. 但是环境毒理学研究发现氟虫腈对生态环境具有潜在的危险性, 并且具有慢性神经毒性. 因此, 深入研究氟虫腈的生态风险问题是当务之急. 对国内外氟虫腈的应用, 降解和代谢, 应用风险三方面的研究进行了综述, 以期对氟虫腈的科学管理和合理使用提供理论依据.
被引用次数：15 相关文章 所有 6 个版本 引用 保存 更多

图 9–12 Google 学术搜索中的一篇文章

通过上述多个数据库的检索，筛选并去重后得到的相关文献如下：

[1] 巨修练，黄强. 氟虫双酰胺（Flubendiamide）的开发经纬（综述）[J]. 世界农药，2011，33（6）：18—20，25.

氟虫双酰胺（Flubendiamide）是日本农药公司开发的具有独特作用机理的新杀虫剂，结构如图9–13所示。其作用靶标为鱼尼丁受体（Ryanodinereceptor）。氟虫双酰胺具有邻苯二甲酰胺骨架化学结构，苯环上具有碘原子取代基、七氟异丙基苯甲酰胺基及含砜的烃基胺。

[2] 刘团伟. 新型氟虫酰胺、氯虫酰胺类似杀虫剂的设计合成及生物活性研究[D]. 南开大学，2012.

本论文在已有商品化杀虫剂氟虫酰胺（邻苯二甲酰胺类）和氯虫酰胺（邻甲酰氨基苯甲酰胺类）基本结构的基础上，参考大量专利文献，利用活性片段拼接、相似合成、生物等排等分子设计手段，设计合成了3个系列，共44个未见报道的新化合物。新化合物经核磁、元素分析或者是高分辨分析确认。在这3个系列中，有以氟虫酰胺为基本骨架，在邻苯二甲酸部分中的碘代基团置换为酰胺基团，形成类似于三酰胺结构的化合物；在苯胺部分，将七氟异丙基团置换为酰化的含氮杂环结构，并变化其位置；以氯虫酰胺为基本骨架，结合氟虫酰胺合成中重要中间体的邻苯二甲酰亚胺结构，并将其引入置换氯虫酰胺的苯甲酰胺结构。对合成的新化合物通过已建立的生测平台，对东方黏虫的杀虫活性进行了研究。结果表明：具有三酰胺结构的系列化合物中部分化合物具有良好的杀虫活性，可以对该类型的化合物做进一步的研究工作。

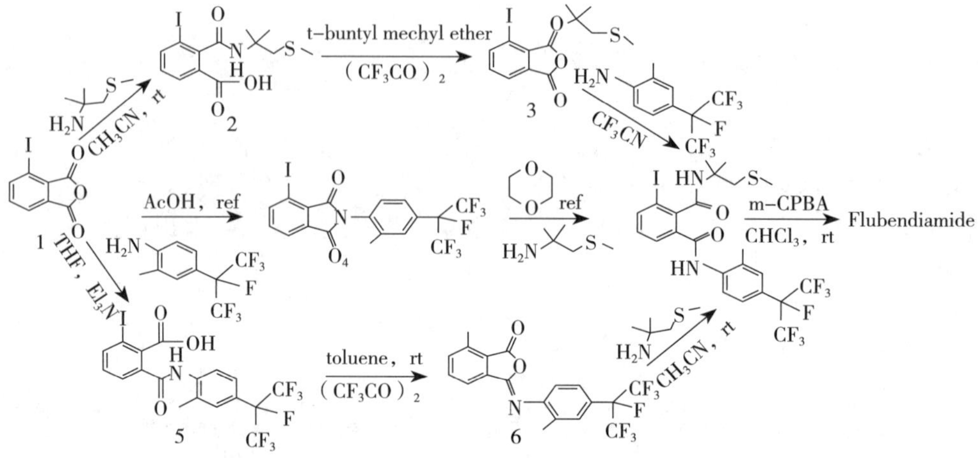

图 9–13 氟虫双酰胺的合成路线

[3] 冯美丽. 新型邻苯二甲酰胺类衍生物的设计合成和杀虫活性研究 [D]. 南京：南京工业大学，2011.

文中相关内容如图9–14所示。

首先，合成了先导化合物氟虫酰胺：分别以邻苯二甲酸酐（A5）、2– 甲基 –2– 硝基 –1– 丙醇（C5）和邻甲基苯胺（B2）为原料反应得到 3– 碘邻苯二甲酸酐（A1）、2– 甲基 –1– 甲硫基 –2– 丙胺（I）和 2– 甲基 –4– 七氟异丙期苯胺（B1）。将（A1）与（1）反应制得 *N*–（1,1– 二甲基 –3– 甲硫基乙基）–3– 碘邻胺羰基苯甲酸（1I）；再以甲磺酸氯为脱水剂、三乙胺为缚酸剂的作用下，1I 分子内脱水重排得到 4– 碘 –3–（2– 甲基 –1– 甲硫基丙基 2– 异亚胺）苯并呋喃 –1（3H）– 酮（2I）；将（2I）与中间体（B1）反应得到 N^2–（1,1– 二甲基 –2– 甲硫基乙基）–3– 碘 –N^1–（2– 甲基 –4– 七氟异丙基苯基）–1，2– 邻苯二甲酰胺（D1）；最后用间氯过氧苯甲酸（MCPBA）将（D1）氧化得到先导化合物氟虫酰胺（9）。

图 9–14 文中相关内容

通过维普数据库的检索，选中16篇文献，去重后得到如下文献。

[4] 新型邻苯二甲酰胺类杀虫剂氟虫双酰胺（万方中无）[J]. 农化市场十日讯，2012（28）：34.

氟虫双酰胺，商品名为垄歌，是由拜耳公司和日本农药共同开发的，2008年取得我国农药登记证。

通过CNKI（http://www.cnki.net）的跨库检索，选择的数据库有：期刊、特色期刊、博士、硕士、硕士—2013增刊、国内会议、国际会议、报纸、年鉴、专利、标准、成果、学术辑刊、商业评论。共检索到407篇文献，筛选出24篇相关文献，去重后补充到检索结果中。

[5] 程志明. 四个卓越水稻新杀虫剂的合成 [J]. 世界农药，2011，1：1–5+57.

摘要：氯虫苯甲酰胺（Chlorantraniliprole）、氯虫苯甲酰胺+噻虫嗪（Thiamethoxam）、氟虫酰胺（Flubendiamide）和氰氟虫腙（Metaflumizone）为当今水稻田最优秀的4种杀虫剂，叙述了氯虫苯甲酰胺、噻虫嗪、氟虫酰胺和氰氟虫腙的合成方法。

［6］孟祥冰，欧阳贵平，刘浩，等．鱼尼丁受体抑制剂的研究进展［J］．广州化工，2011，10：28-32.

摘要：介绍了新型鱼尼丁受体抑制剂类杀虫剂的研究进展，包括近年来国内外农药公司报道的活性化合物和氟虫酰胺及氯虫酰胺的创制经纬。以氟虫酰胺和氯虫酰胺的结构为基础分别对邻苯二甲酰胺类和邻甲酰胺基苯甲酰胺类鱼尼丁抑制剂的研究现状做了分类介绍，并对鱼尼丁抑制剂的研究前景进行展望。

［7］赵东江，陈康，杨彬，等．氟虫双酰胺的合成研究［J］．精细化工中间体，2011，05：13—16.

摘要：分别以3-硝基邻苯二甲酸、2-甲基-2-氨基丙醇和邻甲基苯胺为起始原料，合成氟虫双酰胺的3个重要的中间体：3-碘代邻苯二甲酸酐、1，1-二甲基-2-甲硫基乙胺和2-甲基-4-七氟异丙基苯胺，再将3个中间体依次拼接合成氟虫双酰胺，总收率为47.7%（以3-硝基邻苯二甲酸计），含量大于95%。

注意：文后参考文献，发现有2篇属于相关文献，但后来在SciFinder数据库中也查到，如下：

①Tohnishi M，Nakao H，Furuya T，et a1．Flubendiamide，a novel insecticide highly active against lepidopterous insect pests［J］．J Pestic Sci，2005，30（4）：354-360.

②Tohnishi M．Preparation of phthalamides as Agrohorticultural Insecticides：EP，1006107［P］．2000-06-07.

介绍了合成氟虫双酰胺的三种方法，从SciFinder数据库中查到该文献：

［8］氟虫双酰胺的合成［J］．今日农药，2012，2：29-31.

摘要：氟虫双酰胺是由日本农药株式会社和德国拜耳公司联合开发的新型杀虫剂，主要用于蔬菜、水果、水稻和棉花防治鳞翅目害虫，对成虫和幼虫都有优良活性，持效期长。氟虫双酰胺不同于传统杀虫剂，为鱼尼丁受体作用，能影响鳞翅目害虫在肌肉收缩中充当关键作用的钙离子释放。

［9］李海屏．氟虫双酰胺及其中间体合成［J］．农药研究与应用，2012，1：55.

摘要：湖南化工研究院国家农药创制工程技术研究中心；农用化学品湖南省重点实验室；江苏蓝丰生物化工股份有限公司分别以3-硝基邻苯二甲酸、2-甲基-2-氨基丙醇和邻甲基苯胺为起始原料，合成氟虫双酰胺的3个重要方法。

［10］张一宾．几个农药原药的清洁化生产［J］．世界农药，2012，2：1-4+13.

摘要：介绍了日本农药公司3个农药原药的清洁生产工艺。

［11］赵东江，杨彬，王宇，等．氟虫双酰胺合成方法浅述［J］．农药研究与应用，2012，3：1-4.

摘要：简述了氟虫双酰胺的三种合成方法，通过评价3-碘代邻苯二甲酸酐法的四条合成路线，提出了氟虫双酰胺的最佳合成路线，并详细介绍了其合成工艺。

［12］周仲伟．氟虫双酰胺中间体合成工艺研究［D］．长沙：湖南科技大学，2011.

［13］林添．氟虫酰胺的合成工艺研究［D］．长沙：长沙理工大学，2011.

摘要：氟虫酰胺是日本农药公司和德国拜耳公司联合开发的新型杀虫剂，具有与传统杀虫剂完全不相同的作用机制。通过查阅国内外相关文献报道，概述了世界和我国的农药发展近况，特别是邻甲酰胺基苯甲酰胺类杀虫剂。对于邻甲酰胺基苯甲酰胺类杀虫剂中重要的品种氟虫酰胺的作用机理、毒性及应用等方面进行了总结，详细介绍了氟虫酰胺和重要中间体3-碘代邻苯二甲酸（IPA）的合成方法。3-碘代邻苯二甲酸是新型杀虫剂氟虫双酰胺的关键中间体，经过大量的文献调研，确定了以3-硝基邻苯二甲酸为起始原料在FeO（OH）/C催化下经过水合肼还原生成3-氨基邻苯二甲酸（ADMA），然后用重氮化法合成IPA的合成路线，最终收率达到89.5%。

［14］程志明．氟虫双酰胺的清洁合成法［J］．世界农药，2012，4：16-18+32．

摘要：氟虫双酰胺是具有独特作用机理的新杀虫剂，其作用靶标为鱼尼丁受体。简述了氟虫双酰胺以前的2种合成方法并指明了它们的弊端，详细介绍了氟虫双酰胺的清洁合成工艺。

［15］程志明．农药原药的绿色化学合成［J］．上海化工，2013，4：18-21．

摘要：叙述了除草剂吡草醚、麦草畏与杀菌剂氟酰胺、杀虫剂氟虫双酰胺等改进前的合成方法和改进后的绿色化学合成方法。

［16］谢伟胜．氟虫双酰胺国内专利发展动态［J］．农药研究与应用，2012，6：38-41．

［17］李洋，李淼，柴宝山，等．新型杀虫剂氟虫酰胺［J］．农药，2006，10：697-699．

摘要：介绍了杀虫剂氟虫酰胺的理化性质、毒性、作用机制、抗性、生物活性、大田试验、专利和合成方法等。

［18］柴宝山，杨吉春，刘长令．新型邻苯二甲酰胺类杀虫剂的研究进展［J］．精细化工中间体，2007，1：1-8．

摘要：介绍了新型邻苯二甲酰胺类鱼尼丁受体杀虫剂的研究进展，包括国内外各大农药公司近年来公开的具有较好活性的化合物以及即将商品化产品氟虫酰胺的创制经纬和合成方法。

［19］施冠成，滑国钰，蔡烨锋，等．氟虫酰胺的制备方法：上海，CN101948413A［P］．2011-01-19．

摘要：本发明提供了一种氟虫酰胺的制备方法，包括如下步骤：将N2-［1，1-二甲基-2-甲硫酰乙基］-3-I-N1-［2-甲基-4-（1，2，2，2-四氟-1-三氟甲基乙基）苯基］-1，2-苯二甲酰胺放置在溶剂中，在催化剂硝酸和醋酸锰存在下，通入空气进行氧化反应，然后从反应产物中收集目标产物。本发明的方法由于采用空气进行氧化反应，因此降低了成本、减少了废酸。本发明方法的原料转化率可达99%以上，工艺合理、操作简单安全、成本低廉，便于工业化生产。

［20］赵东江，杨彬，王宇，等．氟虫双酰胺的合成研究［J］．中国农药，2012，3：27-30．

摘要：氟虫双酰胺是由日本农药株式会社和德国拜耳公司联合开发的新型杀虫剂，主要用于蔬菜、水果、水稻和棉花防治鳞翅目害虫，对成虫和幼虫都有优良活性，作用速度快、持效期长。

[21] 曹承宇. 研究进展——氟虫双酰胺的合成研究. 中国农药工业年鉴. 2012：22-25.

另外，通过其他一些搜索引擎进行了检索，没有发现其他相关文献。

f. 在Web of Science 数据库用主题字段检索

用Flubendiamide and（prepar* or synthesis or manufactur* or formation）在SCI 和CPCI-S数据库中检索，结果发现9345771篇文献，见图9-15。

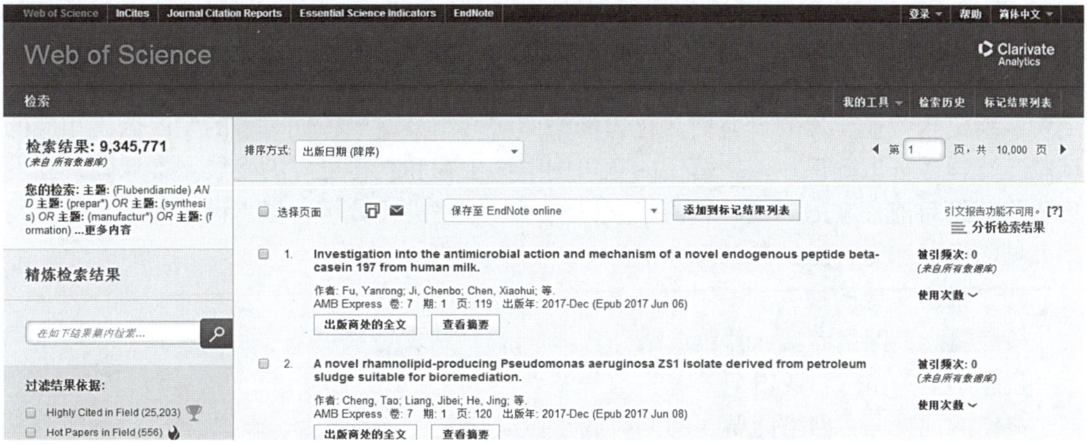

图 9-15 Web of Science 数据库主题字段检索结果

g. 在Engineering Village 数据库中未找到相关文献

像这种合成方面的文献，会有申请专利的可能性，所以专利数据库是一定要检索的。但由于该课题属化学类，且物质的拼写方式不确定，所以检索专利数据最好仍选用SciFider 数据库。

h. 欧洲专利信息网

使用高级检索中的title or abstract：Flubendiamide and（prepar* or synthesis or manufactur* or formation）检索。从检索结果中选取相关文献，发现这些相关文献基本上在SciFider数据库中也已找到。

(3) 总结

此课题在Google 学术搜索以及超星发现中也进行过检索，但并未查到相关文献，但在维普智立方中查到了相关文献，这些文献在专利和维普数据库中也已找到。

目前商业化的中文数据库有很多种，如维普、万方、中国知网等，由于数据库涵盖的内容不同，且数据库与数据库之间虽有交叉，但非包含关系，为了做到查全，在检索的时候争取每个数据库都要进行检索。结果确实是发现了数据库的差异。

如在中国知网（CNKI）数据库中查到了其他数据库中没有的文献，如在年鉴中查到了一篇相关文献：

曹承宇. 研究进展——氟虫双酰胺的合成研究. 中国农药工业年鉴，2012：22-25.

SciFider数据库是查找化学类文献首选的数据库，但要注意的是SciFider虽收录的化学化工文献比较全，但也并非全部，仍需要进入其他数据库检索作为补充。

任务四 商学案例

案例 网络商城营销策略创新研究

（1）研究内容

随着网络购物的普及和随之带来的巨大利润，网络成为企业争相开拓的市场。但是随着网络销售行业竞争的日益白热化，网络商城营销策略要根据时势的发展做出相应的调整，这样才可以确保在网络营销的竞争中继续生存和获得更好的发展。本课题旨在发现网络营销目前存在的问题，对网络商城的营销策略进行分析，提出设想和方案，为网络商城的发展和完善提供参考。

（2）概念对应的检索词

核心概念：网络商城、营销策略

概念间的关系式：逻辑与

概念的同义词：网络商城、网上商城、虚拟商城、网上商店、虚拟商店、营销策略

（3）确定检索词

中文检索词	相关词（同义词、近义词、上下位词）
网络商城	网上商城、虚拟商城、网上商店、虚拟商店
营销策略	

英文检索词	相关词（同义词、近义词、上下位词）
“online store”	“Online shopping”“e-store”
“Marketing Strategy”	

（4）数据库的选择

创新研究是基于对国内外文献充分调研的基础上进行的，文献应尽量查全。根据数据库选择“先国内、后国外；先中文、后外文”的原则，中文数据库以中国知网系列数据库为主，万方数据库、维普数据库作为补充；国外文献检索以ScienceDirect、EBSCO（BSP）为核心，其他数据库作为补充。

（5）检索过程与检索结果

①中国知网

先利用核心检索词“网络商城”与“营销策略”进行检索，检索字段选择“篇数”，返回检索结果为1（图9-16）。显示文献量过少，需要调整检索策略，扩大检索范围，降低检索词的专指度，比如选择同义词、相关词或上位词补充到检索式中，以逻辑“或”

连接，增加查全率。

在本课题中，“网络商城”的同义词有：网上商城、虚拟商城、网上商店、虚拟商店等，由于检索词较多，需要逻辑组配，选择专业检索。在专业检索界面中，字段限定在篇名，输入检索式：TI=（'网络商城'+'网上商城'+'虚拟商城'+'网上商店'+'虚拟商店'）and TI='营销策略'，输出结果为20篇文献，其中17篇期刊论文，3篇硕士论文，见图9–17、图9–18。

不同的检索字段产生不同的检索效果，在专业检索途径中，若字段限定在主题词，输入检索式：SU=（‘网络商城’+‘网上商城’+‘虚拟商城’+‘网上商店’+‘虚拟商店’）and SU=‘营销策略’，输出结果为176篇文献，其中120篇期刊论文，53篇学位论文，见图9–19。相对于篇名检索，主题检索扩大了检索范围，更便于查全。

图 9–16 检索结果为 1

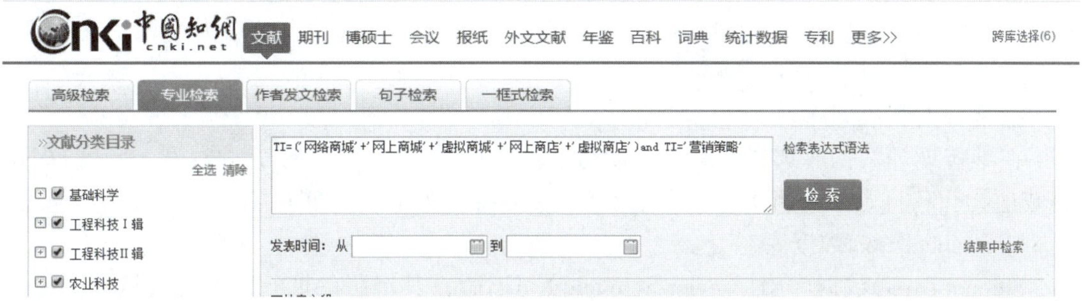

图 9–17 输入检索式

图 9-18 检索结果为 20

图 9-19 主题词检索

根据文献发表时间、相关度、下载频次对文献进行筛选，最终筛选出25篇相关文献。

②万方数据资源系统

选择专业检索途径，输入检索式：题目=（“网络商城”+“网上商城”+“虚拟商城”+“网上商店”+“虚拟商店”）*题名=“营销策略”，输出结果为期刊论文20篇，学位论文12篇。见图9-20。

③维普期刊数据库

在维普期刊数据库选择高级检索途径，输入检索式：T=（网络商城+网上商城+虚拟商城+网上商店+虚拟商店）*T=营销策略，输出结果为0篇，见图9-21。

④ScienceDirect数据库

ScienceDirect数据库由Elsevier Science公司出版，其出版的期刊是世界公认的高品位学术期刊，且大部分为核心期刊，其中包括商业及经济管理类期刊。

图 9-20 万方数据库题名检索

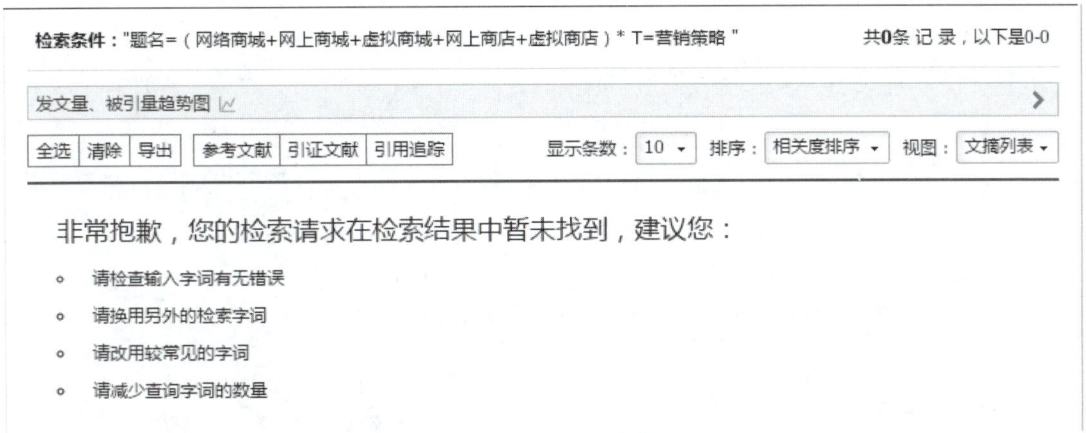

图 9-21 维普期刊数据库检索结果

ScienceDirect数据库有三种检索途径：快速检索、高级检索和专家检索。为了提高查全率，选择专家检索，输入检索式：（“Online shopping” or “online store” or “e-store”）and “Marketing Strategy”，如果不限定检索字段，文献量过多，筛选相关文献比较困难，这就需要缩小检索范围，方法之一是使用字段限定，将检索词限定在某个或某些字段范围。

检索字段限定在篇名，输入检索表达式：title（“Online shopping” or “online store” or “e-store”）and title “Marketing Strategy”，检索结果为813篇，见图9-22。

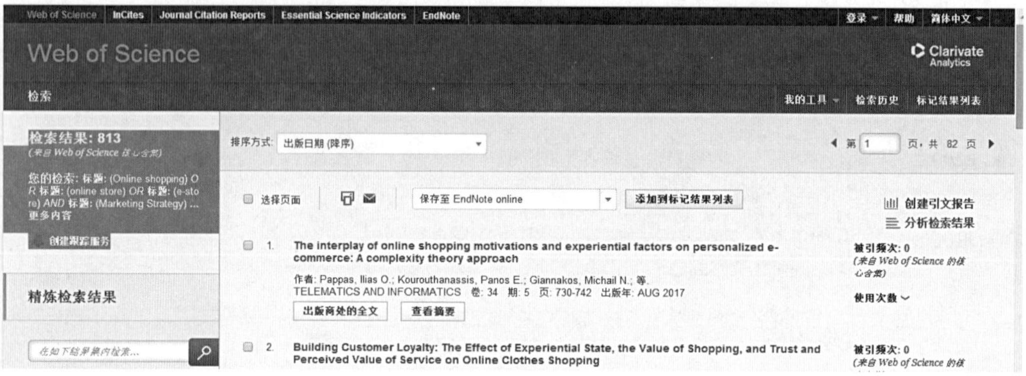

图 9-22　检索字段限定在篇名的检索结果

⑤EBSCO数据库

EBSCO公司是世界上提供期刊、文献订购及出版服务的专业公司之一，收录范围涵盖自然科学、社会科学、人文和艺术、教育学、医学等各类学科领域，收录的期刊有一半以上是SCI（科学引文索引）、SSCI（社会科学引文索引）的来源期刊。

子库BSP（Business Source Premier）专门为商学院和与商业有关的图书馆设计，是行业中使用最多的商业研究型数据库；文献比较全，多为权威期刊，对所有商业学科，包括市场营销、管理、会计、金融、经济和国际贸易，都进行全文收录。

在EBSCO数据库中选择高级检索，选择题名字段，（“Online shopping” or “online store” or “e-store”）and “Marketing Strategy”，检索出367篇文献，筛选出12篇相关文献，见图9-23。

图 9-23　在 EBSCO 数据库使用智能文本搜索结果

选择高级检索，选择主题词字段，（“Online shopping” or “online store” or “e-store”）and “Marketing Strategy”，输出文献1853篇，见图9–24。

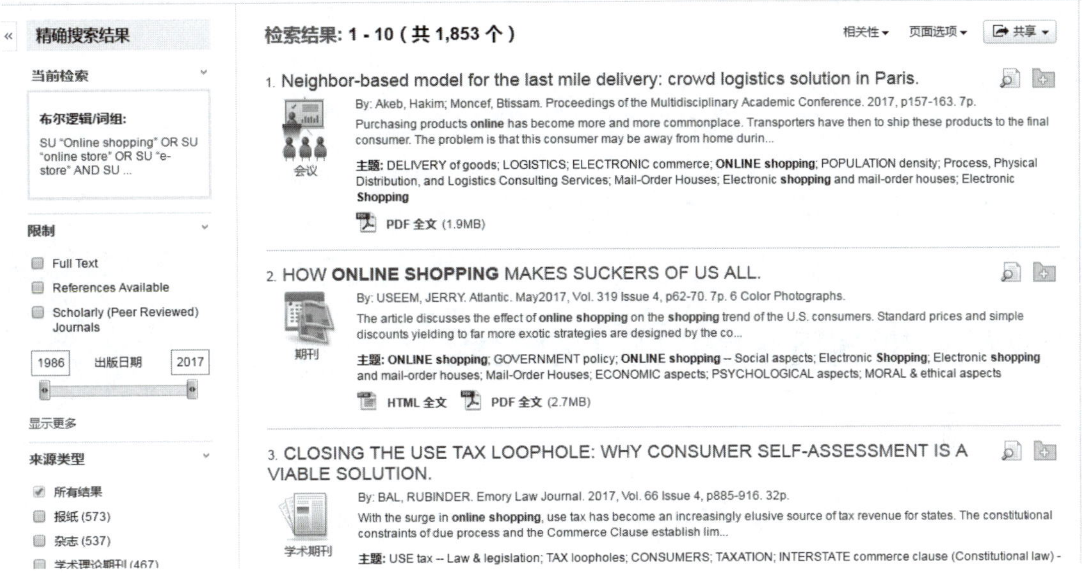

图 9–24　在 EBSCO 数据库进行主题词字段搜索结果

（6）小结

在本课题相关文献检索中，中国知网、万方数据资源系统、维普期刊数据库输出文献中，有些文献在三个数据库中均能检索到，但各自也有一些特有的文献内容，为了避免漏检，尽量在三个数据库中都进行检索，相互补充。三个数据库均能支持专业检索，但编制检索式的规则不统一，检索过程中注意区别处理。

在检索过程中，根据检索输出的文献量，要适时调整检索策略，若检索输出文献量少，要扩大检索范围；若检索输出文献量多，则缩小检索范围。要注意词组的应用，提高检索的精准度。

进行相关文献筛选时，首先选择综述性论文，然后选择研究性论文，另外锁定与本课题相关的高影响力论文，最终筛选出相关中文文献30篇，外文文献20篇。

附录一

中文社会科学引文索引（CSSCI）拟收录来源期刊目录

附录二

中文核心期刊目录 2015（第七版）

附录三

模拟试卷

模拟试卷一

姓名____________　　学号____________　　专业____________

本试题一共6道大题，共3页，满分100分。

阅卷人		题号	一	二	三	四	五	六	合计
核分人		题分	10	20	10	20	10	30	100
总分		得分							

一、单项选择题（请将正确答案的序号填在横线内，每题1分，共10分）

1．文献是记录有知识的（　　）。

（A）载体　　（B）纸张

（C）光盘　　（D）磁盘

2．下列文献中属于二次文献的是（　　）。

（A）专利文献　　（B）学位论文

（C）会议文献　　（D）目录

3．下列选项中属于特种文献类型的有（　　）。

（A）报纸　　（B）图书

（C）科技期刊　　（D）标准文献

4．以下检索出文献最少的检索式是（　　）。

（A）a and b　　（B）a and b or c

（C）a and b and c　　（D）（a or b）and c

5．网上常见的文献格式是（　　）。

（A）PDF　　（B）CAJ

（C）PDG　　（D）NLC

6．下面对搜索引擎结果叙述正确的是（　　）。

（A）搜索的关键字越长，搜索到的结果越多

（B）搜索的关键字越简单，搜索到的内容越少

（C）要想快速达到搜索的目的，搜索的关键字应尽可能具体准确

（D）搜索的类型对搜索的结果没有影响

7. 下列信息来源属于文献型信息源的是（　　）。
（A）图书　　（B）同学
（C）老师　　（D）网络
8. 小红同学在做一份电子报刊时，上网查找了一些资料，这是（　　）过程。
（A）信息的存　　（B）信息的收集
（C）信息的传递　　（D）信息的处理
9. CA美国化学文摘数据库，收录多种文献类型，包括：（　　）。
（A）期刊论文、会议论文、图书、学位论文、专利、技术报告
（B）期刊论文、会议论文、图书、学位论文、专利、技术标准
（C）期刊论文、会议论文、产品样本、学位论文、专利、学位论文
（D）期刊论文、会议论文、产品样本、学位论文、专利、报纸
10. 下列可以检索到会议文献的数据库是（　　）
（A）工程索引数据库　　（B）万方数据库
（C）ISI Web of Knowledge检索平台　　（D）维普数据库

二、填空题（每空 1 分，共 20 分）

1. 文献按信息的加工层次可以划分为________、________和________。
2. 分类语言是以________为基础，用号码作为概念标识，按分类编排的________。
3. 国际标准连续出版物编号（________）是根据国际标准ISO3297制定的连续出版国际标准编码，是连续出版物的唯一代码标识。
4. 在计算机信息检索中，用于组配检索词和限定检索范围的布尔逻辑运算符包括：________和________三种。
5. 利用________可以实现“同名作者”检索。
6. 维普资讯的《中文科技期刊数据库》（全文版）提供了________个检索途径。
7. EI Compendex Web 数据库数据库检索主页提供了________、________和________三种检索方式。
8. Web of Science 数据库的检索页面，包含的数据库有“________”和“________”两个数据库。
9. 小王在某个数据库中检索到了50篇文献，查准率和查全率分别为40%、80%，则全部相关文档有________篇。
10. 图书馆系统主要分为________、________和________。

三、判断对错题（每题 1 分，共 10 分，若陈述正确，请在括号内打“√”；若陈述错误，请在括号内打“×”）

1. 计算机检索一般是指联机检索、光盘检索、因特网检索和磁盘检索。（　　）
2. 信息检索按照存储和检索的内容可划分为期刊检索、数据检索、事实检索。（　　）
3. 从文献检索的角度来看，一次文献是检索对象，二次文献是检索手段。（　　）
4.《中国图书馆分类法》是按知识门类的学科体系的逻辑次序进行分类。（　　）

5．一项发明创造要获得专利权必须具备新颖性、创造性和实用性。(　　)

6．专利号是在授予专利权时给予该专利的一个标识号码，它的形式可以记为CN1030001A。(　　)

7．SCI比它的网络版SCIE收录的期刊多。(　　)

8．方正电子图书不是全文电子化的图书，不能输入任意知识点或全文中的任意单词进行检索。(　　)

9．目录索引、索引词索引、著者索引、分子式索引均属于SciFinder的检索方法。(　　)

10．所需信息被检出程度的信息量指标为查准率。(　　)

四、问答题（每题 4 分，共 20 分）

1．什么是文献？文献有几种类型？

2．在数据库检索中，当检出的文献数量较少时，分析其可能原因，以及采用何种对应措施，才能增大文献信息的检出量？

3．试举例说明国家标准号的构成。

4．如何查找文学作品中的人物评价文献？

5．简述中国经济信息网（http://www．cei．gov．cn）所提供的信息服务内容。

五、综合检索（每题 10 分，共 10 分）

检索课题：有关“激光治疗近视眼”的文献

检索要求：

（1）分析课题，确定课题所属类目，提取关键词；

（2）确定检索该课题所用的检索工具；

（3）查阅分类类目（或主题索引），列出所查到的分类号、类目、页码（或主题词及相关文献号）;

（4）查找文献线索，写出所查到文献的著录款目；

（5）根据所查文献线索获取文献，要求写出检索工具、检索词、检索字段、检索式和检索结果。

六、检索操作（每题 10 分，共 30 分）

1．请检索下面文章的被引次数，要求写出检索工具、检索词、检索字段、检索式和检索结果。

Gerda C ,Bradley K J．Integrated PM Machine Design for an Aircraft EMA．IEEE Transactions on Industrial Electronics,2008,55(9):3300-3306．

2．查找诺基亚公司2003年在中国申请的专利3件，记录名称、专利类型、公开号、申请号等特征。

3．请在中国高等教育学生信息网（http://www．chsi．com．cn）查找你的学历信息检索。要求利用你的身份证号、姓名作为查询条件核对你的学籍，并核对你所取得的学历证书，把查询结果记录下来。

模拟试卷二

姓名____________　学号____________　专业____________

本试题一共5道大题，共3页，满分100分。

阅卷人		题号	一	二	三	四	五	合计
核分人		题分	20	20	10	20	30	100
总分		得分						

一、单项选择题（请将正确答案的序号填在横线内，每题2分，共20分）

1．下列哪个数据库是以人文和社科资料为主的（　　）

（A）万方数据库　（B）维普期刊数据库

（C）人大复印资料　（D）CNKI数据库

2．利用图书馆的数据库检索期刊论文时，可供选择的中文数据库是（　　）。

（A）超星数字图书馆　（B）万方学位论文

（C）国研网　（D）维普科技期刊

（E）高校财经库

3．检索“唐宋诗歌”的有关信息，以下正确的检索式是（　　）。

（A）（TI=唐 or TI=宋）and TI=诗歌　（B）TI=唐 or TI=宋 and TI=诗歌

（C）唐 and 宋 or 诗歌　（D）TI=唐 or TI=宋 or TI=诗歌

4．以下检索出文献最少的检索式是（　　）。

（A）A and B　（B）A and B or C

（C）A and B and C　（D）（A or B）and C

5．刘志新，四轮驱动汽车牵引力模糊控制方法仿真研究[J]．拖拉机与农用运输车，2005,（4）：23-25.，请问其中的J代表的文献类型是（　　）。

（A）专利　（B）会议论文

（C）专著　（D）期刊

6．下列选项中属于连续出版物类型的选项有（　　）。

（A）图书　（B）学位论文

（C）科技期刊　（D）会议文献

7．信息检索根据检索对象不同，一般分为（　　）。

（A）二次检索、高级检索

（B）分类检索、主题检索

（C）数据检索、事实检索、文献检索

（D）计算机检索、手工检索

8．学术论文写作的6个步骤的正确顺序是（　　）。
①搜集资料 ②研究资料 ③执笔撰写 ④选择课题 ⑤明确论点 ⑥修改定稿
（A）①⑤④③②⑥　　（B）⑤③④②①⑥
（C）④①②⑤③⑥　　（D）②④③①⑤⑥

9．搜索含有“data bank”的PDF文件，正确的检索式为（　　）。
（A）”data bank”filetype:pdf　　（B）data and bank and pdf

10．（　　）是指通过文献信息资料的主题内容进行检索的途径。
（A）题名检索途径　　（B）作者检索途径
（C）分类检索途径　　（D）主题检索途径

二、填空题（共12小题，每空1分，共20分）

1.《中图法》有五个基本部类，分别是马克思主义、列宁主义、毛泽东思想，哲学，社会科学，自然科学和综合性图书，在此基础上又划分为________个大类。

2．按内容可将计算机检索系统的数据库类型分为：文献书目型数据库、________、________数值型数据库和________数据库。

3．我国标准可分为国家标准、________和________三大类。

4．在实际检索中，文献的检索方法主要有：直查法、________、________和综合法。

5．国际标准化组织简称:________，本标准每________年修订一次。

6．专利有3层含义:________、________和________。

7．期刊论文的文献出处包括________、________和起止页码。

8．在计算机信息检索中，用于组配检索词和限定检索范围的布尔逻辑运算符包括________、________和逻辑“非三种”。

9．________是汇集词语，解释概念、词义和用法，并按一定的方法编排，供检查的参考工具。

10．超星数字图书馆收录的文献类型是________。

11．授予专利的时候给出的编号是________。

12．所需信息被检出程度的信息量指标为________。

三、判断对错题（每题1分，共10分，若陈述正确，请在括号内打“√”；若陈述错误，请在括号内打“×”）

1．缩微型信息的优点是便于保存传递。缺点：借助阅读机阅读（　　）。

2．按照信息的载体类型可将信息划分为印刷型、缩微型、声像型和电子型（　　）。

3．信息是指人类社会活动中累积的信息、信息生产者、信息技术等要素的集合（　　）。

4．网络信息资源按网络传输协议可划分为WWW、Telnet、FTP、E-mail、用户服务组、Gopher等信息资源。（　　）

5．用于提供使用图书馆印刷型馆藏的联机公共目录（OPAC）属于特色资源（　　）。

6．WWW信息资源是以直观的图形用户截面展示和提供信息的网络资源形式（　　）。

7．从网络信息组织方式的角度，可以把网络信息检索分为：全文检索、多媒体检索、视频检索、声音检索、图像检索和数据检索（ ）。

8. 网络信息检索工具是根据检索语言，将杂乱无序的信息按一定的方式系统地组织起来，用以报道、存储和检索信息的工具。（ ）

9. 书名、篇名、著者、出版日期等属于内容特征标识（ ）。

10. 对于检索课题，首先要进行深入的主题分析，找出核心概念和隐含概念，排除无关概念（ ）。

四、问答题（每题 5 分，共 20 分）

1. 简述网络资源的特点和种类以及搜索引擎的功能。

2. 计算机信息检索技术包括哪些？

3. 简述特种文献的特点和作用，以及学术论文的结构。

4. 按级别分的标准的类型有哪些？我国标准分为哪些等级？分别用哪些符号表示？

五、综合检索（每题 6 分，共 30 分）

1. 请查找并给出下面这篇文章的SCI收录号。

A Blind Source Separation Based Method for Speech Encryption,

IEEE TRANSACTIONS ON CIRCUITS AND SYSTEMS-I:

REGULAR PAPERS,VOL．53,NO．6,JUNE 2006

2. 利用CNKI期刊导航，查找你所在专业的两种核心期刊，写出刊名、主办单位、ISSN号和CN号。

3. 查找2015年到2017年，中国农业大学授予的、农业专业的学位论文全文。

4. 检索2000 以来的有关“计算机网络”方面的文献，检索要求：

（1）文献类型为会议，文献处理类型为理论，语种为英文。

（2）记下检索到的数量及第一条记录的篇名、作者、刊名（或会议名称）、年、卷、期，出版地、出版社（或会议召开的时间、地点、主办单位等信息）等。

5. 在中国知网CNKI期刊全文数据库中检索2010-2017年关键词为“纳米材料”的文献有多少篇？在结果中以关键词为“合成”进行二次检索，结果有多少篇？

参考文献

[1] 汪楠，成鹰．信息检索技术［M］．北京：清华大学出版社，2017．

[2] 黄如花，胡永生．信息检索与利用实验教材［M］．武汉：武汉大学出版社，2017．

[3] 唐圣琴．现代文献信息资源检索［M］．贵阳：贵州大学出版社，2017．

[4] 谢朝颖，高万斌．信息检索与利用［M］．北京：电子工业出版社，2017．

[5] 陈荣，霍丽萍．信息检索与案例研究［M］．上海：华东理工大学出版社，2015．

[6] 吴红光，艾莉，张溪．信息检索与利用［M］．武汉：武汉大学出版社，2015．

[7] 华薇娜．信息检索与利用的实践与研究［M］．北京：国家图书馆出版社，2015．

[8] 肖凤玲，李朝葵．医学文献信息检索实用教程［M］．北京：科学出版社，2013．

[9] 金泽龙．实用信息检索［M］．北京：电子工业出版社，2012．

[10] 邰峻，张利平．信息素养：与计算机信息检索［M］．北京：北京航空航天大学出版社，2011．

[11] 程发良，陈伟．信息资源检索与利用［M］．北京：国防工业出版社，2011．

[12] 贺霞，凌征强，司马敬敏．信息检索与实践［M］．北京：人民邮电出版社，2010．

[13] 沈固朝．信息检索（多媒体）教程［M］．北京：高等教育出版社，2009．

[14] 隋莉萍．网络信息检索与利用［M］．北京：清华大学出版社，2009．

[15] 程娟．信息检索［M］．北京：中国水利水电出版社，2009．

[16] 金泽龙．信息情报与检索［M］．广州：华南理工大学出版社，2008．

[17] 卢小宾，李景峰．信息检索［M］．北京：科学出版社，2004．

[18] 邓亚桥．当代信息检索［M］．吉林：吉林人民出版社，2001．

[19] 沈迪飞．图书馆信息技术工作［M］．北京：北京图书馆出版社，2000．

[20] 叶爱芳．移动图书馆在我国的发展现状与展望［J］．图书与情报，2011（4）．

[21] 王轩，黄丹，陈静．数字图书馆发展现状研究［J］．软件导刊，2010（5）．

[22] 白晨，甘利人．数据库使用中的用户偏好分析［J］．图书情报工作，2009（16）．

[23] 曾玉芳．高校图书馆网站的内容建设［J］．图书馆建设，2002（6）．

[24] 杨文祥．论信息管理学的概念与概念体系［J］．情报科学，2000（3）．

[25] 代根兴，周晓燕．信息资源类型研究［J］．中国图书馆学报，2000（2）．

[26] 邹志仁．试论大学生的信息素质教育［J］．大学图书馆学报，2000（3）．

[27] http://www.edu.cn

[28] http://www.dialogselect.com

[29] http://www.isiglobalnet.com

[30] http://www.wosproceedings.com

[31] http://www.lib.global.uml.com/dissertations/gateway